小林芳規著

平安時代の佛書に基づく漢文訓讀史の研究 Ⅱ

訓點の起源

汲古書院

平安時代の佛書に基づく漢文訓讀史の研究Ⅱ　訓點の起源　目次

目次

第一節　はじめに……二八九
第二節　醍醐寺藏宋版一切經について……二九〇
第三節　宋版一切經を醍醐寺に奉納した記文……二九一
第四節　醍醐寺藏宋版一切經の角筆點の内容……二九二
第五節　宋版一切經に角筆點を書入れた國と時代……二九四
第六節　醍醐寺藏宋版一切經の角筆點の内容の檢討……二九六
第七節　「文法機能點」を主とする宋版一切經の角筆點の性格……三一四
第八節　日本の他寺院等が所藏する宋版一切經の角筆點……三二二
第九節　宋版一切經の角筆點の發見に伴う課題と發見の意義……三二五
附説　宋版一切經の文法機能點の二系統……三二七
本册の内容の基となった既發表論文等……三三四

凡例

一、本研究（『平安時代の佛書に基づく漢文訓讀史の研究』）は、日本の諸寺等に現存する訓點資料のうち、平安時代の佛書を對象資料として、漢文訓讀史の視點から論述したものであり、當初の豫定を變更して、全十册を以て一具とする。

一、本册は、『平安時代の佛書に基づく漢文訓讀史の研究』の第七回配本であるが、第一册からの通しでは第二册に當る。第六回配本の『漢文訓讀語變遷の原理』（縮約書名『變遷の原理』）を、當初の原稿作成段階では、その原稿量から考えて二分册として、第七册『變遷の原理㈠』、第八册『變遷の原理㈡』と刊行する豫定であったのが、この刊行に先立って、舊原稿全體を再度書直して、用例を大幅に割愛し、出來る限り既刊の第三册・第四册・第五册・第六册に所載の用例を參照するように努めた結果、當初豫定した二分册を一册に纒め得たので、本研究は當初の十一册（別册を含む）を十册に變更することになった。

一、變更した全十册の各册の書名とその縮約した書名（矢印の下）とは以下のようである。

Ⅰ（第一册）漢文訓讀史敍述の方法→『敍述の方法』（既刊）
Ⅱ（第二册）日本の訓點の起源→『訓點の起源』（本册）
Ⅲ（第三册）平安初期の漢文訓讀語體系→『初期訓讀語體系』（既刊）
Ⅳ（第四册）平安中期の漢文訓讀語體系→『中期訓讀語體系』（既刊）

Ⅴ（第五册）平安後期の漢文訓讀語體系──▶『後期訓讀語體系』（既刊）
Ⅵ（第六册）訓讀法の傳承と訓讀語の傳播──▶『傳承と傳播』（既刊）
Ⅶ（第七册）漢文訓讀語變遷の原理──▶『變遷の原理』（既刊）
Ⅷ（第八册）平安時代訓點本加點識語集覽──▶『加點識語集覽』（Ⅸより變更）
Ⅸ（第九册）平安時代漢文訓讀語要語索引──▶『訓讀語要語索引』（Ⅹより變更）
Ⅹ（第十册）訓點表記の歴史（別册より變更）

一、各册を相互に參照する場合には、「本研究」を「本書」とし、「本書第二册、第七章第二節（參照）」のように記す。又、同一册の中で參照する場合には、「本册、第三章第七節一三九頁」のように記す。

一、日本の訓讀に關する術語を、概ね次のように用いる。

訓讀──異言語の接觸において、中國古典語に基づく漢字文を原表記を殘したままでそれに施されたヲコト點・假名等の訓點によって日本語として讀むこと。そのうち、和訓で讀むことを訓讀《よ》み、字音で讀むことを音讀《よ》みと細分して用いることがある。

訓讀語──訓讀された言語を總體として把えた呼稱。

訓讀法──廣義には漢字文の構文・字句の訓讀の仕方を指すが、狹義には、漢文訓讀史上、訓讀語の變遷に係る事象、特に漢字文の文法事象を擔う助字・虛字及びこれに準ずるもの、竝びに日本語の文法事象に用いる。「訓法」に對して、その事象の複合又は全體的な把え方にいう。

訓法──訓讀法のうち、個々の事象を指す場合に主として用いる。

凡　例

一、漢字文の各漢字の訓法を説く際の術語には、本書第一册『敍述の方法』第六章「漢文訓讀史敍述のための訓讀語體系」で試みた「詞の分類」の用語に從ったが、訓讀文については日本語の古典文法で通用される用語を使った。

一、「詞の分類」で行った各漢字に、いわば通しの背番號を附して、全十册を統一して背番號を見出し番號とすることも考えられるが、見出し番號の見易さを考慮して、各册の各章節（又は項）ごとの、見出し番號を附して配列した。

一、漢文の訓點を用例とする場合には、原漢文のままに引用することを原則とした。但し、讀添語としての助詞・助動詞等の用例には、訓下し文で示した所がある。その場合、原漢文は要すれば括弧に包んで示した。原漢文に施されたヲコト點は平假名で示し、假名點を現行の片假名で示し、又、原漢文には無いが、讀解上、筆者の推測によって補って讀んだ際には、（　）に片假名を括して示した。又、不讀の漢字には［　］を括して示すことを原則とした。

一、翻字した平假名・片假名には、原本に從って濁點を附けないことを原則としたが、訓下し文として示したもの及び必要によっては、「不《ず》」「不《じ》」「ば」「ども」等、私に濁點を附した所がある。

一、省畫體の中に用いられている「〻」は「ン」に翻字した。

一、返點は、古點本には諸形式があり、現行の形式を規範として見ると、不統一・不徹底に見える所がある。これを忠實に翻字することは、表記上返點の研究には有用でも、本書論述の用例としては、却って讀み難いことになる。從って、それらの甚しい相違箇所においては、現行に改め、私に返點を施した所がある。但し、本書第十册『訓點表記の歴史』では原表記を生かした所がある。

一、用例文の句讀點は、大體、原本の句讀の符號に應じて「。」「・」（又は「、」）で區別して示すべく努めた。但し、必ずしも總てを忠實に翻字してはいない。原本に缺くために筆者が加えた所もある。

一、原文の漢字に施された聲點は、原則として原文の形に從って表し、更に「(平)」(平輕)」「(上)」「(去)」「(入輕)」「(入)」(それぞれ「平聲」「平聲輕」「上聲」「去聲」「入聲輕」「入聲」を示す)の注記を加えることを原則とした。但し、論述が聲調を直接の對象としない箇所等で注記を省いた所がある。朱筆の聲點は、「(上、朱)」のように注記して示した。

一、原本の奥書・識語や本文の用例等の引用には、原本の行取・配字に從うことを原則とし、行末には「／」を附すべく努めたが、忠實に復元していない所もある。

一、用例の所在には、原則として、原本の卷數・丁數と行數を示すことに努めた。卷子本は通し行數を示し、粘葉裝・綴葉裝・袋綴裝は丁數と表裏の別と行數、折本裝は折數と表裏の別と行數とを示すべく努め、卷數は「卷(第)三」(時に「第」を省くことがある)、丁數と表裏の別とは「四オ(ウ)」、折數と表裏の別とは「五折オ(ウ)」(時に「五オ(ウ)」とも示す)と示す。行數は算用數字で示した。但し、調査の都合等により、所在の數字を明示し得ないものもある。

一、漢字の字體は、特殊なものを除き、通行活字體に改めた。用例文の活字體は、常用漢字の字體に對立する、舊字體に從った。常用漢字によると「芸《クサギル》・藝《オキテ》」の區別を失い、「證《シヨウ》(正《シヤウ》)」の如き字音假名遣の混亂が避けられなくなる。從って、二體系擇一の立場からは、舊活字體系に從うことにしたのである。

但し、原本から用例を引用するに際しては、次のような諸字は、原本の字體に從って兩字のそれぞれを用いた。

与・與　弁・辨・辯　円・圓　躰・體　糸・絲　着・著　礼・禮　弥・彌　珎・珍　万・萬

一、時代區分は、概ね次に據った。

奈良時代(和銅～延暦)　平安初期(延暦～昌泰)　平安中期(延喜～長保)　平安後期(寛弘～應德)　院政期(寛治～元暦、但し院政初期〈寛治～元永〉を使用することあり)　鎌倉初期(文治～寛喜)　鎌倉中期(貞應～弘安)

鎌倉後期（正應～元弘）　南北朝時代（建武・正慶～明德・元中）　室町初期（應永～嘉吉）　室町中期（文安～延德）
室町後期（明應～永祿）　桃山時代（元龜～慶長）　江戸初期（元和～延寶）　江戸中期（天和～安永）　江戸後期（天明～慶應）

一、朝鮮半島の古文獻から新たに見出された角筆の文字や符號には、新出の故に、新たな術語を使用したり、日本の古訓點の術語との關係を示したりすることが必要のものがある。本書では、次のように用いる。

點吐（角筆點吐・墨筆點吐）――朝鮮半島において漢文を朝鮮語で釋讀する際に、漢字の字面に記入した符號。主に吐を表すのに用いる。日本のヲコト點と形態や文法的機能を擔う所が通ずる。角筆で書入れたものを「角筆點吐」、墨筆で書入れたものを「墨筆點吐」と呼ぶ。漢字借用表記である「口訣」（日本の假名に通ずる）とは區別して用いる。本書では日本との關聯等を考慮して「點吐（ヲコト點）」として用いることがある。

返讀符・返點（逆讀點）――漢文訓讀において漢文と語序が異なる場合に、漢字配列のまま反倒して讀むことを表す符號。韓國では「逆讀點」というが、本書では朝鮮半島古文獻についても返讀符・返點の用語を使う。

四聲點・聲點――漢字音の聲調である四聲を表す符號。日本では圏點（「。」）、胡麻點（「・」）を主として用い、朝鮮半島では他に半圓點（「ↄ」「c」）も用いる。角筆では線（「／」「＼」「―」）も用いる。

梵唄譜――佛教聲樂である「聲明」の樂譜。詞章の漢字の周圍に施される線を以て、旋律の動きを可視的に表した符號。朝鮮資料の八世紀から十八世紀に見られ、西洋の八世紀から九世紀のグレゴリオ聖歌にあるネウマ式に通ずる。朝鮮資料では數行にわたる線（A型）と行間に施す譜（B型）とがある。聲明の譜である「節博士」が日本では十世紀以降に天台宗・眞言宗で陀羅尼の譜に用いられたのに對して、廣く梵唄に用いたので「梵唄譜」と

呼ぶことにする

一、唐寫本や宋版一切經に角筆で施した單點と複點は、形態が日本のヲコト點の星點・複星點に似ているが、その擔う機能が、漢字文の文法機能を表すと考えられるので、「文法機能點」の術語を用いることにする。

一、引用文獻名は、明治以降の單行本については『　』を附すが、それ以前の書物には括弧を附さないのを原則とした。但し必要に應じて「　」又は『　』を附したものもある。

一、本文中における研究者の敬稱は、「博士」又は「氏」を附すに止めた。又その著書・論文名を參考として引用する際には、敬稱を省いた

一、本書説明文の假名遣は、現代假名遣に從ったが、漢字の字體は、既述の、用例の字體との釣合を考えて、舊活字體に從うことにした。

一、本册の章立ては、當初の配置を變更した所がある。既刊册から本册を參照する際には留意されたい。

訓點の起源

第一章　緒　説

日本における漢文（中國古典文）の訓讀が、何時から始まり、如何なる内容であったかは、現時點では明らかでない。

現存資料によると、遲くとも七世紀後半には訓讀の行われていたことが、近年發掘された、飛鳥池遺跡出土の「願恵上申」木簡の用語や、北大津遺跡出土の音義木簡の語句から具體的に知られる。(1) 又、八世紀には、萬葉集の大伴旅人・山上憶良・大伴池主・大伴家持等の漢詩文にも親しんだ歌人の詠んだ和歌の用語に訓讀の語句が見られることから、(2) 當時、訓讀の行われたことが考えられる。

その訓讀の迹を、平安時代の訓點資料に見るような、訓點として漢文の文字面に直接に書加えて示すことが、日本で始まったのは何時からであり、如何なる狀況において起ったのであろうか。

日本の訓點の起源について、これまで三つの説が行われている。

第一は、日本で創案したとする説である。淵源は南都（奈良）古宗の佛徒の手により、平安朝初頭から起ったと說くものである。春日政治博士が論文「初期點法例」(3) で説かれて以來、『國語學大辭典』（昭和五十五年刊）の「片假名」（中田祝夫解說）を始め、諸氏も說いて、學界の通説となっている。

第二は、中國大陸に起源を求める説である。夙に吉澤義則博士が「濁點源流考」(4)で推測し、戰後に石塚晴通氏が樓蘭・敦煌文獻の加點を調査して、特に敦煌文獻の句切點・破音字點の影響とするもので、論文「樓蘭・敦煌の加點本」「敦煌の加點本」「四聲點の起源」(5)等で說いている。

第三は、朝鮮半島の新羅の影響とする說である。藤本幸夫氏が論文「李朝訓讀攷其一――『牧牛子修心訣』を中心として」(6)において、「八世紀の新羅留學僧によって、華嚴宗と共に、漢文訓讀法が齎された可能性」を指摘され、近年の新羅や高麗の經巻から角筆加點が發見されたことによって、これらの資料に基づき、その裏附けをしようとするものである。(7)

この三つの說は、それぞれ次のような問題點を持っている。

第一の日本で創案したという說は、春日政治博士がその推測の前提として、「抑〻點法の事は、之を現存の古資料に徵するに」と斷られたように、東大寺・聖語藏に保存された古經巻を主とする現存資料の調査に基づいている。その古經巻には、訓點は白點や朱點で施されてあり、その年時明記の最も古いものが天長五年（八二八）であり、點法の發達から見て平安時代、九世紀初頭に起ったとされたものである。

しかし、近年、訓點を加點するのに角筆で紙面を凹ませる方式のあることが分り、白點や朱點を用いるより前に角筆加點が行われ、これが奈良時代八世紀の新羅寫經や奈良寫經に認められるようになった結果、白點や朱點の資料に基づいて得られた平安時代初頭に日本の訓點が起ったとする說が再檢討されなければならなくなった。そうなると、關聯して、何故に白點・朱點より前に角筆加點が行われたのか、白點・朱點は何時から、どのような事情で用いられるようになったのか、が新たな問題となる。

更に、奈良時代八世紀の角筆加點の內容を検討した結果は、起源が南都古宗の佛徒の創案とする說を修正する必要が生じて來ている。

第二の、中國大陸が起源であるとする說は、先ず吉澤義則博士が「ヲコト點が何時誰によって始められたものであるかは正確に斷定する材料がない」とされながらも、「しかし現存の材料から考へられるところは、平安朝の初期に於て始めて點本が出來て」「それと同時にその音訓の註を表はす爲に、ヲコト點は發明せられたものと信ぜられる。而して我が點本は支那の點書四聲點を施した書物に暗示を得て出來たものと思ふ」（「濁點源流考」）と說かれたが、具體的な資料の裏附けが無い。これに對して石塚晴通氏の說は敦煌文獻に朱點（若干の墨點も）で施された破音字點（派生義を元義と識別する爲に當該漢字に施す點）を取上げたものであるが、奈良時代の角筆加點にも、平安時代九世紀初頭の白點・朱點にも使用例が見られず、敦煌文獻等の加點の影響があったことを具體的に示す資料が得られていない。この破音字點から生じたとされる四聲點(8)も當時の白點・朱點では未だ確認されていない。

敦煌文獻に見られるような中國大陸の加點が、日本の訓點と親密な關係にあったことは確かであって、具體的には平安新興佛教の天台宗の圓珍や圓仁の在唐中と歸朝後の資料によって知られ(9)、破音字點は、十世紀初の日本書紀の加點に使用例が指摘されているが、それらは時期が九世紀の後半以降のものである。

中國大陸の加點が日本の訓點に及ぼした影響も有力な一つであろうが、現段階では日本の訓點の起源とするには更なる資料の裏附けが必要となる。

第三の、新羅の影響とする説は、先ず、藤本幸夫氏が、語順符（返讀を含み訓讀の順序を示す漢數字）の加點に注目して說いたもので、この加點法が朝鮮半島の十五世紀後半の口訣資料や施符資料に見られ、同じ方式の加點が溯って日本の奈良時代末の加點本である大東急記念文庫藏華嚴刊定記（延曆二年以前書寫）に見られることに基づいている。

この大東急記念文庫藏華嚴刊定記卷第五には、延曆二年（七八三）に東大寺で新羅正本と校勘したという本文と別筆の識語があるが、本文に施された角筆加點を始め白點・朱點の諸符號が、(10)新羅加點と如何に係わるかを明らかにする必要がある。

右揭の三說のそれぞれの問題點から見えて來る課題を整理し布衍すると次のようになる。

一、中國大陸の加點が天台宗の僧によって齎らされる以前の、奈良時代末の華嚴經關係書（註釋書）に、朝鮮半島の加點法である語順符が使われている。この語順符は、新羅の皇龍寺僧の表員が撰集した華嚴文義要決で、日本に傳來した古寫本（佐藤達次郎氏舊藏本）にも使われている。(11)

二、近年、朝鮮半島において、高麗時代の角筆加點の釋讀口訣資料が發見されたのが(12)切掛けとなって、日本所在の新羅寫經からも新羅時代の角筆加點が見出された。その角筆加點の符號には、梵唄譜や縱長線合符等の、高麗時代の角筆釋讀口訣資料に用いられたのと同じ符號が見られる。(13)

三、日本所在の新羅寫經は、いずれも八世紀の書寫であり、角筆の加點も墨書本文書寫から程遠くない時日と見られる。(14)これらは、白點・朱點が無く角筆だけの加點であり、しかも、日本に現存する加點本の最も古いものである。

四、日本の奈良寫經（奈良時代に書寫された經典）にも角筆の加點が認められ、新羅寫經の梵唄譜や縱長線合符と同じ符號が用いられている。(15)

五、奈良寫經の角筆加點本の調査は緒に就いたばかりであり、今までに角筆加點を確認し得たのは十餘點に過ぎない。その過半を占めるのは華嚴經とその注釋書であり、東大寺に遺存するか、東大寺で新羅正本と校勘するなど、東大寺と深く係わっている。

六、角筆加點本だけでなく、白點・朱點の加點本を併せて、現存する訓點資料の最初期のものが、東大寺に傳わって來たものであり、現に東大寺とその寺寶を納めた正倉院とに所藏されていて、その中でも華嚴經とその注釋書の加點本が他の經典それぞれの加點本に比べて現存數が多い。

春日政治博士が訓點の起源を說くに當り、東大寺と正倉院聖語藏の古經卷を主とされたのは、優れた見識であった。

七、その東大寺では、前身の金鍾寺において、天平十二年（七四〇）に、新羅留學僧の大安寺審祥が、わが國で初めて華嚴經の講說を行っている。(16)この華嚴經の講說は、引續き毎年行われて、平安時代初頭までの五十年間續いたという。(17)

以上の一～七を勘案すると、日本の訓點の起源を、朝鮮半島の新羅との關係から考えてみる方向が浮上して來る。

本册は、日本の訓點の起源を、新資料の角筆文獻を主材料として、新羅の影響という視點から考察したものである。

日本の訓點とその訓讀の源を朝鮮半島の新羅との關係で考えることは、半世紀前までは日本語學者の間では、推論の域を出ず、むしろ否定的でさえあった。代表的な日本語學者の二人の説を紹介する。

一人は、山田孝雄博士で、『漢文の訓讀によりて傳へられたる語法』（昭和十年（一九三五）五月刊）に次のように説いている。

三韓にて古、かくの如くせしことの證を知らず。纔かに新羅の神文王の時、薛聰といふもの吏道（一種の假名）を作りて經傳をその國の語に讀ますする法をはじめたりと傳ふ。それはわが崇峻推古の頃にあたれり。その法この時にはじまれりとせば、わが國もそれより後にこのよみ方に倣ひしとせんか。然れども薛聰のはじめしものは或は吏道のみにして、この顚倒のよみ方は恐らくはそれよりも遙か古くよりありしならむ。然らば、わが國に於いては、百濟より漢藉を傳へし當時よりこの事ありしならむとするも無稽の言にもあらざるべきか。然れども、積極的にこれを證するものなきなり。

新羅の薛聰が吏道を作って經傳を讀む法を始めたと傳えるというのは、『三國史記』巻第四十六、列傳第六に「（薛聰）以方言讀九經訓導後生」とあるのを踏まえていると見られるが、返讀する方法と共に、積極的にこれを證するものが無いと述べている。

もう一人は、中田祝夫博士で、『古點本の國語學的研究總論篇』（昭和二十九年（一九五四）五月刊）の「ヲコト點の起源」に關して、次のように説いている。

奈良時代の日本文化、ことに佛教文化が、新羅系のものと密接な關係を有してゐたといふが（石田茂作博士、奈良時代文化雜攷頁九・一三二）、我がヲコト點は略體假名と同一目的のために兩者とも同時代（小林注、「平安初期ごろ」と別の箇所で説く）に生まれたこと、しかも我が略體假名の省文の手法が朝鮮の吏道と直接の關係が見當らないことを思へば、ヲコト點の出自を朝鮮の點法にありとする假説に對しては、今さらせんさくする必要がないと思ふのである。ヲコト點の出自のものであるならば、平安初期の略體假名も朝鮮の吏道に似たものでなくてはならぬが、その類似は認められないのである。おそらく朝鮮の方法が直接の出自となつたものでないことは、斷定してよいであらう。

（「ヲコト點における種々の問題」一八三頁）

ヲコト點は略體假名と同じ目的で同じ時代（平安初期ごろ）に生まれたものであり、略體假名の省畫の仕方が朝鮮の吏道に似ていないので、ヲコト點も朝鮮の方法が出自となったものでない、としている。

これから五十年餘を經る間に、新しい視點が生まれた。山田孝雄博士が「積極的に證するものがない」とされた、その證する資料が發見されて、具體的に檢討することが出來るようになった。

それは角筆文獻である。

角筆文獻とは、角筆という古代の筆記具で、紙面等を凹ませて文字や符號や繪畫などを書いた古文獻をいう。

以下に、角筆と角筆文獻について略述する。

（一）角筆

角筆は、先端のとがった筆記具であり、墨やインクを用いずに、紙面を直接に凹ませて文字や符號などを記した。毛筆を補うもう一つの筆記具の役割を果していた。角筆で書かれた文字や符號は、凹みであり色が着かないので、今まで見逃されていたものである。材質は、木製、象牙製、竹製があり、遺物は日本全國から四十本餘が發見されている。（拙著『角筆文獻研究導論　下卷　日本國内篇㊦』參照）

（二）角筆文獻（角筆で文字や符號などを書いた古文獻）

第一號は、昭和三十六年（一九六一）に日本で發見されたが、古文獻を見る新しい視點を得たことにより、日本だけでなく韓國や中國大陸でも角筆文獻が發見されるようになり、東アジアに擴がっている。各國ごとにその概要を示す。

［日本の角筆文獻］（拙著『角筆文獻研究導論　中卷　日本國内篇㊤』參照）

①時代——最古　正倉院文書　天平勝寶元年（七四九）牒

最新　沖繩『尙泰侯實錄』大正三年（一九一四）原稿

この間、平安時代（九世紀～）から明治時代（十九世紀）にわたって遺存する。

②地域――日本全國四十七都道府縣（古寺社、舊家等から發見）

③發見點數――三三五〇點餘

［韓國の角筆文獻］（拙著『角筆文獻研究導論　上卷　東アジア篇』參照）

①二〇〇〇年七月の訪韓調査で、十一世紀刊の經典に角筆を以て高麗語の讀解が口訣字吐（假名）と點吐（ヲコト點）等で書入れられているのを發見した。

②その後、今日までに六十點の韓國角筆文獻が發見されている。書かれた時代は七世紀末・八世紀と十一世紀から十九世紀までに及んでいる。

③日本所在の新羅經典から角筆による眞假名・省畫假名、梵唄譜、聲點、縱長線合符を新羅語で書入れた資料が見出された。（第三點目も近畿の古刹から發見されている）

大谷大學圖書館藏『判比量論』（元曉撰述）殘一卷

東大寺圖書館藏『大方廣佛華嚴經自卷第十二至卷第二十』合一卷

［中國大陸の角筆文獻］

①二〇〇〇年前の漢代の木簡の『居延漢簡』や『武威漢簡』の板面に角筆で當時の漢字や符號の書入れられているのを發見した。

②五世紀から十世紀に書かれた敦煌文獻に、角筆で漢字や符號などの書入れられているのを發見した。四十五點が大英圖書館・パリのフランス國立圖書館・臺灣國家圖書館・日本龍谷大學圖書館の調査で確認され

た。

③唐寫經（東大寺圖書館藏）から角筆のヲコト點樣の單點・複點（文法機能點）の書入れが發見された。

④北宋から南宋にかけて刊行された宋版一切經（一〇八〇～一一九六年刊）の醍醐寺藏本六一〇二帖を調査し、約八割の帖に角筆による漢字やヲコト點樣の單點・複點（文法機能點）が認められた。金澤稱名寺藏など他寺藏の東禪寺版・磧砂版からも角筆加點が見附かっている。

⑤明代・淸代の寫本や刊本からも角筆の諸符號の書入れられた諸文獻が北京をはじめ中國各地から發見されている。（①②⑤は拙著『角筆文獻研究導論　上卷　東アジア篇』參照）

特に、③唐寫經や④宋版一切經に角筆で施された、ヲコト點樣の單點・複點（文法機能點）は、日本のヲコト點が日本固有のものでないことを證し、韓國の點吐にも酷似していて、東アジアに共通の符號であり、その影響關係が課題となって來ている。

今や、日本の訓點は、固有のものでなく、東アジアにおける漢字文化圈の諸民族の訓讀を視野に入れて、日本の訓點資料を相對化して見ることが必須となった。日本の訓點と訓讀の起源も、この點から考える必要が生じている。角筆による加點が東アジア漢字文化圈における漢文讀解の共通の方法であったことが知られるに至り、起源の問題も、そこに解決の緒があると考えられる。

本册の構成は次のようである。

先ず、審祥に始まる東大寺（その前身の金鍾寺）の華嚴經講説の狀況の一端を、現存する當時の華嚴經とその注釋書に書入れられた、奈良時代の角筆加點から推測し、訓點記入が既に奈良時代に角筆による加點として行われていたことを説き、それが新羅の諸符號と親密性のあることに觸れる（第二章）。次いで、新羅高僧撰述書のうち現存する加點本の三本の加點內容を檢討して、Ⅰ型（加點が總て新羅方式のもの）、Ⅱ型（用語は日本語であるが、新羅の符號を借用したもの）、Ⅲ型（用語も符號も日本方式であるが、符號の一部に新羅方式の見られるもの）に分けて、それぞれの型に屬する加點資料群を取上げ、第二章で扱った奈良時代の角筆加點はⅡ型に屬すると し、新羅經加點の日本受容が時の推移と共に段階的に變化するとした（第三章）。

第四章では、Ⅰ型の大谷大學藏判比量論を補う資料として、新たに發見された東大寺傳來の新羅華嚴經の角筆加點を取上げる。その角筆の文字と諸符號の加點狀況を説き、判比量論の角筆加點との關聯を述べる。

第五章では、新羅經加點の影響により角筆加點で始まった日本の奈良寫經の加點が、奈良時代後半期、特に神護景雲御願一切經あたりから白點・朱點の加點が見られるようになることを踏まえて、寫經の校正に用いていた白書等が、一切經書寫に伴い起った勘經という本經の內容まで研究し理解し教學するところの深化した校訂作業に流用されることによって、訓點記入の手法となったと見て、日本における白點・朱點の始原を考える。勘經における白點・朱點の記入は、一切經書寫に伴う行爲であるから、その加點時期も奈良時代後半となる。この勘經の白點本によって、奈良時代の訓讀法の一端を窺ったのが第六章である。

かくて、日本に現存する八世紀と九世紀の華嚴經とその注釋書の加點本を年次順に竝べて、その加點內容を比考し、表覽して、第二章から第六章までの纏めとし、併せて華嚴經關係以外の新羅經と奈良寫經の加點も表覽して纏めた。これに基づき、符號ごとに纏めて、角筆點の梵唄譜と合符、白點（朱點）の語順符とヲコト點、加えて假名も併せて、それぞれ新羅寫經の加點と奈良寫經の加點とが親密な關係にあったとする（第七章）。この符號を通して見た親密な關係を踏まえて、平安初期の東大寺關係僧の所用假名が、新羅經典の角筆假名のうち、同じ音節構造を持つ眞假名（省畫體を含む）に相通じていて、その影響を受けた可能性のあることを説く（第八章）。次いで、日本の訓點表記において假名と共に重要な役割を果したヲコト點について、その起源が古代朝鮮語の點吐に係ることを説く（第九章）。

この假名とヲコト點とが、古代朝鮮語の影響を受けたものとすれば、表記面だけでなく、訓讀法においても關係が考えられる。その一端を、第十章において考察することにした。

最後に、附章として、醍醐寺藏宋版一切經に角筆で書入れられた、ヲコト點樣の「文法機能點」を取上げる。日本に傳來する以前に、中國で加點されたと見られる、單點と複點とが施されている。單點と複點とは朝鮮半島の角筆點吐の基本を爲す符號である。日本のヲコト點に影響したと考えられる朝鮮半島の點吐が、獨自に創案されたものであるのか、或いは隣國の中國大陸の文化の影響によるのか、という新しい課題を考えるための一資料として附載することにした。

注

（1）拙稿「飛鳥池木簡に見られる七世紀の漢文訓讀語について」（「汲古」第36號、平成十一年十二月）。

（2）拙稿「萬葉集における漢文訓讀語の影響」（『平安鎌倉時代に於ける漢籍訓讀の國語史的研究』昭和四十二年、一三八三頁）。

（3）春日政治「初期點法例―聖語藏點本を資料として―」（「國語國文」第二十一卷九號、昭和二十七年十月、『古訓點の研究』昭和三十一年六月に再錄）。

（4）吉澤義則「濁點源流考」（「國語國文の研究」六・七號、『國語說鈴』昭和六年九月に所收）。

（5）石塚晴通「樓蘭・敦煌の加點本」（「墨美」第二〇一號、昭和四十五年六月）。同「敦煌の加點本」（『講座・敦煌第五卷　敦煌漢文文獻』平成四年三月）。ISHIZUKA Harumichi '*The Origins of the Ssŭ-shêng Marks*'（ACTA ASIATICA65, 1993）。

（6）藤本幸夫「李朝訓讀攷其一――『牧牛子修心訣』を中心として――」（「朝鮮學報」第一四三輯、平成四年四月）。

（7）拙著『角筆文獻研究導論　上卷　東アジア篇』二〇二頁。

（8）注（5）文獻の「ACTA ASIATICA65」所收論文。

（9）注（7）文獻九四・二〇四頁。

（10）注（7）文獻三五九頁。

（11）注（7）文獻一九三頁。

（12）注（7）文獻の「第二章朝鮮半島の角筆文獻」一〇五頁以下。

（13）注（7）文獻の第二章第四節「新羅の角筆文獻」二九四頁。

（14）注（7）文獻三〇三頁。東大寺圖書館藏大方廣佛華嚴經自卷第十二至卷第二十については、本册、第四章を參照。

（15）注（17）文献の「附章　奈良時代寫經の角筆加點の性格」三五一頁以下。

（16）凝然「三國佛法傳通緣起」卷中、華嚴宗。

（17）注（16）文献。

第二章　奈良時代の角筆訓點から觀た華嚴經の講說

第一節　はじめに

日本において、華嚴經が初めて講說されたのは、天平十二年（七四〇）で、講師は奈良の大安寺僧審祥であった。(1) 審祥は、新羅學生と稱され、新羅で華嚴を學び、歸朝後、最初の講師として華嚴經を講說し、これ以後、延曆八年（七八九）まで五十年間、引續き恆にこの華嚴經講說が續行されたと、凝然が說いている。(2)

審祥が華嚴經をどのように講說したか審かではないが、講說が續行された八世紀後半には、當時の華嚴經やその注釋書の華嚴刊定記が東大寺を中心に遺存していて、それに角筆による訓點の假名や符號が加點されていることが發見されて、當時の講說の一面を具體的に知ることが出來るようになった。その加點の內容が大谷大學藏判比量論（新羅の元曉撰述で、八世紀中葉以前の新羅の角筆加點がある）(3)の加點方式に通ずることから、新羅の影響を受けたことが考えられる。

又、日本では八〇〇年頃（平安時代初頭）になると、毛筆で白書や朱書による假名やヲコト點などの訓點を經卷に書入れることが始まるとされて來たが、書寫された年時の明らかな文獻は、いずれも華嚴經關係書である。それらは、華嚴刊定記卷第五や卷第九のように、新羅の語順符が用いられたり、華嚴文義要決のように新羅の皇龍寺僧の表員の撰集書に、新羅の點吐（ヲコト點）や語順符や縦長線合符などが書入れられたり、傳神護景雲寫華嚴經のように新羅の點吐（ヲコト點）に影響されたヲコト點が用いられていたりして、いずれも、新羅との關聯が認められる。これは、新羅において華嚴を學んだ審祥が、日本で初めて華嚴經を講説し、その講説が引續き行われたことと關係があると考えられる。

本章は、このことを新たに發見された角筆加點資料に據って説こうとするものである。

第二節　創建前後の東大寺における華嚴經の講説

創建前後の東大寺における華嚴經の講説については、凝然の「三國佛法傳通緣起」の次の記文等でよく知られているところである。

天平十二年始所講之者、乃是舊譯六十華嚴、新羅學生大安寺審祥大和尙屬講弘之選、初演此宗（中略）旣以敕詔爲宗講師、于時請慈訓小僧都興福寺最初別當、鏡忍僧都、圓證大德、以爲複師、請十六德、爲其聽衆、首尾三年講六十經、一年二十卷、三年之中終六十卷、以探玄記講六十經、審祥禪師三年終經、

（凝然「三國佛法傳通緣起」卷中、「華嚴宗」）

天平十二年（七四〇）に、新羅學生で大安寺審祥大和尙が、東大寺の前身の金鍾寺で、初めて華嚴經の講説

をした。その華厳經は六十巻本の舊譯華嚴經であり、一年に二十巻ずつ講じ、三年で六十巻を終えた。注釋書として華嚴探玄記を用いたとある。

東大寺内では皆華嚴を學び、天平十二年から延暦八年（七八九）まで五十年間、この講説が恆に行われた。その後も行われ、今に絶えないとして、次のように記している。

（東大）寺内遍滿皆學華嚴、自天平十二年、至延暦八年己巳、五十年恆説華嚴、自後講説于今不絶、（同右）

同書によると、審祥の後は天平十二年の複師だった慈訓（興福寺僧、別當）以下三人が次々と講師となり講説が續けられた。智璟が講師の時より新譯の八十巻本華嚴經も用いられ、その注釋書として華嚴刊定記十六巻が用いられて新譯本を講じたとして、次のように記している。

次智璟大德以爲講師、澄叡大德、春福大德爲其複師、講六十經幷疏二十巻畢、奉始經之日、天朝行幸盧舍那佛前、證明彼講、自此以後、古經及疏新經及疏講演繁多、不可數量、上依別供緣起載之、言始經之日行幸者、應是講始六經八經之日、言新經及疏者、是刊定記一十六巻釋八十經、具言續華嚴疏刊定記、清涼大疏未傳度前、以刊定記講八十經、（同右）

華嚴刊定記は、正しくは續華嚴經略疏刊定記という。澄觀の華嚴經疏（七八七）が、空海等の入唐僧の歸朝（八〇六）の折に請來されるまで用いられたと説かれている。(4)

審祥が華嚴經をどのように講説したのか、この記文だけでは審かではないが、講説が續行されたという八世紀後半には、當時の華嚴經の古寫本や、注釋書の華嚴刊定記の古寫本が、東大寺を中心に遺存している。しかも、その古寫本に角筆による訓點の假名や諸符號が施されていることが分ってきた。これによって、當時の講説の一面を具體的に窺うことが出來るようになった。

第三節　華嚴刊定記の現存古寫本とその角筆訓點

第一項　奈良時代寫本について

そこで、新譯本華嚴經の講説の折に注釋書として用いられたという華嚴刊定記を先ず取上げてみることにする。これを先ず取上げたのは、華嚴刊定記は奈良時代の古寫本が五巻と平安時代初期の古寫本が二巻、計七巻が東大寺を中心として現存していることと、奈良時代の古寫本は書寫時期が具體的に推定されるものがあることによる。

華嚴刊定記　の現存する古寫本は次のようである。

〔奈良時代（八世紀）書寫〕

1大東急記念文庫藏　巻第五　一巻　八世紀（奈良時代）書寫（延暦二年以前）

2東大寺圖書館藏　巻第九　一巻　八世紀（奈良時代）書寫

3東大寺圖書館藏　巻第十三　一巻　八世紀（奈良時代）書寫（安宿廣成校）

4東大寺圖書館藏　　巻第十三（別本）　一巻　八世紀（奈良時代）書寫（犬甘木積萬呂校）

5國藏（文化廳保管）巻第八本　一巻　八世紀（奈良時代）書寫

〔平安時代初期（九世紀）書寫〕

6東大寺圖書館藏　　巻第二　　一巻　九世紀（平安時代初期）書寫

7東大寺圖書館藏　　巻第九　　一巻　九世紀（平安時代初期）書寫

これらのうち、書寫時期が奈良時代であることの奥書識語で分るものが三點ある。

その第一は、1大東急記念文庫藏の華嚴刊定記巻第五である。その奥書は次のようである。

（本文と同筆）　無上菩提因／近事智鏡

（別筆）　「延暦二年（七八三）十一月廿三日於東大寺與新／羅正本自挍勘畢以此善根生々之中／殖金剛種斷一切障共諸含識入無导門」

（又別筆）　「以延暦七年（七八八）八月十二日與唐正本相對挍勘取捨／得失揩定此本後學存意可幸察耳自後諸／巻亦同此矣更不錄勘年日等也」

先ず、本文と同筆で「無上菩提因／近事智鏡」とあるので、本文は智鏡の書寫したことが分る。その後に、別筆による追筆が二種ある。一つは、延暦二年（七八三）十一月二十三日に、東大寺において、「新羅正本」と校勘したとあるものである。これによって本文書寫が延暦二年十一月二十三日より前であることが知られる。別筆の二つ目は、その五年後の延暦七年に、「唐正本」と校勘したとあるものである。

書寫時期が奈良時代であることの分る第二は、4東大寺圖書館藏の『華嚴刊定記』卷第十三（別本）である。卷末の端裏識語に、

茨田花嚴經疏第十三　用紙冊五枚一挍　犬甘木積萬(呂)、正了

と墨書されている。犬甘木積萬呂は、正倉院文書によると、「若犬養木積萬呂」（天平勝寶元年十二月十四日、書寫所解[5]）とも記され、天平勝寶元年（七四九）より同三年頃まで校生として校經に從事している。確かに本文中に脱字を右傍に補入したりして校合を加えている。これが筆蹟から見ても犬甘木積萬呂の加筆と考えられる。例えば、

一了器　二增「福」(角、墨)　次二於時

のように本文「增」の右傍に墨書で「福」字を補入してこの脱字を加筆している。ところが、同じ箇所に角筆で同じ「福」字が書かれている。仔細に見ると、角筆の「福」が先に書かれ、その上に後から墨書の「福」が重ねるように書加えられている。これは、校正をするに際しては、まず角筆で記して置き、後からその箇所に毛筆で墨色をもって重ね書をしたことが知られる。角筆の用途の一つとして、奈良時代に本文の校合にも使われていたことが判明する。

この角筆と墨書の校正によって、本文の書寫は犬甘木積萬呂が校經に從事していた天平勝寶頃であることが分る。

書寫時期が奈良時代であることの分る第三は、3東大寺圖書館藏華嚴刊定記卷第十三である。これにも卷末

の端裏書に、

華嚴經刊定記巻第十三　用紙卌五枚 空一枚　安宿廣成　十一月廿六日了

一挍正了石作馬道　　二挍正了

と墨書されている。安宿廣成は、正倉院文書によると、「百濟安宿公廣成」（天平寶字八年十月三日、造東大寺司移文案）[6]、「百濟飛鳥戸伎美廣成」（天平神護元年正月十三日、造東大寺司移）[7]とも稱し、河内國安宿郡人で、式部省位子、無位の經師であり、天平寶字二年（七五八）より寶龜七年（七七六）まで經師として奉仕している。安宿廣成が裝潢しているので、本文の書寫は同じ奈良時代であり、天平寶字二年頃から寶龜七年頃までであることが分る。

華嚴刊定記の奈良時代寫本とされる殘りの二本には、奥書識語がないので、この點からは手掛りが得られないが、それに加點された朱書や角筆訓點の内容から、同じく奈良時代書寫と見られる。

2東大寺圖書館藏華嚴刊定記巻第九は、全巻にわたって、朱書の語順符が次のように施されている。

名同一趣入刹來往路之名尒・（句切點と「　」等の加點は朱書）

何故不得有脩友趣・見是解心・（同右）

この符號は「刹に趣き入り路を來り往く名」のように返讀を兼ねて訓讀する順序を示す符號（語順符）である。日本の訓點の返點とは異なり、朝鮮半島の方式であり、恐らく新羅の符號を取入れたものと見られる。これと同じ方式の語順符が、1大東急記念文庫藏華嚴刊定記巻第五にも朱書で、

二者因《三》彼《一》樂《二》乘《二》便《一》爲説一切諸法本來寂靜不生不滅・

のように施されている。[8] この大東急記念文庫藏華嚴刊定記巻第五に施された朱書の語順符は奥書にいう延曆二年（七八三）に東大寺で新羅正本と校合した時に、新羅正本にあった符號を移寫したと見られる。[9]

東大寺圖書館藏華嚴刊定記巻第九も、東大寺に傳來した同じ華嚴刊定記であり、朱書の語順符等の加點も恐らく東大寺で施されたものであり、大東急記念文庫藏の巻第五と同じ方式の新羅の符號が使われていることから見て、同じ頃の加點と考えてよいであろう。

5國藏（文化廳保管）華嚴刊定記巻第八本は、小川雅人氏舊藏で傳來事情は未詳であるが、後述のように角筆加點の内容が1〜4の華嚴刊定記に通ずるので、同じ奈良時代の書寫と見られる。軸附補紙には、後世の墨書で「此巻天平年間所寫也後昆宜寶重／甲戌仲夏／淨土門主松翁題」の鑑定が書添えられている。

第二項　奈良時代寫本に角筆で書入れられた訓點

これらの奈良時代書寫と見られる華嚴刊定記の五本には、五本とも、全巻にわたって角筆で紙面を凹ませて書込んだ訓點の施されていることが、この程分って來た。但し、凹みの迹は極めて薄いので、通常の見方では確認することが難しいものである。東大寺藏本を始め國の重要文化財に指定されているから、書跡の專門の方々が調査された筈であるが、角筆の凹みに何ら言及されていないのは氣附かれなかったからかと思われる。それ程に見難いものであり、角筆スコープを用いて時間をかけて熟視することによって漸く何とか讀みうるという難儀なものである。ここでは筆者の目に映った凹み迹について整理して掲げるが、今後、より良い機器を開發し、多くの確かな目を持つ人々による檢證が必要であり、修正されることが望まれる。

1大東急記念文庫藏華嚴刊定記卷第五　一卷

全卷にわたって角筆の書入れが認められた。書入れは、角筆による漢字と諸符號である。

その角筆の書入れには、毛筆の白書や墨書が重ね書したものと、重ね書がなく角筆書だけのものとがある。毛筆の白書や墨書が重ね書したのは本文の校異・訂正に係わるものであり、重ね書がなく角筆書だけのものは本文の訓讀に關するものである。

Ⅰ本文の校異・訂正に係わる角筆書入れ（「白書・墨書」が重ね書。「　」（角）は角筆書、「　」（白）（墨）はそれぞれ白書・墨書）

〔漢字の書入れ〕

後卅句明正今「令」（角、白）　佛歡喜行（第一張）

故云无善「能」（角、白）　名善觀也（第四張）

共に經本文の字句の校合であり、先に角筆で校異の漢字を書き、その上から白書で同漢字を重ね書している。

本書には別に朱書の校異もあり、その朱書と白書とが角筆書に重ねて記された場合もあり、（10）朱書が語順符にも用いられているので延暦二年の書入れと考えられることにより、白書に重ね書された角筆の校異の漢字も延暦二年以前の書入れと見られることになる。

〔顛倒符號の書入れ〕

四禪支者十句初「ㇾ」(角)中「ㇾ」(角、墨)　一句及第三句（第八張）

角筆で書いた顛倒符がこの一箇所に認められた。角筆で「中」の右傍に「ㇾ」を施し、その上の「初」の右傍には「ㇾ」を施している。「中」が「初」と順序を入れ換えることを表している。「中」には角筆とは別に墨書の「ㇾ」も施されている。恐らく先ず角筆でこの顛倒符を書いて置き、後から墨書の顛倒符を加えたものであろう。さすれば、墨書の顛倒符が本文の墨書と同筆と見られるから、角筆の書入れは、本文書寫と殆ど時を同じくしてなされたと考えられる。但し、墨書では「ㇾ」の方だけで、「ㇾ」の方の書入れはない。

Ⅱ本文の訓讀に關する角筆書入れ（角筆書だけで、白書・墨書の重ね書はない）

角筆による漢字と諸符號がある。

〔漢字の書入れ〕

(1)角筆の漢字が字音注を表したもの

八悟有支起滅盡「㒵」(角)　願（第九張）

本文の「盡」の字音を示すのに、類音の「㒵」を右傍に角筆で書入れている。

(2)角筆の漢字が訓讀（形式語の讀添え）を表したもの

若依本業纓絡下卷因果亦有三方便「爲」(角)・

本文の「有三方便」について、「三方便有りとす」のような形式動詞「す」を「準假名」の「爲」(11)で表したと見られる。

(3)角筆の漢字が釋義を表したもの

四求法無倦爲成聞惠「四句」(角)（第二張）

本文の「四求法無倦爲成聞惠」の註釋を「四句」が表していると見られる。

〔諸符號の書入れ〕

以下のような諸符號が角筆で書入れられている。用例中の漢字に施された符號の線や圏點が角筆の凹みである（印刷の都合上、「角」の注記は省略）。

(4)角筆の梵唄譜（A型）

然不放逸行持

乘行故淨菩提心（第一張）

聲明の樂譜に當り、旋律の動きを「淨」字の右下隅より起筆して起伏のある波線として可視的に表している。日本では十世紀以降に天台宗・眞言宗で陀羅尼の譜として漢字の周圍に施される節博士があるが、それに比べて時代が溯り、しかも横長の波線で右の方に向って行を越えて（時には十數行にもわたる）施されている。朝鮮半島の新羅・高麗時代の角筆資料に見られる譜である。日本の節博士と異なるので日本の節博士と區別して「梵唄譜」と呼ぶ。この横長の波線を、梵唄譜A型とする。

(5)角筆の梵唄譜（B型）

一利樂勸謂遍策諸行亦普勸發（第七張）

後四脩惠中初兩句正是惠體（第九張）

聲明の樂譜に當り、漢字の右傍又は左傍の行間に施されている。形態と機能が十世紀以降の天台宗・眞言宗で用いた節博士に通じ、漢字の四周に行間の範圍で施されるが、時代が溯り八世紀に用いられていたことが分った。横長の波線のA型と區別して、梵唄譜B型とする。譜の起筆位置が、漢字の四隅のいずれかにある點が注目される。旋律は、後世言う「ユリ」が多く、一部に「ソリ」が見られる。

(6)角筆の合符

一法門者謂隨地相得果等法（第三張）

五觀事行以合理六依法性而行事（第三張）

角筆による縱線が、當該字句の二字又は三字以上の字面にわたって施されている。その字句が熟字であることと又は一纏りの概念であることを示している。

(7)角筆の注示符

以深厚大悲磨瑩以明利智（第三張）

第二應量第一所以然者此觀已是入地（第四張）

角筆の長い縦線が、漢字句の右傍又は左傍に施されていて、その語句を注示する働きを表している。一見、合符と紛らわしいものもあるが、合符は字面の内寄りであるのに對して、注示符は字面の右傍又は左傍である。

(8)角筆の圏點（「。」）

角筆で漢字の四隅に施したと見られる圏點が次のように拾われる。（左傍・右傍の點線は私に施したもの）

〔右下隅の圏點〕靜慮无色四相分別如雜。集第九（第八張）

〔左下隅の圏點〕ⓐ眞佛不離。（第六張）　徹窮。（第九張）

ⓑ聚。淨戒（第一張）　令。歡喜。（第九張）

〔右上隅の圏點〕ⓒ聚。淨戒（第一張）　爲法。標。相（第二張）

ⓓ令。歡喜。（第九張）　第。三句（第八張）

爲法。標。相（第二張）

角筆の圏點が四聲點であるとすると、右下隅は入聲點、左下隅は平聲點、右上隅は去聲點を表している。左上隅の上聲點を表す例は拾われなかった。左下隅の平聲點のうち、ⓐは廣韻でも平聲であるが、ⓑは廣韻では去聲を持つ字であり、右上隅の去聲點のうち、ⓒは廣韻でも去聲であるが、ⓓは廣韻では平聲を持つ字であることになり、これらの聲點は當時の聲調を考える資料となる。

以上のような角筆の文字や諸符號の書入れが認められた。擧例は一部に止めた。特に角筆の漢字は、他にも漢字らしい書入れがあるが、凹みが薄くて解讀できていない。右掲の諸字も辛うじて讀み得たものであるが、疑いの殘るものもあり、今後の檢討が必要である。

2〜5東大寺圖書館藏華嚴刊定記　卷第九、卷第十三、卷第十三（別本）三卷竝びに國藏（文化廳保管）卷第八本　一卷

東大寺圖書館藏華嚴刊定記卷第九以下他の四本の華嚴刊定記の奈良時代寫本についても、ほぼ同樣な角筆の漢字と諸符號の書入れが認められた。

2東大寺圖書館藏の卷第九は、大東急記念文庫藏の卷第五と同種の朱書による語順符が施されている。このことは先に述べたところである。それだけでなく、角筆による漢字の書入れが本文の校異と訓讀（形式語と讀添え）とに見られる點も相通ずる。

Ⅰ本文の校異・補加に係わる角筆書入れ

所證而教「化」（角、墨）故

菩薩「爲」(角、朱) 衆生故求不辭倦

但以樂「色」(角、朱) 通根非顯慶喜

第一例は「教」の右傍下寄りに角筆で「化」を補入し、その上に墨書で重ね書している。第二例も「薩」の右傍下寄りに角筆で「爲」を補入し、その上に朱書で重ね書している。第三例は「樂」の右傍に「色」に似た字を墨書するがこの右肩に角筆で合點を施して朱塗抹し、角筆で「色」を書き、これに朱書で重ね書している。朱書と墨書は相先後して書入れられ、角筆はそれよりも先に書入れられている。

Ⅱ本文の訓讀に關する角筆書入れ

(1)角筆の漢字が訓讀を表したもの

右掲の校異・補入は、角筆の上から朱書・墨書が重ね書しているが、次のように訓讀に關する角筆書入れは、角筆だけであって朱書・墨書の重ね書はない。

或「人」(角) 從末以尋本

「或」字を「或るヒト」と訓讀することを角筆の「人」(準假名)で表している。形式語の讀添えを準假名の漢字で表すことは、卷第五の「爲《す》」にも見られ、平安時代初頭期の訓點に多く用いられる。

他に、東大寺圖書館藏の卷第九の角筆の符號には梵唄譜(B型)と注示符が認められた。

(2)角筆の梵唄譜(B型)

次のようである。(左傍の點線は私に施したもの)

〔右下隅より起筆〕上未別顯行德了

無我性法本不生故

論經此句与前初句合爲一句

〔左下隅より起筆〕ⓐ三念

於有障難

ⓑ〻（似）言顯超過義

謂見有我故

〔右上隅より起筆〕ⓒ明所住位竟

初一切世界

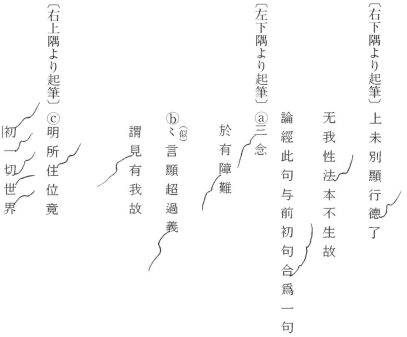

ⓓ四念佛對治諸度障行故

於外貪取名爲渴愛

角筆の譜が當該漢字の右傍又は左傍の行間に施されている。起筆位置は當該漢字の四聲と對應しているらしい。卽ち、右下隅より起筆しているのは入聲字である。左下隅より起筆するのは平聲字と對應するが、ⓐが廣韻でも平聲であるのに對して、ⓑは廣韻では去聲である。右上隅より起筆するのは去聲字と對應するが、ⓒが廣韻でも去聲であるのに對して、ⓓは廣韻では平聲である。左上隅の上聲を表す例は拾われなかった。起筆位置が四聲をも反映しているとすると、當時の調値を考える資料となる。

(3)角筆の注示符

是聞惠常渇聞無足故二如所等是思惠

一不貪着名利恭敬

角筆の長い縱線が、漢字句の右傍に施されていて、語句を注示する働きを表している。

東大寺圖書館藏の華嚴刊定記の巻第十三と巻第十三（別本）、竝びに國藏（文化廳保管）の巻第八本の角筆の漢字と諸符號もほぼ同樣である。ここでは項目のみを擧げる。[12]

3東大寺圖書館藏　華嚴刊定記　巻第十三（安宿廣成裝潢）

角筆による校合漢字（墨書を重ね書）、角筆の漢字（音注か義注か未詳）、角筆の梵唄譜（A型）、角筆の梵唄譜（B型）、角筆の合符、角筆の句切線

4東大寺圖書館藏華嚴刊定記卷第十三（別本）（犬甘木積萬呂校）

角筆による校合漢字（墨書を重ね書）、角筆の合符、（紙面の狀況悪く、角筆加點の認定が困難）

5國藏（文化廳保管）華嚴刊定記卷第八本

角筆の漢字（音注か義注か未詳）、角筆の梵唄譜（A型）、角筆の梵唄譜（B型）、角筆の合符

角筆の漢字の書入れはいずれにも見られる。角筆の符號は、卷によっては項目のうちの一部の例しか見出していないものもあるが、角筆の梵唄譜がいずれの卷でも用いられているのは注目される。

第四節　華嚴刊定記に角筆訓點を書入れた時期

これらの奈良時代書寫の華嚴刊定記に書入れられた角筆訓點が、奈良時代に施されたものであることは、先述のように、毛筆の白書や墨書の校合漢字が重ね書していることから考えられるが、ここでもう一度確認し、更に平安初期書寫の華嚴刊定記二本と比較することで明らかにすることにする。

第一に、大東急記念文庫藏華嚴刊定記卷第五には、延暦二年（七八三）に新羅正本と校合した時に白書・朱書を書入れ、その朱書で新羅方式の語順符が施されているが、それより前に角筆で校合がなされ、その同じ角

筆で訓讀に關する漢字や諸符號も書入れられているから、これらの角筆訓點は延暦二年以前に書入れられたことが分る。

第二に、東大寺圖書館藏華嚴刊定記の、巻第十三（別本）は、犬甘木積萬呂が墨書で校正し、巻第十三は安宿廣成が裝潢し石作馬道が墨書で校正しているが、校合するに當りその前に角筆で校正してこれに墨書を重ね書している。校正に從事したのは犬甘木積萬呂が天平勝寶元年（七四九）より同三年頃であり、安宿廣成は天平寶字二年（七五八）より寶龜七年（七七六）頃であるから、角筆がその時使われたことが分る。その本文に角筆訓點も施されている。これは校正した人物と別人の所爲であるか否か明らかでないが、當時の深化した校訂作業とすれば同一人の可能性がある。(13) しかも、角筆訓點の内容が大東急記念文庫藏巻第五に通ずることから、角筆訓點も奈良時代のそれ程離れない時期に施されたものであろう。

第三に、平安初期書寫の華嚴刊定記巻第二・巻第九の二本に施された角筆訓點と大きな相違があることが擧げられる。

卽ち、東大寺圖書館藏のこの二本は、角筆の書入れがあるが、角筆の句切線だけであって、角筆による漢字や諸符號は全く無くなり、變質している。これは、平安初期に澄觀の華嚴經疏が空海等の入唐僧によって日本に將來され利用されるようになった結果、華嚴刊定記があまり使われなくなったとされることに關係すると考えられる。(14)

これらを總合して考えると、奈良時代書寫の華嚴刊定記に施された角筆加點は奈良時代の書入れであると見られる。このことは、後述のように、平安初期訓點との比較からも裏附けられる。

第五節　華嚴經の奈良時代寫本に施された角筆訓點

華嚴刊定記という注釋書だけでなく、本經の華嚴經そのものにも、奈良時代の寫本に角筆訓點が施されていることも分った。

東大寺藏の華嚴經から確認されたものである。

それは、東大寺圖書館藏大方廣佛華嚴經卷第四十一（新譯）一卷である。東大寺の本坊に傳來した奈良時代寫經で、傳神護景雲二年（七六八）御願經とされる。この全卷にわたって角筆による書入れがある。書入れは、角筆による眞假名（省畫體假名を含む）、梵唄譜A型、梵唄譜B型、縦長線合符、注示符が認められる。以下に掲げるようである。他に角筆の漢字らしい書入れが散在するが、解讀できていない。これらの角筆の書入れは、經本文を日本語で讀誦し訓讀した結果を示すものであり、それらの角筆の凹みに白書・朱書を重ね書することは見られない。

(1)角筆の眞假名（省畫體假名を含む）

莊嚴佛子菩薩摩訶薩「伊」(角)　住「世リ」(角)　此三昧「尓」(角)

或見佛身微妙光色「阿留□(?)」(角)　或見佛身……

八者同諸如來敎化「久旦」（角）衆生恆不止息

雨不可說（略）殊妙香花雲「乎」（角）

他にも眞假名らしい書入れがあるが、角筆の凹みが薄いので解讀できていない。右の例は角筆スコープの光の充て方を工夫し、目が馴れて來て辛うじて認められたものである。字體は右揭例のように眞假名を用いているが「リ」（利の省畫）の省畫體假名が認められた。

(2)角筆の梵唄譜A型

此菩薩摩訶薩亦復如是不得如來出興於
世及涅槃相諸佛有相及以無相皆是想心
之所分別佛子此三昧名爲清淨深心行菩
薩摩訶薩於此三昧入已而起起已不失辟
如有人從睡得寤憶所夢事覺時雖無夢中
境界而能憶念心不忘失菩　薩摩訶薩亦復

角筆の譜が、「菩薩」の「薩」の右下隅より起筆して右方向に數行にわたって起伏のある波線として施されている。

(3)角筆の梵唄譜B型

於如來所一念則

佛子此三昧名爲清淨深心行

知過去諸解則

神通大三昧善巧智淨深心

角筆の譜が當該漢字の右傍又は左傍の行間に施されている。起筆位置はそれぞれの漢字の右下隅か右上隅か左下隅かにある。

(4)角筆の縱長線合符

知過去諸解則

或見佛身微妙光色「阿留□(?)」(角)

角筆の縱線が「諸解」「微妙」「光色」の各上下の漢字の字面にわたって施されていて、熟字であることを示している。

(5)角筆の注示符

無量佛過阿僧祇世界微塵

而供養散一切種種寶而

角筆の長い縦線が、漢字句の右傍又は左傍に施されていて、その語句を注示する働きを表している。

(6)角筆の圏點

而現水相。爲識所（「相」の左下隅の圏點が角筆）

自性不分。別音聲（「分」の左下隅の圏點が角筆）

圏點が聲點であるとすると、右の例は平聲を表すと見られることになるが、採取した用例數が少ないので、指摘するに止める。

右掲の大方廣佛華嚴經卷第四十一（新譯）の他に、奈良寫經として東大寺に傳來した、大方廣佛華嚴經自卷第十二至卷第二十の合一巻にも、角筆訓點が全巻にわたって施されている。角筆訓點のみで白點・朱點は見られない。再調査の結果、角筆は新羅語を加點したものであり、經卷も新羅經と見られる。これにも角筆の梵唄譜や縦長線合符が用いられていて注目される。この新羅經の角筆訓點については、本册の第四章で取上げる。

第六節　華嚴經・華嚴刊定記以外の奈良時代寫經に施された角筆訓點

角筆訓點は、華嚴經とその注釋書の華嚴刊定記だけでなく、それ以外の奈良時代の寫經にも施されていることが分った。東大寺圖書館藏根本說一切有部毗奈耶卷第二以下六點から確認されている。

1東大寺圖書館藏根本說一切有部毗奈耶卷第二

東大寺圖書館藏根本說一切有部毗奈耶卷第二は現狀が前半と後半とを分卷して二卷とする、神護景雲二年（七六八）の寫經である。東大寺に傳來したものであり、同種の經卷が東大寺正倉院の聖語藏（第四類一〇四號）に傳存され、共に同種の白點がある。春日政治博士は、聖語藏本の白點を調査されて「點本中最古のもの」と說かれた。(15) 白點は、

仁若憶者爲二我一憶三之

謂有三守一護二無屬已想

のように語順符が用いられている。又、

欲娶爲妻彼便告曰我不惜命乙　入汝舍乎時彼長者求妻不得乙　自知家事、（「乙」は白書）

のように返讀を示す「乙」を用い、語順符は朝鮮半島の用法を傳える他、句切點と漢字の助辭を用いているが、その白點より先に角筆訓點が施されている。

先ず、角筆は次のように、本文の校合に用いられている。

即便欲出偈「|」(角、白)　女思念（下欄）「偈」（角筆の上から白書が重ね書）

經本文の誤字に對して角筆で「|」を傍書して下欄に角筆で正字を記している。「|」にも下欄の正字にも角筆書の上から白書で重ね書している。華嚴刊定記巻第五などの校合の方式に通ずる。

次に、角筆による訓點は左のようである。角筆の訓點には白書の重ね書は見られない。

(1)角筆の漢字（散在するが未解讀、次掲例は字訓注と考えられる）

若不尓者汝宜「當」(角)速去

(2)角筆の眞假名による訓讀（讀添えの助詞等）の書入れ（句切點は白書）

有地餅出色香味具(?)、色如少女花、「乃」(角)　味如新熟蜜

(3)角筆の梵唄譜B型

有何疾患毉爲訴已　女人作是念

諸根無缺身有光明　佛告苾蒭

聲聞衆中有作如是有漏法者何況滅度時

(4)角筆の縦長線合符

至第七悉皆命過時

我共來相喚不許淹停

これらの角筆訓點も、華嚴刊定記の奈良時代寫本の角筆訓點に通ずる。

他の五點の角筆訓點も同様に奈良時代寫本の角筆訓點に通ずる。ここでは、經卷名とそれぞれから見出された角筆訓點について項目名を掲げる。(16)

2石山寺藏瑜伽師地論卷第七十、卷第七十一、卷第七十二、卷第七十四、卷第七十七、卷第八十四、卷第九十八、卷第九十九、卷第百　九卷　天平十六年（七四四）寫

（奥書）天平十六年歳次甲申三月十五日

讃岐國山田郡舍人國足（九卷とも同じ）

(1)角筆の眞假名による訓讀（讀添えの助詞等）の書入れ

(2)角筆の梵唄譜B型

(3)角筆の縦長線合符

(4)角筆の句切符（「∧」）

3石山寺藏瑜伽師地論卷第五十七　一卷　奈良時代寫

(1)角筆の漢字

(2)角筆の眞假名らしい書入れ
(3)角筆の梵唄譜B型
(4)角筆の縦長線合符
4國藏（文化廳保管）大乘掌珍論巻上　一巻　寶龜三年（七七二）寫
（奥書）大和國田中郡御作連淸成之書一巻寶龜三年正月廿五日於（以下缺損）
(1)角筆の漢字（未解讀）
(2)角筆の梵唄譜B型
(3)角筆の縦長線合符
(4)角筆の補入符
5東大寺圖書館藏楞伽經巻第四　一巻　神護景雲二年（七六八）寫
6東大寺圖書館藏觀佛三昧海經巻第一　一巻　神護景雲二年（七六八）寫
この二巻からも角筆訓點が瞥見で認められた。今後の調査により更に點數の増えることが豫想される。

第七節　平安初期（九世紀）寫經における角筆訓點の變質

既に述べたように、華嚴刊定記において、平安時代初期寫本では角筆の書入れは句切線のみであって、奈良時代寫經が角筆の漢字・眞假名や諸符號を用いているのと內容が異なり變質している。これは、華嚴經講說において華嚴刊定記があまり行われなくなったという事情に係わっていると考えられるが、他の經典においても、平安初期に角筆加點は行われているものの、やはり加點內容に變質が起っている。ここでは平安時代初頭期と平安初期前半期の角筆加點を取上げて、右揭の奈良時代寫經の角筆訓點と比べてみることにする。

1　興聖寺藏大唐西域記卷第一　一帖

平安時代初頭期の角筆加點本として、京都興聖寺藏大唐西域記卷第一の一帖を取上げる。本文は延曆四年（七八五）の書寫であるが、平安時代初頭期に施した角筆加點が存する。その具體的な內容は別に述べた通りであり、(17) ここでは要點を擧げる。

(1)角筆の漢字による字音注

伽藍佛院「爲因」（角）　東門南大神王像（359行）

(2)角筆の漢字（準假名、訓を表す）による書入れ

山谷積雪春夏含凍「冰」（角）（165行）

(3)角筆の音假名（眞假名とその草書體）による訓讀の書入れ

從大城西南入雪山阿「久末尓」（角）（301行）

右の(1)(2)(3)は奈良時代寫經の角筆訓點にも見られて、その用法に通ずるが、次の(4)(5)は奈良時代寫經の角筆訓點には見られなかった新しいものである。

(4)角筆のヲコト點

角筆のヲコト點は序の三十八行分に施され、その上から朱點がなぞるように重ね書しているが、星點本位の素樸な形式であり、本文中に施された同じ角筆點の音假名がすべて眞假名であることに併せて、角筆加點は平安時代初頭期と認められる。奈良時代寫經の角筆訓點には未だヲコト點の確かなものが用いられた例を見ないことと、次掲の合符が變形していることから、奈良時代寫經の角筆訓點とは異なることが分る。

(5)角筆の合符

聖-迹(29行)(角筆の上から朱書の合符を重ね書)

城-南四十餘里(381行)(合符は角筆のみ)

漢字と漢字との間に短い縱線を施している。これは平安初期の白點・朱點などに見られる一般的な形であって、奈良時代寫經の角筆訓點の合符が字面にかけて長い縱線を引くのと異なっている。

2大東急記念文庫藏大乘廣百論釋論卷第十　一卷

次に、平安初期前半期の角筆加點本として、大東急記念文庫藏大乘廣百論釋論卷第十の一卷を取上げる。本文は平安初期の書寫で、承和八年(八四一)の白點と朱點が詳しく施されている。(18) 白點・朱點より先に書入れた角筆の加點があるが、角筆の假名字體は省畫體を多く用い、白點・朱點の假名字體と同じであるので、承和八年頃に角筆も加點されたと見られる。角筆の加點は次のようである。

(1)角筆の梵唄譜B型

論者本意決定應然（389行）

惡取（366行）　心智所行（380行）

虚妄分別（433行）　隨聞隨譯訖（467行）

(2)角筆の四聲點（圏點）

色。(入)心（280行）　不能及。(入)（359行）　不。然(去)（258行）　染淨。(平)義（274行）　世。間(上)（369行）　。知(去)依他起（373行）　。起(去)堅執見（433行）

右の(1)(2)は奈良時代寫經の角筆訓點にも見られて、符號の形は通ずるが、角筆の梵唄譜B型は、起筆位置が必ずしも聲調に合わず、單に旋律を示す働きになっている。

次の(3)(4)(5)(6)は、奈良時代寫經の角筆訓點と異なるものである。

(3)角筆のヲコト點（一部に見られる。白點と同形式）

(4)角筆の假名（省畫體を多く含む）による訓讀の書入れ

所見既異「こと」(角)　誰肯順從「フ」(角)　（60行）

妙藥投「ナシロ」(角、朱)　衆病（409行）（「ナシロ」は角筆の上に朱書が重ね書。「ロ」は「留」の省畫）

(5)角筆の合符

尋「ネ」(角、朱)‐究（259行）　相‐應（324行）　世‐俗（433行）

角筆の合符は、漢字と漢字との間に施す短い縦線になっている。

(6)角筆の返讀符

由心轉變「似外諸塵」(角)（324行）

弧の返讀符を漢字の右傍や左傍に施すことは、十一世紀の初雕高麗版の角筆點に用いられているが、返讀する漢字の下隅や傍から起筆して長い弧を施している。(19)これに對して、平安初期の白點や朱點では、右掲例と同じように短い弧を漢字の傍に施すのが一般である。

以上のように、平安初期の角筆加點は、奈良時代寫經の角筆訓點に通じこれを承けたもののもあるが、新たに平安初期の白點・朱點に通ずるものが用いられ、その影響を受けている。從って、平安初期の角筆加點と比較することによって、奈良時代寫經の角筆訓點が八世紀に施されたものであることが知られることになる。

第八節　奈良時代の角筆訓點から觀た華嚴經の講說

奈良時代の寫經に施された角筆訓點の調査は始まったばかりであり、確認されたのは現段階では右に掲げた十數點に過ぎないが、それらに共通する特徴が浮かび上がって來た。次のようである。

㈠、八世紀（奈良時代）に經卷に訓點を施すことが行われ、それが角筆で加點されていた。從來の訓點研究は白點・朱點等の色の訓點を對象として來たために氣附かれなかった。その上に、角筆の凹み迹が長年月の間に薄れ、更には修補の手が加えられると、極めて見難い狀態となっているので、見逃されて來たと考えられる。

㈡、角筆訓點は、漢字による字音注、義注や訓を表す漢字や眞假名であり、これらによって日本語の訓讀が示されている。

㈢、假名は眞假名（草書體を含む）が主であるが、一部に省畫體も用いられている。

㈣、梵唄譜B型は、殆どの經典に施されている。偈の箇所だけでなく、本文中にもあり、論書にも施されている。

㈤、圈點の四聲點を用いた資料もある。

㈥、八世紀の角筆訓點には、ヲコト點の確かな例は見られなかった。角筆では未だ使われなかったか。

その言語文化史上の意義は、次の二點に集約される。

第一點は、奈良時代語の當時の新資料が角筆訓點によって得られたことである。その結果、

(1)奈良時代の訓讀の實態が具體的に知られることになる。

(2)眞假名本位の假名使用と、省畫體假名使用との實情が知られることになる。

(3)梵唄譜と四聲點（圈點）が既に奈良時代に用いられていた。これによって八世紀の漢字音の資料が得られ

ることになる。

が新知見として加わることになる。

第二點は、角筆訓點の符號が新羅の符號と親密な關係を持っていることである。卽ち、

(4)梵唄譜A型と縱長線合符と注示符と句切符「∧」は、朝鮮半島では使われているが、[20] 日本の訓點資料では、新羅の影響で使用されたもの以外には、他に使用例が見られないものである。

(5)梵唄譜B型と四聲點（圈點）は、日本では十世紀以降に毛筆で天台宗僧が使い出したが、既に八世紀の新羅で使っていた。

が擧げられ、その影響關係を追究する必要があることになる。

以上の事を頭に置いて、華嚴經と華嚴刊定記の角筆訓點に基づいて、奈良時代の東大寺における華嚴經の講說の實情を推定することにする。

經本文の漢文は、日本語として讀誦・讀解されて、その必要な箇所には角筆をもって直接に經卷に書入れていた。それによって次のことが知られる。

一、全卷を音讀したこと

いずれの經卷にも梵唄譜が施されてあり、しかも訓讀された語句と重なっている所があるので、先ず全卷を音讀し、その旋律を梵唄譜として角筆で書入れたと考えられる。但し全卷の全字に施されていないのは、旋律として重要な語句や間違いやすい語句や特に他說と異なる自說の語句などに施された結果であろう。

奈良時代に梵唄が行われ、しかも諸國でも盛んであったことは、以下の太政官符で知られる。（傍線は私に施したもの）

①養老二年（七一八）太政官告二僧綱一

凡諸僧徒勿レ使二浮遊一。或講二論衆理一、學二習諸義一、或唱二誦經文一、修二道禪行一、各令下分レ業、皆得二其道一、其崇二表智徳一、顯紀中行能上。（續日本紀卷第八）

②養老四年（七二〇）太政官符

癸卯（十二月二十五日）、詔曰、釋典之道、教在二甚深一。轉經唱禮、先傳二恆規一。理合二遵承一、不レ須二輙改一。比者、或僧尼自出二方法一、妄作二別音一。遂使二後生之輩積習成レ俗。不二肯變正一、恐汚二法門一、從レ是始乎。宜下依二漢沙門道榮・學問僧勝曉等一轉經唱禮上。餘音竝停之。（續日本紀卷八）（類聚三代格卷三・僧尼禁忌事、扶桑略記第六にも同文あり）

十二月。詔曰。眞詮佛乘。化在二音聞一。唱禮轉經。元有二規矩一。比來僧尼。或出二私曲一。妄作二別調一。後生之輩。慣習成レ俗。若不二變正一。恐壞二聲教一。自レ今當レ式《ノトル》二唐沙門道榮及沙門勝曉《カ》轉唱一。餘皆停之。（元亨釋書卷二十二、資治表二）

③延暦二年（七八三）太政官符

敕曰、梵唄讃頌。雅音正韻。以則《トリ》二眞乘《ニ》一。以警二俗耳一。比來僧尼讃唱動則哀蕩叫吟。曲折萬態。似レ衒《テラフニ》二伎藝一。頗近二鄭衛一。有司往二諸寺一。告二戒《セヨ》濫唱一。（元亨釋書卷二十三、資治表四、桓武）

④天長五年（八二八）二月二十八日太政官符（「應二諸國ゝ分寺僧廿口之内令レ得二度年廿五以上五人一事」）
右得二大宰府解一偁。觀音寺講師傳燈大法師位光豐牒偁。依二太政官去弘仁十二年十二月廿六日符一令レ度二六十已上之人一既以二老耄之極一始入二甚深之道一。勤學修行更無二如何一。至二於梵唄散花用音之事一。令二會集者掩レ口大咲一。（類聚三代格巻三、國分寺事）

「梵唄」の語が③④に見られる。②の「唐沙門道榮」は、元亨釋書によると、「唐人、尤善二梵唄一」とあるから、養老四年の「唱禮」にも梵唄の行われたことが考えられる。

②の元亨釋書巻二十二の養老四年の詔に、「化在二音聞一」とあり、「妄作二別調一」（類聚三代格は「妄作二別音一」）とあるのは口傳口授であったことを考えさせ、太政官符で「餘音」を停めて梵唄を善くする唐沙門の道榮等の轉經唱禮に依據すべしと統一を圖っている。別音が廣く行われ、その私曲による別音が後進に傳習されて〝俗《くにぶり》〟となったことを語っている。その傳習が口傳口授であったとすると、梵唄譜を加點することが何時から行われるようになったかが問題となるが、八世紀中後期の華嚴經の角筆訓點に見られる梵唄譜は當時行われていたその一證となろう。

中田祝夫博士は、上代に漢文音讀の存したことを、奈良時代等の記録に基づいて推定し、今後の研究によって確證されるならば、廣く文化史の上で大きな意味を持って來ることを指摘された。[21] 奈良時代の記録の、

百濟連弟麻呂 年十六 左京五條五坊戶主百濟連弟人戶口

讀經　法華經一部 音

最勝王經一部 音

（天平十四年十一月十五日優婆塞貢進解、正倉院文書二）

などの「音」が、「誦」と同じであるか否か検討しなければならないが、奈良時代寫經に角筆で書入れた梵唄譜が、偈などの特定箇所だけでなく、經本文の全體にわたって施されていることは、經典を音讀する狀況から推して、旋律を以て行われたと考えられる。さすれば、角筆の梵唄譜は、奈良時代における經典音讀を反映した可能性がある。華嚴經や華嚴刊定記に角筆で施した梵唄譜も、それを示すものであろう。華嚴經の講說は、音讀の後に、日本語による訓讀の行われたことを、角筆訓點が示している。

二、新羅の角筆加點との關聯

このような奈良時代の角筆訓點はどこから來たのであろうか。當時の東大寺等の南都の僧が創案したということも考えてみなければならないが、先述のように角筆訓點の内容が、朝鮮半島における諸符號と親密な關係の認められることを顧みなければならない。

梵唄も既に新羅で行われた記錄がある。韓國の湖巖美術館藏（現在、ソウル市Leeum美術館藏）大方廣佛華嚴經の大卷二卷の天寶十四年（七五五）書寫本の書寫奥書の中に、この華嚴經を書寫するに當り、關係僧が、香爐を捧げ梵唄を唱えたとして、次のように記している。[22]

又一法師香爐捧引弥又一法師梵唄唱引弥諸筆師等各香花捧尒

それを梵唄譜として角筆で施した新羅の經卷も傳存している。大谷大學藏判比量論がその一つである。次章

（第三章）で述べるように、判比量論は、新羅の元曉が咸亨二年（六七一）に撰述した論書で、大谷大學藏本はその本奥書を傳えたものであるが、八世紀前半期の書寫と見られる。光明皇后（七〇一—七六〇）の藏書印「内家／私印」の朱印が押され、藏書印を押捺する前に角筆の訓點が書入れられている。(23)現存の百五行の全體にわたって、角筆の漢字・假名や諸符號が施されている。假名は新羅語を眞假名（草書體）本位で表しているので、新羅の訓讀を書入れたことが分る。(24)その角筆に梵唄譜（A型とB型）が用いられている。又、縱長線合符と圏點の四聲點も認められる。

更に、東大寺圖書館藏大方廣佛華嚴經自卷第十二至卷第二十の合一卷にも、後述するように（第四章）、角筆で新羅語を眞假名等で表すと共に、梵唄譜も用いられ、縱長線合符と圏點の四聲點（古型式）等も認められる。

これらが奈良時代寫經の角筆訓點の符號と一致することは、偶然ということも考えてみなければならないが、新羅華嚴宗の受容という文化史的事情を考えるならば、日本における經卷の初期加點には、新羅の加點方式の影響があったことを考えるのが自然であろう。その中でも、新羅で華嚴を學び、多くの經典を傳えると共に、歸朝後の天平十二年に、日本で初めて東大寺で行った審祥の華嚴經の講說は重要な役割を擔ったと考えられる。但し、八世紀の角筆訓點資料は、華嚴經以外からも發見されているので、これが唯一の經路ではなく、少なくとも八世紀から九世紀初頭にかけて何回かの幾筋かの經路のあったことが推測される。それを現存する角筆加點資料で裏附けるのが今後の課題の一つである。

注

（1）凝然「三國佛法傳通緣起」。次節參照。

審祥の出自については、新羅出身説と日本出身説とが行われて來た。近時、崔鈆植氏は「日本古代華嚴と新羅佛教―奈良・平安時代の華嚴文獻に反映した新羅佛教學―」（『南都佛教』第99號、平成二十六年十二月）において、諸説を紹介した上で、「筆者は日本出身の新羅留學僧の可能性が高いと考えている」と述べている。

その諸説について次のように紹介している。「韓國の學界では新羅出身と見ているが、日本の學界内では、新羅出身説［凝然『八宗綱要』と、鎌田茂雄、一九八八『新羅佛教史序説』（東京大　東洋文化研究所）］と、日本出身説［福山敏男、一九七一、『日本古建築史研究』續編（墨水書房）、結城令聞、一九七八「華嚴章疏の日本傳來の諸説を評し、審祥に關する日本傳承の根據と、審祥來日についての私見」『南都佛教』四〇（南都佛教研究會）］という議論がある」。

（2）第二節參照。

（3）本册、第三章第三節六八頁參照。

（4）「弘法大師請來目錄」（東寺觀智院金剛藏第二九六箱61號、建治三年刊）に、「華嚴經疏一部二十卷澄觀法師撰」とあり、慈覺大師圓仁の「入唐新求聖教目錄」に、「華嚴經疏二十卷澄觀法師作」とあり、智證大師圓珍の「福州溫州台州求得經律論疏記外書等目錄」に、「花嚴經新疏二十卷澄觀大中第一卷隨身」とある。

李惠英「慧苑と『續華嚴略疏刊定記』」（「南都佛教」第七十二號、平成七年十一月）。

（5）『大日本古文書』卷之三、三四二頁。

(6)『大日本古文書』巻之五、四九五頁。

(7)『大日本古文書』巻之五、五一四頁。

(8)拙稿「返點の沿革」(「訓點語と訓點資料」第五十四輯、昭和四十九年五月)。
月本雅幸「大東急記念文庫藏續華嚴經略疏刊定記巻第五の訓點について」(『鎌倉時代語研究』第二十三輯、平成十二年十月)。

(9)拙稿「韓國における角筆文獻の發見とその意義―日本古訓點との關係―」(「朝鮮學報」第百八十二輯、平成十四年一月)。

(10)白書と朱書との關係については、註(8)文獻の月本論文で詳細な調査報告がある。

(11)日本の平安時代初頭期の訓點では、一定の訓を擔う漢字が準假名のように用いられて、讀添えの助詞・助動詞・形式語を表すことが多い。本書第十册、『訓點表記の歴史』第四章參照。
春日政治博士は正倉院藏の一切有部毗奈耶・一切有部苾芻尼毗奈耶の白點の「歟《カ》」「事《コト》」「寸《トキ》(時)」、持人菩薩經の白點の「以《モチテ》」「而《テ》」を擧げ、「實字」と呼んでいる(「初期點法例」『古訓點の研究』所收)。

(12)具體的な用例は、拙著『角筆文獻研究導論　上巻　東アジア篇』の附章に掲げてあるので參照されたい。

(13)本册、第五章第二節一四五頁。

(14)注(4)の李惠英氏論文。

(15)春日政治『古訓點の研究』二六六頁。

(16)注(12)に同じく、拙著『角筆文獻研究導論　上巻　東アジア篇』附章を參照。

（17）拙著『角筆文獻の國語學的研究研究篇』三七五頁。

（18）白點と朱點とについては、大坪併治『訓點語の研究』（昭和三十六年三月刊）の「大東急記念文庫本大乘廣百論釋論承和點」で紹介されているが、角筆點については全く言及されていない。

（19）注（12）拙著一四一頁。

（20）注（12）拙著一四九頁。

（21）中田祝夫『古點本の國語學的研究總論篇』第一篇第一章「漢文の音讀」。

（22）奥書の全文は、注（12）拙著、二二一頁。

（23）朱印の一部が角筆の凹みのために、朱肉が乘らず切れていることから知られる。

（24）注（12）拙著二六八頁。

第三章　日本の初期訓點と新羅經加點との關係

第一節　はじめに

ここに、日本の初期訓點というのは、前章で取上げた奈良時代（八世紀）の角筆訓點とそれに關聯して用いられた白點・朱點の平安時代初頭期を含む九世紀の訓點を想定している。その訓點を加點した經典は、華嚴經とその注釋書の華嚴刊定記を始め、東大寺を主とする南都の經卷である。この日本の初期訓點のうち、主に平安時代初頭期までに見られた、語順符や梵唄譜や縱長線合符等が、朝鮮半島、特に新羅の符號に通ずることにより新羅經加點との關係を考えることが新たな課題となって來た。

正倉院文書によると、新羅の高僧が撰述した諸種の經疏が、奈良時代に多數齎らされている。その撰述書の中には、八世紀・九世紀に加點して、經本文を讀解した迹を傳える經疏で、今日まで現存したものがある。

本章は、これらの新羅の高僧撰述書の加點の内容を檢討し、日本の初期訓點と比較して、その關係を見ようとするものである。

第二節　正倉院文書に見られる新羅高僧の撰述書

新羅の高僧が撰述した佛典で、奈良時代（八世紀）に日本に將來されたものを、正倉院文書によって掲げると、次のようである。ここには撰者ごとに纏めて、正倉院文書所載の佛典名とその年月を示し、その下に『大日本古文書』の巻數と頁數を〔　〕に包んで示す。（以下の論述の便のために、私に各佛典に通し番號を附す）

〔新羅元曉〕

1 華嚴疏一部十巻 元曉師　天平十五年三月〔八ノ一六九〕

2 兩巻无量壽經宗旨一巻　元曉　天平勝寶四年十月〔十二ノ三八〇〕

3 勝鬘經疏一部三巻　元曉師　天平勝寶三年六月〔十二ノ九〕

4 勝鬘經疏一部二巻元曉師述　在慶俊師所　又處々甚多也　天平勝寶三年六月〔十二ノ一四〕

5 般舟三昧經略疏一巻　元曉師述　右疏審詳（ママ）師書類者　天平勝寶五年八月〔十三ノ二二〕

6 楞伽宗要論一巻　天平十六年十月〔八ノ五一三〕

7 楞伽經宗要二巻一巻疏　天平二十年六月〔三ノ八五〕

8 入楞伽疏一部八巻　元曉師述　在元興寺理教師所　天平勝寶三年六月〔十二ノ一四〕

9　楞伽經疏十三巻　元曉師　天平勝寶四年十月　〔十二ノ三八〇〕
10　維摩宗要一巻　白紙　天平三年八月　〔七ノ二三〕
11　維摩經（疏）四部　元曉疏三巻　天平勝寶五年九月　〔三ノ六四二〕
12　（深密經疏）一部三巻　元曉師　右疏在元興寺法隆師所　天平勝寶三年六月〔十二ノ一〇〕
13　金光明經疏一部　八巻 元曉師撰 依令旨所奉寫式部卿天平十六年九月廿七日宣　天平十五年十一月〔八ノ三七一〕
14　最勝王經疏八巻　元曉師　天平勝寶三年九月　〔十二ノ五三〕
15　八巻金鼓經疏元曉　天平勝寶四年十月　〔十三ノ三八〇〕
16　不增不減經疏一巻元曉師述　天平勝寶三年五月　〔十一ノ五六五〕
17　大惠度經宗要一巻　天平二十年六月　〔三ノ八六〕
18　（法華）要略一巻元曉師述　天平勝寶四年十月　〔十二ノ三八〇〕
19　（法花）略述一巻元曉師述　天平勝寶四年十月　〔十三ノ三七九〕
20　法花宗要一巻　天平十六年七月　〔二ノ三五六〕
21　金剛三昧經論二巻　中下　天平十五年三月　〔八ノ一六八〕
22　金剛三昧經論一部三巻　元曉師述　天平勝寶三年五月　〔十一ノ五六六〕
23　金剛三昧經論疏三巻　元曉師撰　天平寶字七年七月　〔十六ノ四〇三〕
24　一巻（涅槃經）宗要　元曉師述　天平勝寶四年十月　〔十二ノ三七九〕

25 卅卅《涅槃》經疏一部五卷元曉師述　在藥師寺及右大臣殿書中　天平勝寶三年頃　〔十二ノ一五〕

26 又（梵網經）疏二卷　元曉　天平勝寶三年九月　〔十二ノ五〇〕

27 菩薩戒本持犯要記一部　元曉　天平勝寶五年五月　〔十二ノ五四二〕

28 瓔珞經疏二卷　天平二十年六月　〔三ノ八六〕

29 瑜伽抄一部五卷　元曉師　天平勝寶三年六月　〔十二ノ九〕

30 雜集論疏一部五卷　元曉師　神護景雲元年九月　〔十七ノ一〇七〕

31 中邊論疏　天平勝寶元年十二月　〔十一ノ九八〕

32 中邊分別論疏四卷　元曉師　天平勝寶三年九月　〔十二ノ五五〕

33 中邊分別論疏一部　四卷白紙表無軸　元曉師　神護景雲元年九月　〔十七ノ一〇七〕

34 又（辯中邊論）疏四卷　元曉師述　天平勝寶四年十月　〔十二ノ三八一〕

35 攝大乘論抄四卷　天平二十年六月　〔三ノ八六〕

36 世親攝論疏四卷　元曉師白紙　已上　審詳師書　天平勝寶五年　〔三ノ六五四〕

37 梁攝論疏抄一部　四卷元曉師述　審詳師書類　天平勝寶五年三月　〔三ノ六一八〕

38 起信論別記一卷　元曉師者　天平十五年三月　〔八ノ一六九〕

39 起信論記一卷　元曉師撰　天平寶字七年七月　〔一六ノ四〇五〕

40 （起信論）一道章一卷　天平二十年六月　〔三ノ八六〕

41　（起信論）一道章一巻　元曉師述　天平勝寶三年五月　〔十一ノ五六六〕
42　（起信論）二鄣章一巻　天平二十年六月　〔三ノ八六〕
43　（起信論）二障章一巻　元曉師述　天平勝寶三年五月　〔十一ノ五六六〕
44　（起信論）二鄣章一巻　元曉師　天平勝寶四年十月　〔十二ノ三八一〕
45　大乘二障義一巻　元曉師撰　天平寶字七年七月　〔一六ノ四〇七〕
46　起信論（疏）四巻　二巻恵遠師又二巻元曉師　天平十五年三月　〔八ノ一六九〕
47　廣百論撮要一巻　天平二十年六月　〔三ノ八八〕
48　廣百論撮要一巻　元曉述　天平勝寶四年十月　〔十二ノ三八三〕
49　三論宗要一巻　天平勝寶二年七月　〔十一ノ三〇四〕
50　寶性論宗要一巻　元曉師述　天平勝寶三年五月　〔十一ノ五六六〕
51　掌珍論料簡一巻　天平二十年六月　〔三ノ八七〕
52　掌珎論料簡一巻　元曉師　天平勝寶四年十月　〔十二ノ三八二〕
53　大乘観行門三巻　天平二十年六月　〔三ノ八八〕
54　大乘観行門三巻　沙彌元曉述　天平勝寶四年十月　〔十二ノ三八二〕
55　判比量論一巻　以上大官寺本　天平十二年七月　〔七ノ四八八〕
56　十門和諍論一部　二巻　元曉師述　天平勝寶三年五月　〔十一ノ五六六〕

57　六現觀義發菩提心義淨義合一卷　天平二十年六月　〔三ノ八八〕
58　六現觀義發廾（菩）提義淨土義合一卷　元曉師　天平勝寶四年十月　〔十二ノ三八三〕

〔新羅義湘〕

59　（華嚴）一乘法界圖一卷　天平二十年五月　〔一ノ二七八〕
60　（華嚴）一乘法界圖一卷　天平勝寶三年五月　〔十一ノ五六七〕

〔新羅表員〕

61　華嚴文義要決一卷 表員師集　天平勝寶三年五月　〔十一ノ五六七〕

〔新羅憬興〕

62　无垢稱經疏一部　六卷璟興師述　在玄印師書中　掌興福寺善和師　天平勝寶三年六月　〔十二ノ一四〕
63　又（深密經疏）一部五卷　璟興師　右疏在元興寺法隆師所　天平勝寶三年六月　〔十二ノ一〇〕
64　最勝王經疏五卷 憬興師　天平十二年七月　〔七ノ四八九〕
65　最勝王經疏十卷　璟興師　天平勝寶三年九月　〔十二ノ五三〕
66　璟興師金光明經疏第一　天平十九年七月　〔九ノ四二六〕

67 法花經疏十卷 璟興師撰 天平十九年六月 〔九ノ三九二〕

68 □(涅)槃經述贊七卷 天平勝寶二年六月 〔十一ノ二六〇〕

69 涅槃經述贊十四卷 璟興師 神護景雲元年九月 〔十七ノ八一〕

70 卅卅(涅槃)經疏一部十四卷 璟興師 天平勝寶三年六月 〔十二ノ一〇〕

71 卅卅(涅槃)經疏一部十四卷 璟興師述 在大安寺玄智師并在藥師寺弘耀師所及元興寺仁基師所 天平勝寶三年六月 〔十二ノ一四〕

72 彌勒經疏三卷 璟興師 天平十二年七月 〔七ノ四九〇〕

73 彌勒經述贊三卷 璟興師撰 天平十六年十二月 〔八ノ五三五〕

74 大灌頂經疏一部二卷 神護景雲二年十一月 〔十七ノ一二八〕

75 顯揚論璟興述贊第四卷 天平十八年正月 〔九ノ二三〕

76 顯揚論述贊十六卷 璟興師撰 天平寶字七年七月 〔十六ノ四〇四〕

77 成唯(識)論貶量三卷 天平勝寶三年三月 〔十一ノ五〇三〕

78 (成)唯識(論)貶量一部廿卷 璟興師「且來三卷」 天平勝寶三年六月 〔十二ノ一〇〕

79 倶舎論抄一部四卷 璟興師 在大安寺善勝師所 天平勝寶三年六月 〔十二ノ一〇〕

〔新羅明晶〕

80　（華嚴）海印三昧論一巻　以上道濟師本　天平十二年七月　〔七ノ四九一〕

〔新羅義寂〕

81　（无量壽經）疏五巻　天平二十年六月　〔三ノ八五〕

82　大般若經綱要一巻　天平二十年六月　〔三ノ八六〕

83　大般若經綱要一巻　義寂師述　天平勝寶四年十月　〔十二ノ三八一〕

84　理趣（經）幽贊一巻　天平寶字七年七月　〔十六ノ四〇一〕

85　（法華）料簡一巻　天平二十年六月　〔三ノ八五〕

86　（法華）料簡一巻　義寂述　天平勝寶四年十月　〔十二ノ三八〇〕

87　（涅槃經）綱目二巻　天平二十年六月　〔三ノ八四〕

88　涅槃經義記一部五巻　寂法師述　天平勝寶五年五月　〔十二ノ五四一〕

89　涅槃經義記四巻　寂法師　神護景雲元年九月　〔十七ノ八二〕

90　（涅槃經）云何偈一巻　天平勝寶四年八月　〔十二ノ三六一〕

91　梵納（網）經疏二巻寂　天平十九年六月　〔九ノ三八三〕

92　梵網經文記二巻　寂法師　神護景雲元年九月　〔十七ノ八七〕

93　法花論述記一巻　天平寶字七年七月　〔十六ノ四〇二〕

94　馬鳴生論疏一巻　天平二十年六月　〔三ノ八六〕

95　十二章　寂法師　天平十二年七月　〔七ノ四九一〕

〔新羅玄一〕

96　（无量壽經）記二巻　天平二十年六月　〔三ノ八五〕

97　法花經疏十巻　玄一師撰　天平十九年六月　〔九ノ三九二〕

98　隨願往生經記一巻　天平二十年六月　〔三ノ八五〕

99　隨願往生經記一巻　玄一述　天平勝寶四年十月　〔十二ノ三八〇〕

100　（唯識）樞要私記二巻　天平勝寶四年十月　〔十二ノ三八三〕

〔新羅太賢〕

101　（梵網經）古迹一巻　天平勝寶三年九月　〔十二ノ五〇〕

102　成業論記一巻　天平十六年十二月　〔八ノ五三九〕

〔新羅智仁〕

103　又（四分律）抄十巻智仁師述　天平二十年八月　〔十ノ三二七〕

104　顯揚論疏十巻　智仁師　天平勝寶三年九月　〔十二ノ五四〕

105　（佛地論疏）又四巻　智仁師　天平勝寶三年九月　〔十二ノ五五〕

〔新羅行達〕

106　瑜伽聊簡一巻　天平十六年七月　〔二ノ三五六〕

當時、日本に將來された新羅撰述の佛典はここに掲げたものの他にも存したであろうが、右掲の百六點について見るに、12深密經疏のように元興寺法隆師所に在りとか、13金光明經疏のように令旨に依って奉寫したとか、80華嚴海印三昧論のように道濟師本などの注記によって所在や書寫の事情の窺われるものがある。その中で、審祥（詳）の藏書である注記が次のようにある。(1)

5　般舟三昧經略疏一巻　元曉師述　右疏審詳師書類者

36　世親攝論疏四巻　元曉師白紙　已上　審詳師書

37　梁攝論疏抄一部　四巻元曉師述　審詳師書類

審祥は、前章で述べたように、大安寺僧であり新羅で華嚴を學び、新羅學生と稱され、歸朝後、天平十二年（七四〇）に華嚴經を東大寺の前身の金鍾寺において日本で初めて講說した僧である。

その審詳の藏書が、「大安寺審詳師經録」として、堀池春峰博士により收録され一覧されている。(2)　正倉院文書に見える審祥師經を主體として、凝然の「華嚴宗經論章疏目錄」「華嚴起信觀行法門（「三國佛法傳通緣起」所收）」「新羅學生大安寺審詳大德記」に基づいたものである。計百七十一點が揭げられている。その中には、右揭の新羅高僧の撰述書が次のように入っている。

元曉　1華嚴（經）疏　2兩卷无量壽經宗旨　3 4勝鬘經疏　5般舟三昧經略疏　6楞伽宗要論　9楞伽經疏　15金鼓經疏　16不增不減經疏　18法華要略　19法華略述　23金剛三昧經論疏　24涅槃經宗要　28瓔珞經疏　30雜集論疏　32 33中邊分別論疏　36世親攝論疏　37梁攝論疏抄　43 44起信論二障章　46起信論疏　47 48廣百論撮要　53 54大乘觀行門　55判比量論

義湘　59 60華嚴一乘法界圖

憬興　72彌勒經疏

義寂　81无量壽經疏　82 83大般若經剛要　85 86法華料簡　87涅槃經剛目　93法花論述記　94馬鳴生論疏

玄一　96无量壽經記　100唯識樞要私記

審祥の藏書の中には、支那學僧の論著も存するから、藏書の蒐集には幾筋かのルートがあったのであろうが、新羅高僧の撰述書の中には、審祥が新羅から歸朝に際して持って來たものが含まれている可能性がある。それらの正倉院文書の初見が、審祥の華嚴經初講說の天平十二年（七四〇）以降であるのも、そのことに關聯するのかも知れない。

第三節　新羅高僧撰述書の加點本

正倉院文書に見られる新羅高僧の撰述書は、書名から推測すると、「華嚴經疏」「勝鬘經疏」のような「疏」や「料簡」のような注釋書が大多數である。これらの注釋書は、その本經を讀解するに當って撰述され活用されたであろうが、その注釋書自體も讀解の對象とされたであろう。それらが、當時どのように讀解されたのかは、その原本が殆ど遺存していないので、その全體像は明らかではない。

しかし、幸いにも、同一書名の八世紀・九世紀の古寫本が、若干ではあるが遺存し、それに當時の加點が施されているものがある。次の佛典である。

55判比量論　元曉師撰

大谷大學藏　殘一巻　八世紀七三三年以前書寫

61華嚴文義要決　表員師集

延曆寺藏　二巻　延曆十八年（七九九）書寫

佐藤達次郎氏舊藏　一巻　九世紀初頭書寫

72彌勒經疏　憬興師撰

園城寺（三井寺）藏　三卷　寛平二年（八九〇）圓珍追記奥書

それぞれの加點内容は、別に説いた通りである。[3] いずれも、新羅との關係が考えられた。先説では資料ごとに個別的に説いたが、ここでは、新羅との關係という點から、これらを關聯づけて見てみようと思う。

先ず、それぞれの加點内容について要點を述べる。

Ⅰ判比量論

大谷大學藏本は、本文一〇五行と卷末の廻向偈二行と本奥書三行との殘簡であるが、本文と廻向偈にわたって、角筆による漢字と假名、及び諸符號が施されている。

角筆の漢字は、本文の漢字の音を示すのに用いた注音の漢字と、本文の漢字句の釋義を示した漢字の字句である。

角筆による注音の漢字は、

對佛弟子不共《「宮」(角)》　不定（第十一節53行）

賴耶末耶必無俱有所依之根非六識性之所攝《「捷」(角)》　故（第十節38行）

の、第一例の「共」の音を角筆で「宮」と示したり、第二例の「攝」の音を角筆で「捷」と示したりしたものである。經本文の漢字の音と注音との關係は、第一例が聲母は共通するが韻母が體母音に少異があり、第二例が韻母は同じであるが、聲母が無聲と有聲との異なりがあり、注目される。(4)

角筆の假名には、次の二種の用法がある。

(1)本文には對應する漢字が存しないが、訓讀するに當って補い讀添えて文法機能を表した假名

(2)本文の漢字の訓を表した假名・同訓字、竝びにその訓の終聲を添えた音假名、及び文法機能を表した假名

それぞれを例示すると次のようである。

(1)「良」

今於此中「ろ」(角)　直就所詮而立比量證□□(破損)識（第九節26行）

（和譯(5)「いま、此れが中において直ちに所詮について比量を立て、第八識あることを證す」）

角筆の「ろ」は、經本文の「中」の右傍やや下寄りに書入れられていて、書入れの位置から見て、讀添えの文字と考えられる。この文字は「良」の草書體と見られる。日本で毛筆による訓點記入が始まった平安時代初頭には、この字體が假名のラを表すのに用いられ、片假名の「ラ」の字源となっている。又、變體假名としてもこの字體がラを表すのに用いられている。ここは日本語の「ラ」では意味が通じない。朝鮮半島では、十二世紀以降の墨書口訣に「良」を字源とする音假名の「ろ」(6)（아）が用いられ、處所格を表している。日本語の格助詞「に」に當る。判比量論の本文の「中」の右下に書入れたのは、「中に」に當る助詞を讀添えたものと見られる。角筆の「ろ」は、その古形であり、字源「良」を草書として用いた段階を示し、高麗時代の墨書口

訣の「ろ」はそれを更に極草にまで崩したものと考えられる。恰も、日本の平假名の成立過程において、字源の漢字を初めは草書として用いたものが更に略草化して平假名を生んだのに通ずる。

新羅の歌謠を傳えたとされる鄕歌にも、「良」が處所格を表すのに用いられている。次のようである。

一等隱枝良出古（「月明師爲亡妹營齋歌」三國遺事巻五[7]。景德王十九〈七六〇〉）

角筆の「ろ」は、これらの「良」と同じ用法と見られ、本文「於此中」の「於」を不讀として、その意を「中」に讀添えて表している。そうとすれば、三國遺事（釋一然〈一二〇六—一二八九〉）の著作された十三世紀を五百年も溯る八世紀の新羅の使用實例として、三國遺事に所收の鄕歌の「良」の裏附けともなり、それが漢文讀解の場で助詞として讀添えに用いられた例となる。

(2)には音假名で表した例①と、同訓の漢字（準假名）で表した例②とがある。共に、本文の漢字の眞横に書入れられていて、(1)の讀添えの場合と書入れの位置を區別している。

(2)①「多留」

此因亦有餘「タ留」(角) 不定過（第十一節63行）（「留」の下にもう一字あるか。未詳）

（和譯「この因にもまた餘の不定の過あり。」）

本文の「餘」は「他《ほか》（の）」意であり、その訓と關係がある。

(2)②「火」

法處所攝不待根「ナリ」(角) 故（第十節42行）

（和譯「法處所攝（色）は根に待せざるが故に」）

この本文は、認識の生ずる據點としての存在領域におさめられる幾許かの色は〝根〟に依存しないが故に、の意である。「根」は目・耳・鼻・舌・身などの認識器官であり、感覺を起させる機關でもあり能力でもあって、草木の根が成長發展させる能力を持って幹や枝を生ずるのに喩えられる。

南豐鉉博士は、湖巖美術館（現在ソウル市 Leeum 美術館）藏で天寶十四年（七五五）書寫の大方廣佛華嚴經の奥書の中に「楮根中香水散尓成長令内弥」と用いられた「根」について、「訓讀字で‚블'を表記したもので、十五世紀の‚불휘'は古代には‚블'であったと推定される」(8)（意譯）と説いていられる。

「根」の右傍の角筆の文字の上の字が「火」の草書であることは、原本を一緒に調査した金永旭氏の教示により、寫眞で確かめたものである。「火」の草書とすると、南豐鉉博士が十三世紀の『鄕藥救急方』の「根」の訓を高麗語で示すのに「火」（블）を宛てたとされるのに通じ、(9)それが溯って新羅時代の加點に用いられた例となる。「根」の右傍の角筆の文字の下の字は、字形が「是」の草書の省畫體とは合わず、「利」の旁の省畫體に合う。これの解釋は檢討しなければならないが、角筆の「火」は同訓の漢字を以て、「根」の訓を示したことになる。他にも類例がある。このような加點方式は、日本の平安初期の訓點において假名に準じた用法として多く見られるものである。

判比量論の角筆の假名には、(1)の讀添えが三箇所四例、(2)の訓が準假名を含めて八例認められたが、いずれも日本語ではなく、古代朝鮮語、恐らく新羅語と見られるものである。(10)

判比量論には、角筆の漢字・假名の他に、諸種の符號が角筆で施されている。梵唄譜と縦長線合符と四聲點である。

梵唄譜と四聲點とは、別に說いたように、[11]日本では八世紀・九世紀には毛筆による白點・朱點では使わなかったとされ、その資料が見られない。十世紀になって、平安新興の天台宗の僧の資料に見られるようになる。その判比量論の梵唄譜にも、二種が認められる。旋律の動きを漢字の周圍に施される線で表すが、數行にわたる線（A型）と、行間に施す譜（B型）との二種である。このうち、數行にわたる線（A型）は、日本の訓點では使用例を見ないものである。しかるに、韓國の十一世紀以前刊の版本や初雕高麗版、更には十五世紀後半刊の妙法蓮華經には、角筆でこのA型の線が施されていて、長いものは十數行にわたっている。[12]行の間に譜を施す梵唄譜（B型）も、韓國では十一世紀の初雕高麗版を始め、十三世紀の再雕高麗版から十七世紀刊の版本までに、角筆で施されている。[13]溯って、八世紀の新羅でも行われたであろうことは、天寶十四年（七五五）書寫の新羅白紙墨書大方廣佛華嚴經の奥書の中に「書寫に際して「梵唄」を唱えた」と書かれていることから推定される（本册、第二章第八節五二頁）。又、三國遺事卷五の景德王十九年（七六〇）四月の記事にも「聲梵」の語がある。大谷大學藏判比量論に施された角筆の梵唄譜は、その裏附けとなるものと考えられる。

合符は、漢字二字又は三字以上が一つの概念又は一つの意味上の纏りを表すことを示す符號である。判比量論に施された角筆の合符は、當該の漢字の二字又は三字以上の全字の字面上に縦長線を施している。[14]日本の白書・朱書の訓點では漢字と漢字との間に短い縱線を施す方式であるので形が異なっている。判比量論の角筆の合符と同じく、字面上に縱長線を施すのも、朝鮮半島の加點に見られるものであり、十一世紀の初雕高麗版や大方廣佛華嚴經等の角筆加點に使用されている[15]。判比量論に角筆で施されたこれらの符號が朝鮮半島で使用された符號と合うということは、判比量論に角筆で書入れられた假名が新羅語を表したと見られることに併せると、大谷大學藏の判比量論は新羅の加點方式を角筆を以て示したと考えられる。

大谷大學藏判比量論の書寫時期と角筆加點の時期について、角筆の符號の上から押印した「内家／私印」の朱印が光明皇后（七〇一—七六〇）の藏書印であることから[16]、それ以前と見られていた。近時、卷末の本奧書の後に、「西家書」の墨書が擦り消されてその上から「内家／私印」が押印されていることが分り、「西家書」が、犬養三千代（光明皇后の母）の藏書を示すことから、母の三千代が光明皇后に譲渡したものであることが判明し、三千代の歿した天平五年（七三三）以前の書寫であることが解明された[17]。三千代の夫の藤原不比等は、右大臣で、新羅との修好を施策とし、新羅留學僧を優遇している[18]。

角筆加點の時期を考える手掛りは二つある[19]。一つは、「内家／私印」朱印の押捺される前に角筆が書入れられていたために、角筆の凹みに朱肉が乘らない箇所が見られることである。もう一つは、墨書本文の筆畫の上から角筆で書いた合符が、墨痕を角筆で削り取るように書かれ、角筆の凹みに墨が嵌り込んでいるので、墨書の本文が書寫されて程遠くない時日に、角筆の書入れが行われたと見られることである[20]。

Ⅱ華嚴文義要決

延暦寺藏本と佐藤達次郎氏舊藏本との二本が遺存したうち、延暦寺藏本は延暦十八年（七九九）に近事僧の行福が書寫し、三年後の延暦二十一年に智圓が師僧の講説を聞いて黄褐色で加點しているが、句切點だけであるので、姑く措き、ここでは佐藤達次郎氏舊藏本（以下佐藤本と呼ぶ）を取上げる。

佐藤本華嚴文義要決は、奥書を缺くので書寫の年時は確定できないが、書寫の樣態が延暦寺藏本に近似していることから、同じ八〇〇年頃の平安時代初期を下らない時の書寫とされる。(21) 本文の筆蹟はその頃のものと見られる。

全卷にわたってヲコト點と縱長線合符と語順符と返讀符とが黄褐色で書入れられている。そのヲコト點も縱長線合符と語順符も、日本の毛筆による古訓點では新羅の影響以外には用いられないものである。しかるに、朝鮮半島で發見された十一世紀刊の大方廣佛華嚴經の角筆の點吐（ヲコト點）に多くの點法が合い、諸符號も一致している。これについては別に述べた(22)のでここでは以下に要點を擧げる。

(1)ヲコト點

佐藤本華嚴文義要決に黄褐色で施されたヲコト點を、歸納して點圖として示すと、次の第一圖のようになる。

（第一圖）
佐藤本華嚴文義要決
のヲコト點

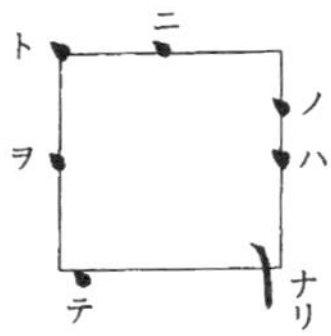

その使用例を示す。文例中の平假名が原本に施されたヲコト點を解讀したものである。

令《て》其見聞（黄）方便引《を》入无際限中（189行）

此即是餘《を》不待說餘（166行）（「餘」の右傍の「丿」は墨書顚倒符。「餘說」と訓すことを示す）

方便引《を》入无際限中（189行）

彼有舍那還《を》有東方而來作證（126行）

或神《と》天《と》等種ゝ類說（273行）

成《と》懷《と》二相顯（378行）

所謂苦色《と》（黄）乃至眞實《と》（黄）緣起之色《と》（黄）如是无量差別之色《なり》（401行）

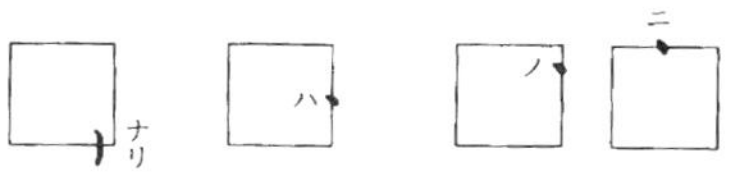

一會《は》爲九會之㝡初故此《に》說也（136行）

於中六品《の》四卷《は》佛名號品第七（51行）

思惟《の》明知ニ非說法（153行）

彼國衆生《は》有預會（132行）

ニ依《は》法花三七日一（黃）（176行）

前之五會《は》是佛成道初七日說《なり》（150行）

是无邊劫海之說《なり》（192行）

星點を左下から時計の針のように右廻りに「テ」「ヲ」「ト」「ニ」「ノ」「ハ」のように用いるヲコト點は、日本の古訓點では、これ以外には全く見られない。

ところが、朝鮮半島で發見された角筆加點のうち、十一世紀刊の大方廣佛華嚴經に用いられた點吐（ヲコト點）の星點に殆ど一致することが分った。その歸納圖は第二圖のようである。

（第二圖）
大方廣佛華嚴經
（十一世紀後半）の
角筆點の星點圖

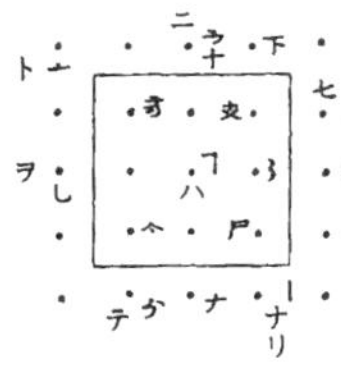

星點「・」を施す位置や、「ハ」の位置、「ナリ」が線點であるという少異があるが、「ノ」の位置が右上隅より少し下であるのが共通するのは、日本の佛書ではこの位置にヲコト點を施すことが全く無いなどにより、佐藤本華嚴文義要決のヲコト點の星點が朝鮮半島の大方廣佛華嚴經の角筆の點吐と密接な關係のあったことを考えさせる。

(2)合符

佐藤本華嚴文義要決にも合符が用いられ、漢字二字又は三字以上の熟合字の字面上にわたって縦長の線を黄褐色で施している。前掲の「方便引」の例のようである。これは大谷大學藏判比量論の角筆の合符に通ずる。

(3)語順符

佐藤本華嚴文義要決にも、語順符が黄褐色で次のように用いられている。

何客有此一部經教（187行）

「何(ノ)客(カ)此(ノ)一部經教有(ル)」と訓讀することを、左傍に施した漢數字で示している。この語順符が朝鮮半島で使われた符號であることは、第二章第三節第一項（一二三頁）他で説いた通りである。

(4)返讀符

佐藤本華嚴文義要決には、語順符とは別に、返讀符も使われ、黄褐色で書入れられている。返讀する最初の漢字の下から筆を起して、長い弧を上の漢字の傍にまで描いて、返讀の始まりを示すものである。次のようである。

惣攝一切衆生悉在如來一毛孔内（256行）

藏師云如百億四天命成一娑婆界（395行）

この長い弧の返讀符は、日本の毛筆による古訓點には全く見られないが、朝鮮半島の十一世紀の角筆點には用いられている。[23] 例えば、誠庵古書博物館藏の大方廣佛華嚴經の角筆點には次のように用いられている。

昔有如來無礙月（大方廣佛華嚴經卷第二十二、二十張16行）

譬如金師練治眞金作莊嚴具（同右卷第三十六、四張19行）

以一切法平等爲所住處得授記別故（同右卷五十七、十七張10行）

この長い弧の返讀符が、朝鮮半島で九世紀初頭にまで溯って使用された文獻は未だ得られていないが、それは遺存資料の制約によるものであって、日本では弧の返讀符が本文の漢字の傍に短い弧を書くだけの異なった形態であるのに對比すると、佐藤本華嚴文義要決の弧の返讀符は、當時の新羅で行われた返讀符を反映した可能性がある。

これを佐藤本華嚴文義要決のヲコト點や縱長線合符や語順符が、新羅方式であることに併せると、これらの黄褐色の加點は、總じて新羅の點吐（ヲコト點）や合符や返讀符を寫した可能性が高いことを示している。これに對して、日本でも獨自に行われていたのが偶然に一致したと見たり、更には日本のこれらの符號が新羅に影響したと見たりするのは、日本では毛筆による訓點の加點が始まって間もない時期であることから考えて不自然である。

このように佐藤本華嚴文義要决の加點方式も、新羅と親密な關係にあり、符號が新羅の方式を取り込んだと見られる點では、判比量論の場合に通ずるが、訓讀の用語においては、判比量論が新羅語をそのまま加點していたのに對して、佐藤本華嚴文義要决では、ヲコト點法は新羅方式によっていると見られるものの、それが擔い表している言語は、先掲例文で知られるように日本語になっている(24)。

佐藤本華嚴文義要决の加點時期は、大谷大學藏判比量論よりも、少なくとも半世紀以上は降っている。この半世紀の間に日本において受容の仕方の上で新たな變化が生じたのかどうか、検討を要する問題である。

Ⅲ彌勒經疏

園城寺（三井寺）藏本は、巻上・巻中・巻下の三巻を存し、内題に「彌勒經疏」とあり、巻下の尾題に「三彌勒經疏一巻　憬興撰」とあり、これに續けて、本文とは別筆で、

金忠大德送施圓珎　寛平二年閏九月十一日追記之珎

の圓珍の追記が墨書されている。寛平二年（八九〇）は、圓珍が七十一歳で歿した寛平三年の前年に當る。金

忠大德については未詳である。國寶智證大師關係文書典籍のうち、將來經典等八種の一つである。

本文には、褐朱色による假名・字音注とヲコト點が加えられ、一部に白點のヲコト點と漢數字「二…一」の返讀符がある。

褐朱色の假名は、巻上に若干と巻下の一箇所だけに施され、草書體で日本語の訓や助詞・助動詞を書入れている。字體から推定すれば天台宗における九世紀末の書入れと見て矛盾せず、圓珍か或いはその周邊の天台宗僧の加點と考えられる。

この假名と同筆のヲコト點が三巻に加點されているが、巻上は巻初から第六紙までと第九紙・第十紙、巻中の一部と巻下の一箇所に施される程度であって、全巻にはわたらない。ヲコト點の表す言語も當時の日本語の訓讀語である。

從って、褐朱點の加點は總て日本語で爲されたことが分る。

ところが、ヲコト點の符號のなかに、朝鮮半島の點吐（ヲコト點）と關聯のあるものが認められる。園城寺藏彌勒經疏のヲコト點を歸納して點圖として示すと次のようである。

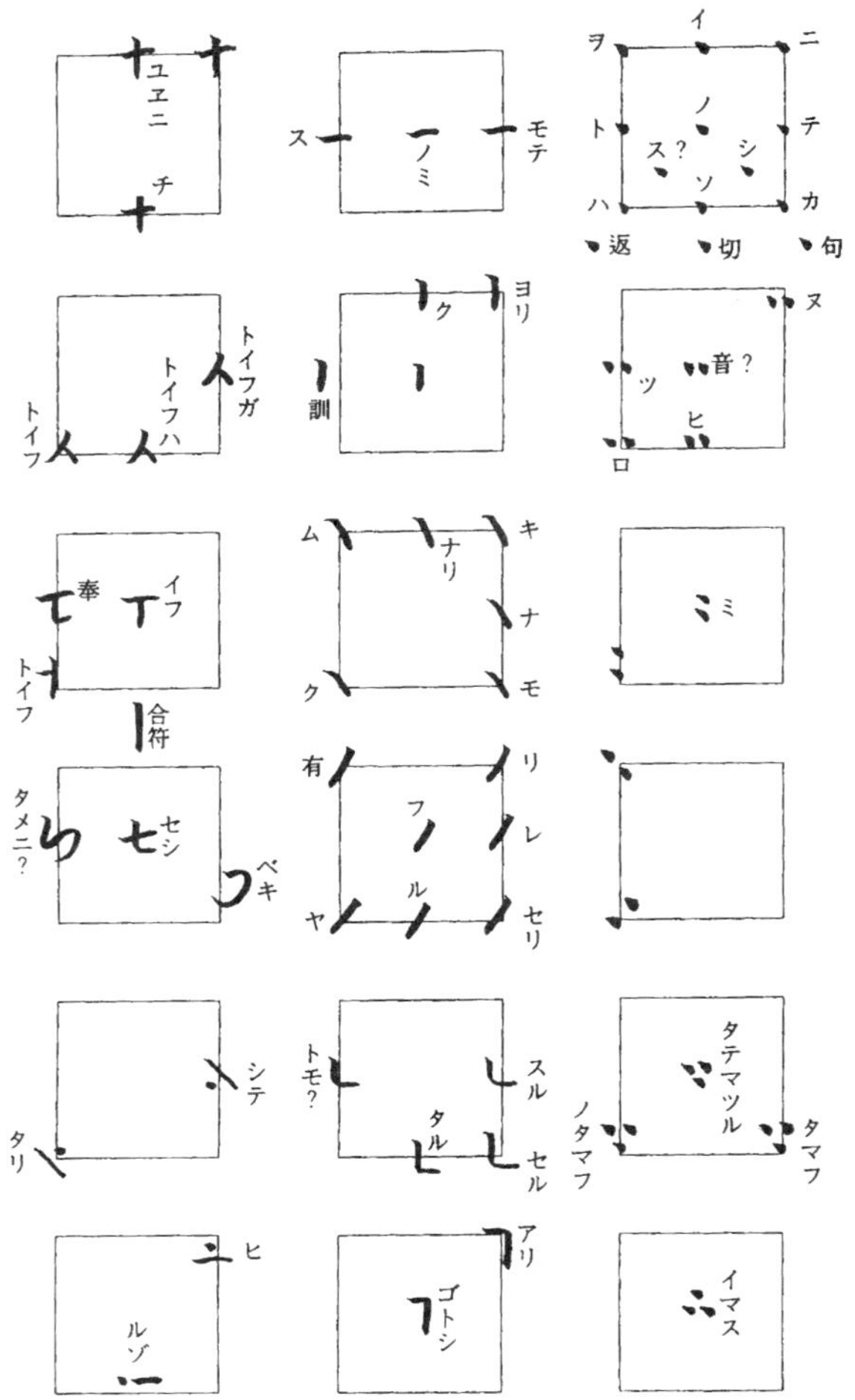

星點「・」と線「一」「丨」と鉤と「十・人」等は、日本のヲコト點に用いられるものであるが、これらとは別に、日本の平安初期九世紀の訓點本一般には使用例の見られない次の二種の形式のヲコト點符號が含まれている。

(a) 短線と點とを組合せた符號の「・╱」「・╲」「・二」「・！」

(b)複星點「：」「‥」の他の符號「∴」「∵」と點三つの符號「∴」「∵」

日本では、(a)は十世紀以降の天台宗寺門派系の資料に痕迹を止める程度であり、(b)は天台宗山門派の十世紀の資料に若干と、十一世紀の寶幢院點とその關係資料に見られるが、寶幢院點におけるその使用は、朝鮮半島の點吐（ヲコト點）の影響によるものと考えられる。(25)

これに對して、朝鮮半島では、十世紀と十一世紀の刊本に角筆で施した點吐の符號の形は、星點「・」に次いで(b)の複星點「：」「‥」「∴」「∵」が多用され、「∴」「∵」も用いられ、(a)の短線と點とを組合せた符號も多用されていて、韓國の點吐の形の特徴を成している。

一方、園城寺藏彌勒經疏のヲコト點では、星點「・」に次いでは、線や鉤が多用されるのに對して(a)の短線と點とを組合せた符號は、「⁄.」「˙⁄」「·⌐」「·⌐」のそれぞれが、各壷の一箇所に置かれるに過ぎず、朝鮮半島のような四隅四邊の周邊に配されるという積極的な用いられ方をしていない。(b)の複星點の「∴」「∵」や「∴」についても同様であって、これらは、恐らく、他の系統のヲコト點の影響によって取り込まれ用いられた、その痕迹を止めたものと考えられる。

この、他系統のヲコト點というのは日本の訓點本には見出されないものである。これらが、朝鮮半島の點吐の特徴であることからすると、その影響が考えられて来る。

但し、朝鮮半島の九世紀末のヲコト點加點資料が見出されていない所に問題があるが、これは朝鮮半島における古典籍遺存の制約によるものと考えられ、逆に日本に遺存する資料から推測せざるを得ない。

凡そ、平安初期九世紀の初頭から九世紀末に至る約百年間は、日本では白點・朱點等の加點が始まったのを承けて、假名字體とヲコト點が急速に發達して、獨自色を帶びて來る。從って、九世紀末の彌勒經疏の訓點が日本色を色濃く出しているのは當然であるが、その符號の一部に新羅の符號の痕迹を殘したと見られるのである。

第四節　新羅經加點の受容——三つの型とその資料群——

八世紀・九世紀における新羅高僧撰述書の加點本で日本に現存するものの管見に入ったのは、前節に擧げた三點である。これらは偶々遺存し得たものであって、當時は他にも存したであろうが、この三點に基づいて、新羅經加點の日本への受容の状況を窺ってみることにする。

右揭の三點を相互に比較してみると、共通する符號を持つ一方で相違點もある。それを表示すると、次のようである。

新羅加點本	撰述（集）者	書寫時期	加點用具	使用言語	加點內容		
					假名	ヲコト點・語順符	梵唄譜・合符
Ⅰ 大谷大學藏 判比量論	新羅 元曉	八世紀前半（七三三以前）	角筆訓點（白點・朱點ナシ）	新羅語	眞假名 一部に省畫體	×	梵唄譜 縱長線合符

Ⅱ	佐藤本華嚴文義要決	新羅 表員	九世紀初頭（八〇〇年頃）	黄褐色點	新羅符號を借用した日本語	×	ヲコト點（新羅方式）語順符	縦長線合符
Ⅲ	園城寺藏彌勒經疏	新羅 憬興	九世紀末	褐朱點 一部に白點	日本語	假名 省畫體	ヲコト點（日本方式）	短線の合符（日本方式）

右掲の日本に現存する新羅加點本の書寫時期を比べると、Ⅰは八世紀前半であるのに對して、Ⅱは半世紀以上も降った九世紀初頭であり、Ⅲは更に約百年降った九世紀末である。これは偶然かも知れないが、加點用具・使用言語・加點內容を比べると、時の推移に伴う相違が讀み取れ、段階的に變化したことを反映した可能性がある。そこで、これを「型」として捉えてみると次のようになる。

Ⅰ型…加點が總て新羅方式によるもの。用語は新羅語であり、加點內容も新羅の假名と新羅の符號（梵唄譜・縦長線合符）である。加點用具は角筆の訓點だけである。

Ⅱ型…用語は日本語であるが、新羅の點吐を借用したり新羅の符號（語順符・縦長線合符など）を用いる。加點用具に角筆の訓點を用い、白點・朱點も用いる。

Ⅲ型…用語は日本語であり、假名・ヲコト點を始め合符など日本方式であるが、符號の一部に新羅方式が見られる。

この三つの型は、同時期に併行的に行われたことも考えてみなければならないが、先ずは、日本所在の八世紀・九世紀の加點本を、この三つの型によって檢討してみることにする。

一、Ⅰ型の加點本

加點が總て新羅方式の加點本は、本文が本來、新羅の寫經である場合に認められる可能性が高い。大谷大學藏判比量論に次いで、近時、東大寺圖書館藏大方廣佛華嚴經自卷第十二至卷第二十合一卷が發見された。次章で改めて説くが、新羅の假名と新羅の符號（梵唄譜・縱長線合符等）が角筆で施されている。白點・朱點の書入れが無く、今まで奈良寫經とされていたものである。更に、第三點目が近畿の古寺から發見されている。

二、Ⅱ型の加點本

諸符號が新羅の符號であるが、用語が日本語であるⅡ型の加點本は、奈良時代の角筆加點本に認められる。前章に取上げた華嚴經と華嚴刊定記を始めそれ以外の奈良時代寫經であり、次の諸資料である。

1東大寺圖書館藏大方廣佛華嚴經卷第四十一（新譯）一卷　（本册、第二章第五節三六頁）

前掲のように、東大寺の本坊に傳來した奈良時代寫經（神護景雲二年〈七六八〉御願經と傳わる）であり、全卷にわたって角筆の書入れがある。書入れは、角筆による眞假名の「伊」「世」「尓」「阿」「留」「之」「弖」が用いられ、一部に「リ」の省畫體も用いられて、日本語の訓讀を表している。角筆の符號は、梵唄譜A型、梵唄譜B型、縱長線合符、四聲點らしい圏點が用いられ、Ⅰ型の判比量論に用いられた符號と同じであり、新羅の符號と認められるものである。

2大東急記念文庫藏華嚴刊定記卷第五　一卷　（本册、第二章第三節第二項二五頁）

奈良時代書寫（延暦二年〈七八三〉以前寫）で全卷にわたって角筆による書入れがある。本文の字句の校異・訂正には角筆の上から白書・墨書を重ね書するが、角筆の訓讀には白書・墨書の重ね書が無い。その角筆の訓讀には、「三方便有りとす」（有三方便）の形式動詞を準假名の「爲」で表しているから、他の字音注や釋義と共に日本語の訓讀を表したと見られる。角筆の符號は、梵唄譜A型、梵唄譜B型、縦長線合符、注示符と四聲點らしい圏點がある。但し、朱書だけの語順符がある。

3東大寺圖書館藏華嚴刊定記券第九　一卷　（本册、第二章第三節第二項三〇頁）

奈良時代書寫で、全卷にわたって角筆の書入れがある。本文の字句の校異・補訂には角筆の上から朱書・墨書を重ね書するが、角筆訓讀には朱書・墨書の重ね書が無い。その角筆の訓讀には、「或るヒト（或）」の「ヒト」を角筆で「人」と讀添えているから、日本語で訓讀したことを示している。角筆の符號は、梵唄譜B型と注示符が用いられている。

4東大寺圖書館藏華嚴刊定記卷第十三（安宿廣成裝潢）一卷

5東大寺圖書館藏華嚴刊定記卷十三（別本）（犬甘木積萬呂校）一卷

6國藏（文化廳保管）華嚴刊定記卷第八本　一卷　（4、5、6共に本册、第二章第三節第二項三三・三四頁）

4、5、6の華嚴刊定記の角筆の漢字と諸符號も、2、3の華嚴刊定記の角筆の書入れとほぼ同様である。

7東大寺圖書館藏根本説一切有部毗奈耶卷第二、二卷　（本册、第二章第六節四〇頁）

奈良時代神護景雲二年（七六八）寫經で、先ず角筆の加點があり、その後から白書の書入れがある。本文の校合に用いた角筆には、その上から白書を重ね書している。角筆の訓讀には白書の重ね書は見られない。角筆による眞假名「乃」は讀添えの助詞を示すから、日本語で訓讀したことを示している。角筆の符號は、梵唄譜B型と縱長線合符であり、Ｉ型の判比量論に用いられた符號に通ずる。

校合に重ね書した白書と同種の白點で語順符と返讀を示す「乙」を加點するが、これには角筆は用いられていない。

僚卷が正倉院聖語藏（第四類一〇四號）に傳存されている。この白點について、春日政治博士は、眞假名本位の假名と實字と、符號としては句點・反點（「ヲコト點はもたない」）であって、既述のように、調査した「點本中最古のもの」(26)と説かれた。

8石山寺藏瑜伽師地論卷第七十～卷第七十二、卷第七十四、卷第七十七、卷第八十四、卷第九十八～卷第百　九卷　（本册、第二章第六節四二頁）

奈良時代天平十六年（七四四）寫經で、角筆の假名は日本語の訓讀を示し、角筆の符號は各卷とも梵唄譜B型を用い、卷第七十と卷第七十一には縱長線合符が用いられている。

尚、この九卷には、角筆の書入れより後に、平安初期加點の白點（假名、ヲコト點・第四群點）が施されている。

三、Ⅲ型の加點本

Ⅲ型の加點本は、日本で白點・朱點等による訓點の記入が始まり、急速に發達して獨自色を帶びた平安初期九世紀の資料に見られる。訓讀の用語も諸符號も日本方式であるが、符號の一部に新羅方式を存するものである。

先ず、平安初期九世紀の訓點資料のうち、新羅で華嚴を學んだ大安寺審祥の藏書であった經典と同一書名のものを取上げる。

9正倉院聖語藏華嚴經探玄記卷第九　一卷

本文は奈良時代の書寫であるが、これに平安初期の古朱點（ヲコト點が特殊點甲類）と白點（ヲコト點が第四群點）が施されている。その古朱點に、新羅の符號に通ずる二種の符號が用いられている。第一種は、語順符である。次のようである。

以《て》五赴《(ク)か》二　機感《い》一滿《す》三佛《の》本願《を》四

猶如《ごとし》　金剛・故不三異｜名《ト》一・說二・

第二種は、ヲコト點に複星點「:」を用いている。ヲコト點の歸納圖を左に掲げる。

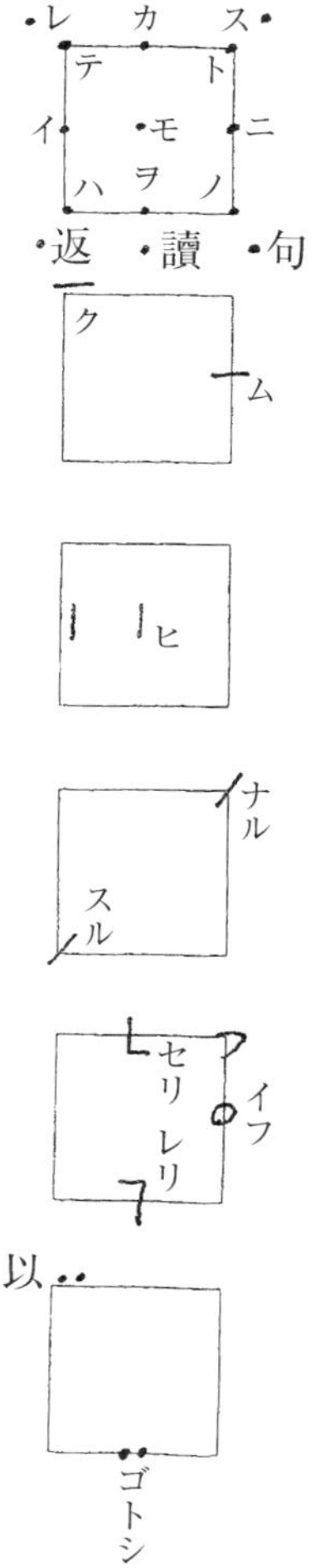

古朱點の後から加點した白點では、漢數字の返讀符は上に返る方式だけになっていて、訓讀の順序まで示す用法が見られない。複星點「：」は「モチテ」と「ゴトシ」が用いられている。

　華嚴經探玄記は、魏の沙門法藏の撰述であるが、審祥が東大寺の前身の金鐘寺で初めて華嚴經の講説を行った時の本文は、六十卷本の舊譯華嚴經であり、その注釋書として用いたのがこの探玄記であった(27)。審祥が使用した探玄記に加點があったかどうか、あったとすれば如何なる内容の加點であったかは、その當該本が殘らないので未詳であるが、聖語藏本の古朱點に新羅の符號が見られることは、何らかの關係を考えさせるものである。

10大東急記念文庫藏大乘廣百論釋論卷第十　一卷

　本文は平安初期九世紀の書寫で、これに承和八年（八四一）に白點と朱點とを加えたことが、卷末に白書で「承和八年七月八日」と記された識語で知られる。この白點・朱點（假名、ヲコト點・第一群點）は、訓讀語も諸符號も總て日本方式であるが、これとは別に、角筆による假名、返讀符、合符、梵唄譜B型、四聲點の圏點が全卷にわたって施されている。一部にヲコト點（第一群點）かと見られるものも存するが確定できない。角筆の假名と返讀符と縱短線の合符とは、白點・朱點と同じ字體、同じ符號であるから、角筆が承和八年頃に書入れられ、且つ日本方式に變ったことを示している。[28] しかし梵唄譜B型と四聲點の圏點と、合符のうちの「〉」は、Ⅰ型の判比量論に角筆で書入れられ、又奈良寫經の角筆加點に用いられた符號に通ずる。これらは新羅の符號を傳えるものである。

大乘廣百論釋論は、護法釋で玄奘の譯出に成るものであるが、審祥の藏書の中にこの經典名が載っているので、これらの新羅符號に通ずる角筆の符號は、審祥の讀解を傳えた可能性もある。

11石山寺藏說无垢稱經　六帖（一切經二三函43—48號）

本文は平安初期九世紀末の書寫で、同期に加點した白點（假名、ヲコト點・第四群點）が全帖にわたって存する。全巻の調査が出來ていないが、ヲコト點に複星點「・・」（スル）が用いられている。

說无垢稱經は、玄奘の譯であるが、審祥の藏書の中にこの經典名が載っているものである。

次に、平安初期九世紀の訓點資料のうち、大安寺審祥の藏書には見られない經典の中にも、新羅の符號に通ずる符號を用いたものがある。次の資料である。

12石山寺藏守護國界主陀羅尼經巻第八　一巻（校倉聖教第一六函一8號）

本文は平安初期九世紀の書寫で、同期に加えた白點・朱點（假名、ヲコト點・第五群點）と褐朱點（假名、ヲコト點・第三群點）とが存する。

いずれも日本語の訓讀を加點したものであるが、褐朱點のヲコト點の符號の中に、

(a)短線と點とを組合せた符號の「・|」「|・」「・一」

(b)複星點「∶」「‥」

が含まれている。ヲコト點圖を歸納すると次のようである。

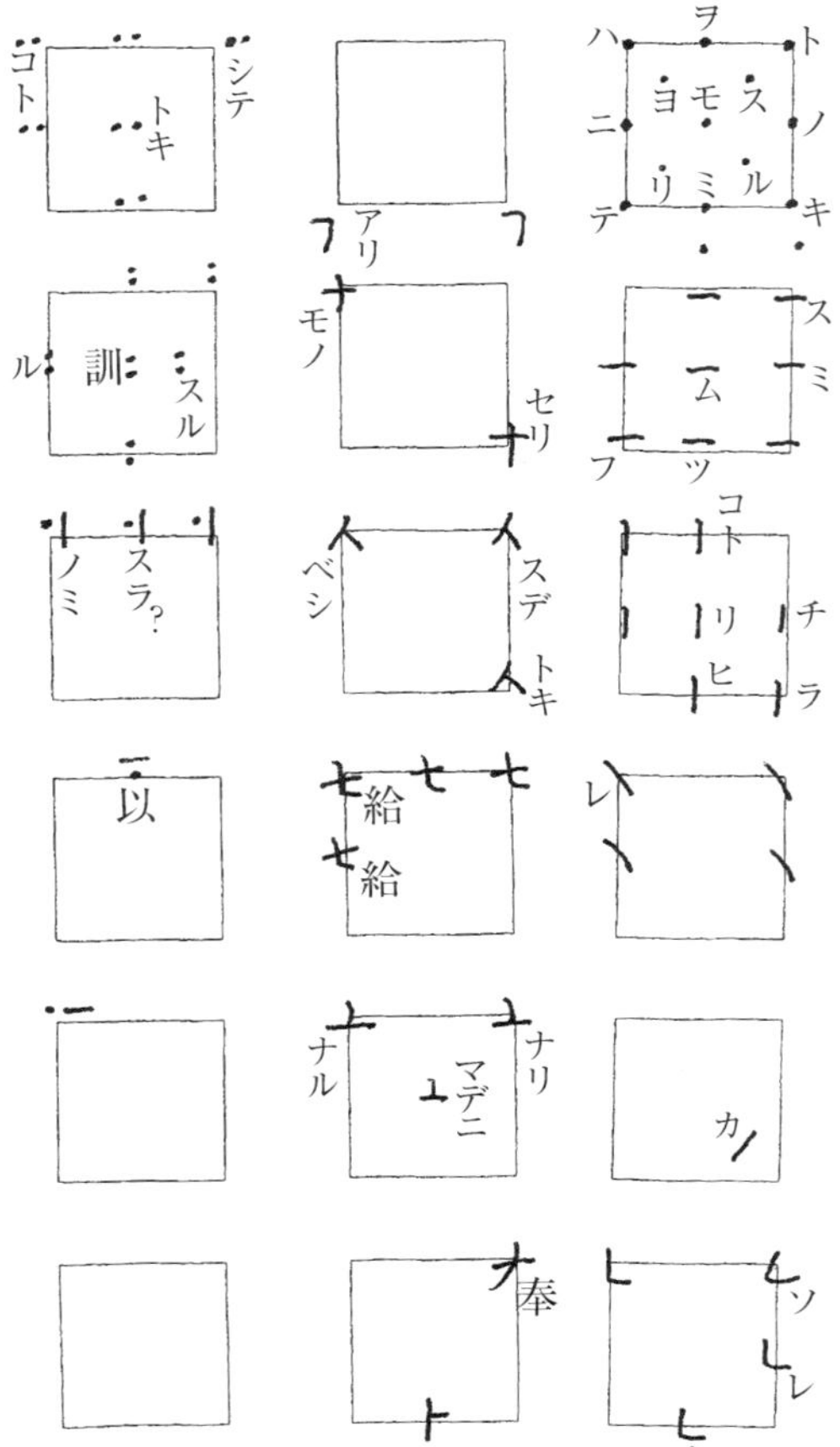

これら(a)(b)の符號は、日本の平安初期九世紀の訓點本一般には使用例が見られず、九世紀末の園城寺藏彌勒經疏のヲコト點に見られることを先述したが（八二・八三頁）、それよりも時代の上で溯るものである。白點・朱點にも複星點「∶」「‥」が用いられている。

このようなヲコト點の符號の使用と共に、假名字體のうちの「4」（ト）の使用も注目される。「4」は、「斗」の草書を更に崩して略化した字體で、高麗時代の墨書口訣に[29]「4」（音두）として用いられ、溯って、大谷大學藏判比量論に草書の「라」が用いられている。[30]ところが日本の訓點の假名としては他には使用例が管見に入らないものである。[31]新羅の假名使用との關聯が考えられるところである。

第五節　新羅經加點受容の段階的變化

前節に擧げたⅠ型・Ⅱ型・Ⅲ型の、それぞれに屬する加點資料群を見ると、時期が異なっている。Ⅰ型は奈良時代八世紀前半で新羅の加點そのままのものが角筆で施されている。Ⅱ型は奈良時代八世紀後半～八世紀末で、符號は新羅加點のものを用いるが、訓讀は日本語を角筆を主として施したものである。Ⅲ型は平安初期九世紀の加點で、日本語の訓讀を白點・朱點で施す中で、一部に新羅の符號の見られるものである。

日本に現存する加點本の最も古いものは、管見では、右揭のⅠ型の新羅の角筆加點本である。これは偶然であるかも知れないが、東大寺（の前身の金鍾寺）において新羅學生大安寺審祥が、天平十二年（七四〇）にわが國で初めて華嚴經を講說したことに併せて、東大寺で華嚴經の講說が續行された奈良時代後半期の華嚴經と華嚴刊定記に新羅の符號が角筆で施されていることを勘案すると、審祥初講說の頃又はそれ以前に、わが國に新羅の角筆加點本が存したことは考えうるところである。

Ⅰ型からⅡ型へ、そしてⅢ型へと、時の推移と共に新羅加點との共通する度合に變化が生じたとすれば、當初は新羅の加點をそのまま丸ごと受容したものが、符號は借用しつつも次第に日本語に置換えて訓讀するようになり、遂には新羅の方式は符號の一部を殘すに止まるようになる、という新羅の加點の受容の段階的變化を、右掲の諸資料が反映していると考えられる。

但し、これを確かなものにするためには、新羅との關聯性を持った日本の加點本を更に増す必要がある。奈良時代八世紀の角筆加點本は今後の調査によって増加する見通しがある。平安初期の古點本は、角筆加點の有無を含め、新羅との關係という視點から再調査する必要がある。

Ⅰ型からⅡ型へ、更にはⅢ型へという變化が右述の如く段階的に行われたと見られるなら、日本の資料に基づいて、日本に影響した新羅の加點そのものの八世紀から九世紀への變化を推測するのも興味ある課題であろう。例えば、

㈠新羅でも、假名が先で點吐は後れて用いられるようになったか。日本の奈良時代八世紀の角筆加點にはヲコト點使用が認められず、八世紀後半の白點からヲコト點使用が見られる。その星點本位のヲコト點が、華嚴文義要决の星點本位の素樸な形式に殆ど一致し、その影響と見られることから考えられる。

㈡新羅の點吐も、星點を基とし、次いで複星點、點と線を組合せた符號が加わったが、これらは九世紀末までには整っていたと見られる。

推測には別の見方もありうる。いずれにしても資料による裏附けが望まれるところである。

注

（1）「審詳師書」の「書」とは、62「无垢稱經疏一部　六卷璟興師述　在玄印師書中　掌興福寺善和師」の注記によると「藏書」の意と見られる。

（2）堀池春峰「華嚴經講説よりみた良辨と審詳」（『南都佛教史の研究　上　東大寺篇』昭和五十五年九月）。

（3）拙著『角筆文獻研究導論　上卷　東アジア篇』一八七・二三五・二六〇頁。

（4）注（3）文獻、二八三・二八四頁。

（5）富貴原章信「判比量論の研究」（『判比量論』昭和四十二年九月）の「本文と和譯」による。

（6）南豐鉉『瑜伽師地論　釋讀口訣의研究』の「文字體系」一一頁。竝びに白斗鉉「高麗時代口訣의文字體系와通時的變遷—高麗時代釋讀口訣 자료와麗末鮮初의音讀口訣자료를 대상으로—」（第一回아시아諸民族의文字에 관한國際學術會議發表論文、一九九六年九月）、後に口訣學會編『아시아諸民族의文字』（一九九七年七月刊）に所收。

（7）李朝中宗七年刊に基づく學習院東洋文化研究所刊『三國遺事』による。

（8）南豐鉉『吏讀研究』（二〇〇〇年十月刊）二一五頁。

（9）南豐鉉博士の直話による。

（10）注（3）拙著二七六・二八五頁。

（11）注（3）拙著一八四頁。

（12）注（3）拙著一六一頁。

(13) 注(3)拙著一五六頁。
(14) 注(3)拙著二九八頁。
(15) 注(3)拙著一五〇頁。
(16) 注(3)拙著三〇三頁。
(17) 宮﨑健司『日本古代の寫經と社會』四九頁。
(18) 注(17)文獻一五〇頁。
(19) 注(3)拙著三〇三頁。
(20) 五島美術館藏の手鏡『染紙帖』に所收の判比量論斷簡(東寺切七行)の「求此因」に施された角筆合符にも、本文の墨痕を削り取った同種の現象が認められる。
(21) 山田孝雄「東大寺諷誦文并華嚴文義要決解題」(昭和十四年五月)。
(22) 注(3)拙著一八八頁
(23) 注(3)拙著一四一頁
(24) 金永旭「佐藤本『華嚴文義要訣』의國語學的研究」(「口訣研究」第十輯、二〇〇三年二月)では、八世紀の朝鮮語の文法機能を示し、八世紀の朝鮮語の資料と見られるとしている。これに對して、アメリカのコーネル大學のジョン・ホイットマン教授は、「口訣資料と訓點資料の接點—佐藤本「華嚴文義要決」のヲコト點/點吐を中心に—」(二〇〇九年五月二十四日、第一〇〇回訓點語學會研究發表)において、佐藤本華嚴文義要決のヲコト點(點吐)について金永旭氏が、當時の韓國語(新羅語)を記したものだとするのに對して、このヲコト點の示す機能には日本語には

あるが韓國語にはない用法があると指摘して、「點吐を理解した上で點吐體系を借りて日本語に用いた」という「借用説」の可能性を述べている。同趣旨を後に「ラテン語教典の讀法と訓讀」（『佛教文明の轉回と表現』勉誠出版、二〇一五年三月）に論述している。

加點の用具が朱點の古形である黄褐色であることについて、これを當時の日本では白點と共に訓點記入に使い始めていたが、朝鮮半島では八世紀から十一世紀初雕高麗版の加點の用具は角筆であることに比べて考えると、佐藤本華嚴文義要決の加點は日本において施されたものであり、朝鮮半島の加點本（恐らく角筆）を基に日本の加點方式に變えたものと見られる。

(25) 注（3）拙著二〇八頁。

(26) 春日政治「初期點法例—聖語藏點本を資料として—」（國語國文第二十一巻第九號、昭和二十七年十月）。『古訓點の研究』所收。

(27) 本冊、第二章第二節一八頁。

(28) 本冊、第二章第七節四六頁。

(29) 注（6）文獻のうち、白斗鉉氏論文。

(30) 注（3）文獻二八九頁。

(31) 大矢透『假名遣及假名字體沿革史料』、春日政治『假名發達史序説』、同『片假名の研究』、築島裕『平安時代訓點本論考ヲコト點圖假名字體表』にはこの字體が見られない。

第四章　角筆加點の新羅華嚴經

第一節　まえおき

奈良時代における華嚴經・華嚴刊定記等の日本の初期訓點（Ⅱ型）が、それ以前に日本に齎らされた新羅經の角筆加點（Ⅰ型）と密接な關係にあることが分ったが、その影響であることを説くためには、Ⅰ型の新羅經の加點資料の發掘が必要である。

前章では、Ⅰ型の資料として大谷大學藏判比量論を取上げたが、その後の調査で、東大寺に傳來した華嚴經（新譯）の中にⅠ型の資料の現存することが分った。次の二卷である。

1東大寺圖書館藏　大方廣佛華嚴經自卷第十二至卷第二十合一卷

2正倉院聖語藏　大方廣佛華嚴經自卷第七十二至卷第八十合一卷

1と2は僚卷であり、共に全卷にわたって角筆による新羅語の眞假名（一部に省畫體假名）や梵唄譜・縱長線合符等の諸符號が書入れられている。加點は角筆の凹みだけであって、白書・朱書が全く存しないために、今日まで見逃されて來た。しかも奈良寫經と見なされて來たものである。2は修補を加えたために角筆加點の解讀が困難であるが、1は修補の手が加わらなかったので解讀が可能である。本章ではこの1を對象資料として取上げることにする。

この1大方廣佛華嚴經自卷第十二至卷第二十合一卷は、本文の量が一、一四一行であって、大谷大學藏判比量論が殘簡で一一〇行であるのに對して、約十倍である。角筆の梵唄譜A型・B型、縱長線合符、四聲點の圏點（古型式）は判比量論と共通し、眞假名にも共通するものがある上に、新たに見出された眞假名も多く、それによって助詞や名詞・動詞・副詞等の訓も新たに得られ、訓讀法の具體的な資料の幾つかも知られるようになった。

角筆の加點は長年月を經たために凹みが薄くなって、解讀には多くの時日と勞力を要したが、東大寺御當局の御高配を賜り、韓國の古代語・古文獻の研究者との共同作業を、二〇〇九年八月から二〇一六年一月まで年二回ずつと二〇一七年八月の計十四回行った結果、概ねその全容が見えて來た。解讀作業は繼續中である。

本章では、この1大方廣佛華嚴經自卷第十二至卷第二十の角筆加點の發見の經緯を述べ、その角筆の文字と諸符號の加點狀況を說き、判比量論の角筆加點との關聯を述べ、日本の平安初期の訓讀法との比較が新たな課題となることに言及する。

尙、本章の末尾に、I型の第三點目として近時發見された、石山寺藏釋摩訶衍論（國寶）五帖の角筆加點について附載する。

第二節　東大寺圖書館藏大方廣佛華嚴經自巻第十二至巻第二十の角筆加點發見の經緯

正倉院に傳わる經巻のうち、聖語藏大方廣佛華嚴經自巻第七十二至巻第八十が統一新羅時代に朝鮮半島で書寫された本邦所在最古の新羅寫經であることを、山本信吉・元奈良國立博物館長が、平成十八年三月發行の「正倉院紀要第二十八號」で發表された。[1] その論據は、右の論考の「おわりに」において1〜6の六項目に纏められているが、新羅寫經とされる點を取上げると、次のようである。

(1)「八十巻花嚴經」（新譯花嚴經）の巻第七十二から巻第八十に至る九巻を同一巻内に連續して書寫した所謂一部合巻經である（1の項）。

一巻の内に數巻を書寫する一部合巻の例は奈良時代には『細字法華經』・『金光明最勝王經』にその例があるが、『華嚴經』の例はない。それに對し、新羅・高麗時代には『華嚴經』にその例があり、しばしば佛像・佛塔の納入經として用いられている（6の項）。

(2)本文は本來の本文の約四十六%を傳えた著しい省略本である。本文の省略はいわば恣意的に行われ、かつ巻末の巻第八十の本文は文章の途中で中絶しているなど、奈良時代の寫經としては特異な内容である（2の項）。

(3)本文の料紙は楮紙・無界で、奈良時代寫經に類例がない。上質な白楮紙は専ら新羅・高麗に使用例が多い

（4の項）。

⑷卷首の首題下に「用絣五十四張」と本文料紙の紙數表記があるが、「張」字は奈良時代の寫經に記載例が少なく、高麗の寫經・版經は紙數表記に「張」「丈」字を使用している（5の項）。

「これらの諸點からみると、この『花嚴經』は奈良時代の寫經としてみると極めて異例な内容であるが、統一新羅時代の寫經およびその影響を受けた高麗時代の『花嚴經』と對比すると、寫經としての共通性が極めて高いことが判明する」と說かれている。

この論考に接した小林は、大谷大學藏判比量論（殘一卷）が近時新羅寫經と見られ[2]、原本調査により新羅語や新羅の諸符號が角筆の凹みで記入されていることが分った[3]ことに因み、若し聖語藏大方廣佛華嚴經自卷第七十二至卷第八十の經卷に新羅語等が角筆で記入されていたら、新羅寫經とする山本信吉博士の說の有力な裏附けになるであろうと考えた。

そこで想起されたのは、韓國ソウル市の誠庵古書博物館で、館長の趙炳舜氏が「東大寺で新羅寫經と考えられる經卷を見たことがある」と話されたことである。趙館長は書誌學者であり、紙質から推定されたという。但し、經卷名は覺えていない由であった。

東大寺圖書館には、平成十四年以來、奈良寫經の角筆調査で通い、奈良時代に奈良の僧が日本語の萬葉假名等の訓點を角筆で記入した經卷を見出していた[4]。その中には、新舊の華嚴經や華嚴刊定記のような華嚴經の注釋書もあった[5]。

その調査資料を改めて見直したところ、聖語藏大方廣佛華嚴經自卷第七十二至卷第八十と書誌の酷似した新譯華嚴經一卷
の存することに氣附いた。

大方廣佛華嚴經自卷第十二至卷第二十　一卷　101 2 1

である。

(1)八十卷華嚴經の卷第十二から卷第二十の九卷を同一卷内に書寫した一部合卷經であること。

(2)本文の料紙が白楮紙で、無界であること。更に一行字數が十七字でなく、十八字～二十字であること。

調査したのは平成十五年五月八日・九日で、白點・朱點は全く無く、角筆による梵唄譜と合符・眞假名「尹」數例が(1)と(2)の事項と共に記録されている。

そこで再度の原本調査を行ったところ、次のことが新たに分った。

(3)卷頭の内題が酷似すること。

（内題）大方廣佛花嚴經如來名號品第七　卷十二　用紙卅七張

因みに、聖語藏大方廣佛花嚴經自卷第七十二至卷第八十の内題は次のようである。

大方廣佛花嚴經入法界品苐卅九之十三　卷七十二　用帋五十四張

紙數表記に共に「張」を用いている。

(4)本文の筆蹟は内題を始めとして端正に書寫され、兩卷が酷似している。

(5)本文は著しい省略本である。本文の省略は恣意的に見え、卷末の卷第二十の本文は全三十九行と他卷より

卷次	大正新脩大藏經本	東大寺圖書館藏本	殘存率
卷十二	392行	67行	5.9%
卷十三	604行	158行	38%
卷十四	519行	196行	26%
卷十五	441行	174行	25%
卷十六	657行	112行	59%
卷十七	589行	157行	38%
卷十八	339行	90行	38%
卷十九	572行	148行	39%
卷二十	466行	39行	12%
計	4579行	1141行	40%

最も短く、最後の長文の偈は殆ど省略して偈の最初の四行と最後の七行とを機械的に繼ぎ合せていて意味を爲さないように見える。

山本論考に倣って大正新脩大藏經文との行數對照表を示すと上のようである。

右掲の(1)~(5)を綜合すると、東大寺圖書館藏本自卷第十二至卷第二十の一卷は、聖語藏本自卷第七十二至卷第八十の一卷と僚卷と考えられる。聖語藏本の傳來は未詳であるが、新譯華嚴經の合卷として、同じ東大寺の中に傳わり今日に至ったものであろう。

この東大寺圖書館藏本自卷第十二至卷第二十の本文について、角筆の書入れを再度調べたところ、角筆の凹みで書いた次の假名が確認された。

①眞假名「叱」

甘露妙定如天鼓《叱》（544行）

「叱」は「叱」（ㅅ〈S〉）であり、朝鮮語の無生物の所有格を示す助詞などに用いられ、所有格を示す用法は、日本語の助詞「ノ」に當る。新羅の歌謠を傳えたとされる鄕歌に、

栢史叱枝次高支好（「讃耆婆郎歌」三國遺事卷二）

（栢の枝高くして）

難行苦行叱願乙（「常隨佛學歌」均如大師傳）

（難行苦行の願を）

のように用いられている。十二世紀以降の墨書口訣では「叱」を省畫した「七」が用いられている。(6)東大寺圖書館藏大方廣佛華嚴經自卷第十二至卷第二十に書入れられた角筆の「叱」は、省畫化される前の眞假名の用例であり、三國遺事（釋一然〈一二〇六―一二八九〉）の著作された十三世紀を五百年も溯る八世紀の新羅の使用實例として、三國遺事に所收の鄕歌の「叱」の裏附けとなる。

②眞假名の「良」

於河海《叱》中《良》從定出（497行）

大谷大學藏判比量論の角筆の眞假名「今於此中《良》」の「良」と同じ用法である（本册、第三章第三節七〇頁）。右掲の「叱」と「良」は、後述のように、東大寺圖書館藏大方廣佛華嚴經自卷第十二至卷第二十の本文の諸所に角筆で書入れられていて、この華嚴經の本文の漢文を、日本語ではなく、朝鮮半島の言語で釋讀するのに用いたことを示している。この經卷が書寫された時期、(7)及び東大寺における華嚴經講說と受容等から考えて新羅語であった(8)と見られる。

この經卷に新羅語が角筆で書入れられていることは、本文を新羅寫經とする有力な裏附けとなる。

第三節　東大寺圖書館藏大方廣佛華嚴經自卷第十二至卷第二十の角筆の文字と諸符號

東大寺圖書館藏大方廣佛華嚴經自卷第十二至卷第二十に新羅語の眞假名の書入れの存することを知って、やや詳しく調べたところ、更に幾つかの眞假名等や新たな符號が角筆で書入れられていることが分った。この節では、先ず、それらのうち、比較的に良く認定できたものを、文字と符號とに分類して例示することにする。

一、角筆の文字

①「叱」（「叱」〈ㅅ〉）（擧例は日本語の助詞「ノ」に當る）
初發《「叱」(角)》菩提心（705行）

②「良」（「良」〈아〉）（擧例は日本語の助詞「ニ」に當る）
於如是諸衆生中《「良」(角)》（153行）

③「尔」（「弥」〈며〉の省畫體）（擧例は日本語の接續助詞「テ」「シテ」に當る）
十方各有一大菩薩《「尔」(角)》一一各與十佛剎（80行）

①②③の角筆の文字は、經本文の當該漢字の右傍下寄りの位置に書かれていて、讀添えの助詞を表している。

④「毛多」（「毛多」）
人王梵王如來法王皆悉《「毛多」(角)》守護（880行）

⑤「沙」「乃ア」（「沙」「乃尹」）
云何乃《「沙」(角)》　説《「乃ア」(角)》　无量諸法（167行）

④⑤の角筆の文字は、經本文の當該漢字の右傍に書かれていて、副詞や動詞などの自立語の訓を表している。

二、角筆の符號

(1)角筆で施した梵唄譜（Ｂ型）

㋐□
迷惑无知者（656行、偈）

㋑□
於人道中海潮聲（586行、偈）
功德具大莊嚴（867行）

㋒□
各於佛所同時發聲（99行）
使不斷絶（874行）

㊁ 口

希有无等倫（654行、偈）

(2)角筆で施した縦長線及び弧の合符

忉利天中有天鼓（528行）

「忉利天」に角筆の縦長線を施している。これらの漢字が一語又は一つの概念を表すことを示している。

梵行從「oと」(角)何處來誰之所有（742行）

「何處來」に縦長線の合符が角筆で施されているが、この三字と上の「從」とを左傍に弧を角筆で施して合符として用いている。

(3)角筆で施した四聲點（圏點）

曲躬合掌恭敬向佛而作是言（604行）

「掌」の左下に圏點を角筆で施しているが、形は楕圓形に見える。

(4)角筆のミセケチ符

佛子菩薩摩訶薩佛子菩薩摩訶薩勤修此法（942行）

行頭の「佛子」から「菩薩摩訶薩」の七字の右傍に角筆でそれぞれ「、」を施してこの七字を抹消することを表している。續く「佛子菩薩摩訶薩」の七字と重複して書寫してしまったのを抹消したものである。角筆のミセケチ符に氣附かなければ、「佛子菩薩摩訶薩」の重複したままの本文が通行することになる。

第四節　東大寺圖書館藏大方廣佛華嚴經自巻第十二至巻第二十の角筆加點の狀況

東大寺圖書館藏大方廣佛華嚴經自巻第十二至巻第二十の本文は、内題と尾題を含めて、一、一四一行である。その本文は省略本であるが、全巻にわたって角筆による加點が施されている。但し、角筆の凹みは極めて薄くて、通常の見方では認め難い。今まで角筆の加點に氣附かれなかったのは無理からぬことである。

この薄くなった角筆の凹みによる文字の認定には、部屋を暗くし、角筆スコープ(9)を活用しその光線の角度を工夫しながら解讀しなければならない。前節に取上げた「」「」等の角筆の假名文字はこうして見出されたものであり、比較的に良く認定し得たものである。しかし、これら以外にも角筆による凹みの文字や符號が少なからず認められるが、その解讀には困難を極める。筆畫の一部を手掛りに文字の全體が辛うじて讀み解けたもの、更には熟視し目が馴れた結果として讀み解けたもの、角筆の文字らしい書入れが認められるものの未だ解讀できぬもの等少なくはない。

このような困難を伴う作業であるが、新羅語の解明に資することを目指し、全巻の角筆文字・符號の解讀を試み、韓國の南豐鉉・檀國大學校名譽教授、鄭在永・韓國技術教育大學校教授（韓國側研究代表者）、尹幸舜・

韓國々立ハンバット大學校教授、金星周・東國大學校教授はじめ古代韓國語史を主とする諸學究との共同研究が始まった。今日までに以下の十四回の調査を行い、尚、繼續中である。

第一回　二〇〇九年八月三日～五日
第二回　二〇一〇年一月十八日～二十日
第三回　二〇一〇年八月二日～四日
第四回　二〇一一年二月七日～九日
第五回　二〇一二年二月八日～十日
第六回　二〇一二年八月二日～四日
第七回　二〇一三年一月二十八日～三十日
第八回　二〇一三年八月一日～三日
第九回　二〇一四年一月二十七日～二十九日
第十回　二〇一四年七月十四日～十六日
第十一回　二〇一五年一月二十六日～二十八日
第十二回　二〇一五年七月二十一日～二十三日
第十三回　二〇一六年一月二十五日～二十七日
第十四回　二〇一七年八月二日～四日

これまでの調査で解讀し得た主なものを、第三節に掲げた分類に基づいて、以下に擧げることにする。

一、角筆の文字

(1)本文には對應する漢字が存しないが訓讀するに當って、補い讀添えて格助詞や接續語尾などの文法機能を表した假名（漢字の右傍下寄りに施す）

①古

云何用心能獲《「古」(角)》　一切勝妙功德（241行）

②多

當《「只」(角)》　如普賢色像第一一切行願皆《「多」(角)》　得《「乎多」(角)》　具足（240行）

汝乃《「沙」(角)》　當《「只」(角)》　成《「乎多」(角)》　阿耨多羅三藐三菩提能尓不邪（1077行）

③ラ（良）（前掲例の他にも次例等の多數が見られる）[10]

(a)「尒時ラ」

尒時《「ラ」(角)》　文殊師利菩薩摩訶薩告諸菩薩言《「白」(角)》　（48行）

尒時《「ラ」(角)》　文殊師利菩薩問覺首菩薩言《「白」(角)》　（133行）

尒時《「ラ」(角)》　文殊師利菩薩問寶首菩薩言《「白」(角)》　（158行）

尒時《「ラ」(角)》　文殊師利菩薩問目首菩薩言《「白」(角)》｜(角)　（178行）

この構文の例が多く、三十例餘が數えられる。

(b)此娑婆世界中「ろ」(角)　或「刀」(角)　名繫縛或名滅壞（50行）

於如是諸衆生中「ろ」(角)　爲現其身（153行）

能於一念「ろ」(角)　現神通「ろ」(角)（549行）

諸吉祥中「ろ」(角)　最无上（618行）

(c)問寶首菩薩言「白」(角)「佛子「ろ」(角)　一切衆生等有四大…」（158行）

白法慧菩薩言「佛子「ろ」(角)　菩薩初發菩提之心所得功德其量幾何…」（753行）

告功德林菩薩言「白」(角)「善哉「占」(角)　佛子「ろ」(角)「沙」(角)　乃　能入此善思惟三昧…」（1042行）

(d)尒時「ろ」(角)　精進慧菩薩白「ろ」(角)　法慧菩薩言（866行）

尒時「ろ」(角)　法慧菩薩告「ろ」(角)　精進慧菩薩言「白」(角)「善哉「占」(角)…」（889行）

願得「ろ」(角)　阿耨多羅三藐三菩提證大涅槃（1051行）

④呂（呂）

或以頭陁「呂」(角)　持戒門（402行）

遙見佛來卽以神力「呂」(角)　莊嚴此「叱」(角)　殿「肹」(角)（601行）

假使「只」(角)　有人以一切樂具「呂」(角)　供養東方阿僧祇世界（757行）

⑤立

當「只」(角)　願衆生知家性空免其逼迫「立」(角)（242行）

當「只」(角)　願衆生善事於佛護養一切「立」(角)（243行）

⑥尒（「𡯌」の省畫體）

佛放淨光明「尒」(角)　「白」(角)　普　見世導師（645行）

有萬佛刹微塵數佛「尒」(角)　同名法慧（806行）

而現「尒」(角)　其前告功德林菩薩言「白」(角)（1041行）

⑦沙

譬如大地「沙」(角)　一隨種各生牙(芽)（183行）

⑧卧

以燈施佛「卧」(角)　及佛塔（438行）

佛「卧」(角)　及「叱」(角)　大衆「卧」(角)　靡不皆現（643行）

哀愍世間諸天「卧」(角)　及人（891行）

⑨隱

若見大「隱」(角)　柱「肸」(角)（293行）

⑩音

尒時復作是念我不成熟衆生誰當「只」(角)　成熟「音叱」(角)（1093行）

⑪伊

文殊「ろ」(角)　法「伊」(角)　常尒（224行）

⑫尹・ア（「伊」の省畫體）

迦葉如來「尹」(角)　具大悲（610行）

尒時「ろ」(角)　世尊「尹」(角)　入「尒」(角)　妙勝殿（632行）

譬如龍王「ア」(角)　起大雲（824行）

⑬叱（前掲例の他にも次例等の多數が見られる）

顯示无邊種種「叱」(角)　境界（170行）

於河海「叱」(角)　中「ろ」(角)　從定出（497行）

正念其「叱」(角)　意恆不忘（951行）

⑭肹（肹）

若見大「隱」(角)　柱「肹」(角)　（293行）

是故要當先令一切衆生「肹」(角)　得无上菩提（1124行）

⑮乎

當「只」(角)　如普賢色像第一一切行願皆「多」(角)　得「乎多」(角)　具足（240行）

汝乃「沙」(角)　當「只」(角)　成「乎多」(角)　阿耨多羅三藐三菩提（1077行）

⑯占

是故此處最吉祥《「占」(角)》　（611・613・615・617・619・621・623・625・627・629・971・973行等）
諸吉祥中最无上《「占」(角)》　（610・970・972行）

⑰分

佛子如來所悟唯是一法《「分」(角)》　（167行）
佛子此人功德唯《「烏」(角)丨(角)》　佛《「分」(角)》　能知　（761行）

(2)本文の漢字の訓を表した假名

(i)訓の全音を加點したもの（當該漢字の右傍に施す）

三昧《「烏留」(角)》　自在難思議　（503行）
云何乃《「沙」(角)》　說《「乃尹」(角)》　无量諸法　（167行）
承佛神力而演說《「火呂乃ア」(角)》　法靡不自謂　（599行）
則爲蟲聚《「毛刀」(角)》　（717行）
佛教於諸衆生或有《「尹留」(角)》　利益　（191行）
譬如明月《「ア」(角)》　在《「ア留」(角)》　星中　（475行）
火終不可得　懈怠《「戒リ」(角)》　者亦然《「占」(角)》　（196行）
而成《「伊尸リ」(角)》　阿耨多羅三藐三菩提者　（222行）
介時《「ヨ」(角)》　智首菩薩問文殊師利菩薩言《「白」(角)》　（227行）

告功德林菩薩言「白」(角)　善哉「占」(角)　佛子「ヨ」(角)「沙」(角)　乃　能入此善思惟三昧（1042行）
令地平坦「古呂」(角)　猶如掌（427行）
時天帝釋在妙勝殿前遙「阿乚ヨ」(角)　見佛來（601行）
如來法王皆悉「毛多」(角)　守護（880行）
其座悉「毛多」(角)　以妙寶所成（602行）
一切。聖人皆「多」(角)　猒患（534行）
悉「多」(角)　知一切三昧境界（923行）
有深智者咸「多」(角)　照觸（473行）
寧「此尸爲□」(角)　受地獄苦得聞諸佛名（677行）
云何可測知无住亦无去「古」(角)　普「那比」(角)　入於法界（1003行）
悉以佛神力故「呂」(角)　（80行）
承佛威力普觀十方而「呂」(角)　說頌言（676行）
佛子所問「丂」(角)義甚深難可「音乚」(角)　了（172行）
已作禮卽丨(角)　於上方化作蓮花藏師子之座結加趺坐（24行）
(ii)訓のうち頭音を加點したもの（當該漢字の右傍に施す）
摩醯首羅智「ヨ」(角)自在（552行）

令彼各各心自謂「ヲ」(角)　(547行)

於普光明殿「ヲ」(角)坐「阿」(角)　蓮花藏師子之座　(3行)

佛子此人功德唯「烏」(角)1(角)　佛「分」(角)　能知　(761行)

(iii)訓のうち語末終聲を加點したもの（當該漢字の右傍下寄りに施す）

[當]只　當「只」(角)　願衆生獲根本智滅「除」(角補入)衆苦見无病人　(312行)

我當「只」(角)　承佛滅神之力「尒」(角)　而爲汝説「乃ア」(角)　佛子　(756行)

尒時復作是念我不成熟衆生誰當「只」(角)　成熟「音ヒ」(角)　(1093行)

汝乃「沙」(角)　當「只」(角)　成「乎多」(角)　阿耨多羅三藐三菩提　(1077行)

[曾]只　彼佛曾「只」(角)　來「尒」(角)　入此殿　(619行)

[或]刀　此娑婆世界中或「刀」(角)　名无諍或「刀」(角)　名離塵　(51・52行)

[能]尒　若能「尒」(角)　興集大供養　(383行)

[假使]只　假使「只」(角)　有人以一切樂具「呂」(角)　供養東方阿僧祇世界　(757行)

假使「只」(角)　有人於一念頃能知東方无數世界　(788行)

[況]尒　彼有貪欲瞋恚癡尙能現此大神通況「尒」(角)　伏魔怨照世燈　(519行)

彼「尹」(角)　以微小福德力猶能摧破大怨敵何況「尒」(角)　救度一切者「尹」(角)　(527行)

［及叱］　佛「卧」(角)　及「叱」(角)　大衆「卧」(角)　靡不皆現（643行）

［從叱］　尒時世尊從兩足輪下「叱」(角)　放百億光明「ろ」(角)　照此三千大千世界（69行）

從「叱」(角)　天業報而生得（528行）

［无叱］　於諸佛法心无「叱」(角)　所礙（237行）

［種種叱叱］　演說「火呂乃」(角)　種「叱」(角)　種「叱」(角)　无乖諍法（253）

［哉占］　以偈答曰善哉「占」(角)　仁者應諦聽（371行）

說頌言「白」(角)　偉哉「占」(角)　大光明勇健无上士（686行）

作如是言善哉「占」(角)　善哉「占」(角)　法慧（807・807行）

(3)本文の漢字音を表すのに用いた注音字

瞻蔔「占甫」(角)花色世界（85行）

汝等宜應勿憂。「宇」(角)怖(平)（541行）

若法是梵行者爲寂「借」(角)　滅是「叱」(角)　法邪（729行）

(4)本文の漢字の字義を表した漢字

［自］　洗浴身體「自」(角)（348行）

又放光名身「自」(角)　淸淨「ろ」(角)（445行）

［普］　衆生布施「普」(角)（179行）

或爲衆生讃歎布施「普」(角)（208行）

［良］　諸法无眞實妄取「ラ」(角)丨(角)　眞實相（661行）

［盡］　或名究「盡」(角)竟分別（54行）

［盈］　有福「盈」(角)德者自然備（472行）

［切世］　捨居家「切世」(角)時（251行）

二、角筆の符號

(5)梵唄譜Ｂ型

先揭例の他にも多數が見られる。若干例を示す。

㋐　□

衆生无智慧（100行）

斯人未能有清淨法眼故（664行）

若能了邪法（667行）

發心功德難思議（844行）

佛子是爲十法（904行）

㋑□

諸佛法如是（174行）

云何於一切衆生中爲第一（232行）

衆生迷惑稟邪教（420行）

化樂天中大鼓音（580行）

彼佛曾來入此殿（611行）

㋒□

如此娑婆世界中說四聖諦（58行）

介時光明過此世界（94行）

二邊皆捨離（101行）

於其座上結加《（ママ）》趺坐（639行）

阿羅漢果是僧邪（734行）

㋓ □

如是業應作（115行）

譬如河中水（141行）

菩薩云何得无過失身語意業（228行）

希有无等倫（654行）

相好端嚴皆具足（700行）

これらの譜は、韓國における十一世紀の初雕高麗版の大方廣佛華嚴經卷第五十七（誠庵古書博物館藏）等に角筆で施した譜や十八世紀の順讀口訣の地藏菩薩本願經（雍正八年・一七三〇刊、檀國大學校藏）等に角筆で施した譜にも見られ、[11] それらの譜が既に新羅で使われていたことを示している。日本の節博士では、㋐が「ソリ反」、㋑が「ユリ搖」、㋒が「ヲル下」、㋓が「スグ」とされるのに形が通ずる。

東大寺圖書館藏大方廣佛華嚴經自卷第十二至卷第二十に角筆で施した梵唄譜には、本文中に同一箇所の漢字を㋐「ソリ反」と㋑「ユリ搖」との二様に誦唱したことを示す例がある。

□

我所亦空寂（111行）

「我」を㋑「ユリ搖」で誦すことを角筆の譜で示し、別誦として㋐「ソリ反」で誦すことを「我」の右傍に角筆で□を書きそれに㋐「ソリ反」の譜を角筆で施している。同種の例は次のように見られる。

現无量刹□（167行）

當□願衆生入於一切佛法之門（331行）

(6)梵唄譜A型

［本文97行～101行］

97 皆明現如此處見佛世尊坐蓮花藏師子之座

98 十佛刹微塵菩薩　所共圍繞文殊師利菩薩各

99 於佛所同時發聲　說此頌言

100 衆生无智慧　愛刺所傷毒　爲彼求菩提　諸佛法
如是

101 普見於諸法　二邊皆捨離　道成永不退　轉此无
等輪

このように經本文の複數行にわたって横長の波線を施すことは、韓國における十一世紀以前刊の妙法蓮華經卷第一・卷第八や金光明經卷第三に見られるが、[12] 日本の訓點資料にはその例を見ない。

(7)合符

卽於東方化作蓮花藏師子之座結加趺坐（17行）

卽於南方化作蓮花藏師子之座結加趺坐（21行）

神通「亦」(角)　是佛邪（728行）

梵行從「此」(角)何處來誰之所有（742行）

於一切智心无退轉（1059行）

複數の字面に長い縦線を施して合符として用いることは、既述のように、日本で毛筆による白點・朱點などの訓點を施した資料では使用例を見ない。

(8)四聲點（圏點）

漢字の四隅に角筆で圏點の施されたものがある。[13]

(i)右上隅の圏點

當°願衆生開敷善法（265行）

恆°對於佛（599行）

天帝°釋白法慧菩薩言（753行）

(ii)右下隅の圏點

唯佛能知。方（768行）

入於无餘涅槃。（1077行）

(iii)左下隅の圏點

神通衆。會（221行）

因是得成。无上智「占」（角）（426行）

曲躬合掌。恭敬（604行）

是故此處最。吉祥「占」（角）（973行）

名號。悉亦同（997行）

汝今爲。欲多所饒益（890行）

但爲。知一切衆生死此生彼而行精進（1071行）

(iv)左上隅の圏點

向帝。釋殿（600行）

我終不證阿。耨多羅三藐三菩提（1054行）

慳。嫉諂誑（1066行）

性不慳。嫉（1068行）

この角筆の圏點が四聲點とすれば、(i)の「恆」が平聲、(iii)の副詞用法の「爲ニ《タメ》」が去聲、(iv)の「嫉」が入聲であるから、

右上隅＝平聲　左下隅＝去聲　左上隅＝入聲

となる。但し「掌」は上聲字であるが左下隅に差聲されている。(14) 差聲の通り去聲であったとすれば、これらの圏點は、張守節「史記正義論例」發字例で述べている、聲調符の古い型に合うことになる。

三、角筆加點の方式

漢譯佛典には、同一の構文や同一の字句が繰返し用いられている。その構文や字句に加點する場合に、同一の構文や同一の字句でもそれぞれに加點する場合と、最初の構文や字句（又はそれに近い箇所）に加點して第二・第三以降の構文や字句には加點を省く場合とがある。この經典の角筆加點の方式は、前者であって、それぞれに加點している。例えば「尒時～告～言」「尒時～白～言」の構文が全巻にわたって屢々用いられている。その釋讀には、本文の決まった漢字に角筆で一定の假名と訓字が施されている。

尒時「ヲ」(角)　文殊師利菩薩摩訶薩告諸菩薩言「白」(角)　（48行）

この48行を初出として、「尒時～言」の構文の、102行、108行、133行、150行、158行、166行、178行、187行、197行、207行、227行（この間には「尒時～言」なし）650行、653行、660行、668行、681行、685行が、それぞれ「ヲ」と「白」を、「時」の右傍下寄りと「言」の右傍とに、角筆で書入れている。そして巻十七の753行の、

尒時「ヲ」(角)　天。帝釋白「ヲ」(角)　法慧菩薩言|　（753行）

と巻十八の866行の、

介時《「ろ」(角)》精進慧菩薩白《「ろ」(角)》法慧菩薩言|（866行）

とは「介時」に「ろ」を書入れ、途中の本文の「白」に接續法の「ろ」を施して、「言」には「白」の書入れが無いが、その前後の、

介時《「ろ」(角)》正念天子白《「ろ」(角)》法慧菩薩言《「白」(角)》（709行）

介時《「ろ」(角)》法慧菩薩告《「ろ」(角)》精進菩薩言《「白」(角)》（889行）

では、「白」「告」に「ろ」を施すと共に、「言」に「白」が書入れられて、

介時《「ろ」(角)》勝林菩薩……說頌言《「白」(角)》（1009行）

介時《「ろ」(角)》行林菩薩……說頌言《「白」(角)》（1025行）

介時《「ろ」(角)》智林菩薩……說頌言《「白」(角)》（1035行）

のように、「言」に「白」が書入れられるものと、「白」の書入れのないものとが交用している。

この「介時《「ろ」(角)》～言《「白」(角)》」の全巻にわたる角筆文字の書入れ狀況から見ると、この角筆文字を施した人物は、同じ構文であっても、その都度逐一に角筆文字を施す方針を採っている。最初、又は初出に近い構文にだけ角筆文字を施して以下は省略して施さないという方式は採っていないことが知られる。

東大寺圖書館藏大方廣佛華嚴經自卷第十二至卷第二十合一巻に角筆で書入れられた假名を整理して表示すると、次表のようである。

東大寺圖書館藏大方廣佛華嚴經自卷第十二至卷第二十の角筆假名一覽

「郷歌」における用法と比較するために小倉進平『郷歌及吏讀の研究』の「郷歌に於ける漢字の用法」に基づき、Ⅰ郷歌にも用いている假名とⅡ郷歌に見られない假名とに分け、Ⅰは가・나・다・라等のハングルの配列によっている。大方廣佛華嚴經自卷第十二至卷第二十の角筆の假名は、讀添えとして用いられたもの（讀添と表示）と、傍訓として用いられたもの（傍訓と表示）に分け、その本文中における行數を算用數字で示した。

（「郷歌に於ける漢字の用法」の音訓の別及び用法㋑㋺㋩等の注記は省いた）

Ⅰ郷歌にも用いている假名

古 讀添 228 228 230 241 1003
　 傍訓 427

只 傍訓 （末音）239 242 243 244 244 245 247 248 250 251 257 266 270 272 273 274 275 275 278 279 281 282 283 284 285 286 287 288 288
290 308 310 312 326 428 571 611 615 619 629 651 725 756 757 788 1077 1090 1093 1095 1135

乃 傍訓 49 161 167 198 213 253 302 599 687 757 878 1046

多 讀添 240 725 1077
　 傍訓 55 97 151 240 473 534 595 598 602 607 691 880 923 1136

刀 傍訓 717 （末音）49 50 51 52

ㄋ（良）讀添 2 2 3 4 12 25 27 32 48 49 49 50 50 53 54 54 65 69 77 90 102 108 113 118 133 135 136 150 150 150 153 158

158 166 178 187 187 192 195 197 202 207 218 224 227 227 273 348 351 380 429 429 433 433 435 436 436 439 439 441 441 445 448 450
453 453 454 462 480 495 496 497 497 528 549 549 552 597 598 599 604 605 607 612 618 632 639 643 645 650 650 652 652 652 653 653
660 660 668 668 671 671 676 681 682 685 689 692 705 709 709 709 710 745 753 753 763 769 790 791 800 801 801 866 866 877 878 889
889 898 925 927 928 931 948 956 988 990 1004 1009 1012 1015 1021 1025 1030 1035 1039 1042 1051 1074 1109

傍訓 77 78 547 552 601 674 714 715 758 803 803

呂　讀添 102 108 126 202 385 401 402 441 451 454 556 601 602 607 690 694 703 707 707 712 757 841 901 947
傍訓 80 253 302 368 427 597 599 676 878 1045

畄　傍訓 49 77 151 191 423 475 503 803 900

卜(利)　傍訓 195 196 222

立　讀添 242 243 244 245 246 247 249 278 279

尓(弥)　讀添 80 186 611 615 619 623 625 627 629 632 638 645 652 655 716 756 806 899 1041
傍訓 (末音) 383 515 519 527 539 551 561 707 920 1139

毛　傍訓 602 607 717 880

白　讀添 50
傍訓 48 105 114 125 133 150 158 166 178 187 197 207 227 234 645 650 653 660 665 668 671 681 685 709 760 767 882 889 949 991 1009 1025
1030 1035 1042 1078 1129

沙　讀添 183 538

傍訓 167 1042 1077

尸 傍訓 222 677 （末音）595 599 606 878

阿 傍訓 3 601 797

亦 讀添 190 728

烏 傍訓 423 503 550 761

卧 讀添 428 438 643 643 704 891 1045

爲 傍訓 677

隠 讀添 293

音 讀添 1093

傍訓 172

伊 讀添 224 640

傍訓 222

ヲ・ア（伊） 讀添 157 462 475 514 522 526 527 610 632 824

傍訓 49 49 77 161 167 191 198 213 222 302 475 599 757 878 1046

吡（吡） 讀添 32 170 351 405 434 451 452 454 484 497 544 548 555 570 601 607 703 705 714 727 727 729 730 730 841 920 938 951 1067 1093

傍訓 172 177 484 （末音）55 57 62 69 237 253 253 428 430 528 601 643 704 742

肹 讀添 101 170 273 293 515 523 601 602 1124

乎　讀添　240　725　1077

加　讀添　790

Ⅱ鄕歌には見られない假名

那　傍訓　101　1003　1012

[illegible]　傍訓　24

占　讀添　149　157　165　177　196　426　428　432　436　438　440　442　444　446　448　450　452　455　500　515　527　541　553　561　595　604　605　605　605　610　611　613　615　617　619　621　623　625　627　629　652　707　751　970　971　972　973　1008

傍訓　234（末音）　235　371　594　594　686　692　692　807　807　889　1042

比　傍訓　101　687　1003　1012

分　讀添　167　761

火　傍訓　253　302　599　878　1045

西　讀添　57　62

第五節　大谷大學藏判比量論の角筆加點との關聯

東大寺圖書館藏大方廣佛華嚴經自卷第十二至卷第二十合一卷の角筆加點を、本册の第三章第三節（六九頁）に掲げた大谷大學藏判比量論の角筆加點と比べると、經本文の量が一、一四一行と一一〇行という多寡の差はあるものの、角筆の加點内谷は、共に良く通ずる。卽ち、角筆の文字と、角筆の符號の梵唄譜B型・梵唄譜A型・合符・四聲點（古型式）の内容が一致する。(15) 以下のようである。

一、角筆の文字

(1)本文には對應する漢字が存しないが訓讀に當って補い讀添えて文法機能等を表した假名

判比量論には、「弖」が用いられている。書入れる位置は、同じく經本文の當該漢字の右傍やや下寄りである。大方廣佛華嚴經自卷第十二至卷第二十でも「弖」が用いられ、用例數が多い、この大方廣佛華嚴經には、他に「古」「乎多」「呂」「立」「尓」「沙」「卧」「隱」「音叱」「伊・尹」「叱」「肹」「乎多」「占」「分」が用いられている（前掲の表參照）。

(2)本文の漢字の訓を表した音假名

判比量論には「餘」「離」「成」等が用いられている。書入れの位置は當該漢字の右傍である。大方廣佛華嚴經自卷第十二至卷第二十にも先掲のように「說《「乃ヲ」(角)》」「聚《「毛刀」(角)》」「皆《「多」(角)》」等が用いられている。

(3)同訓の漢字で本文の漢字の訓を表したもの

判比量論には先述のように「根《「火リ」(角)》」が用いられ、大方廣佛華嚴經自卷第十二至卷第二十にも「演說《「火呂乃尹」(角)》」が用いられている。又、大方廣佛華嚴經自卷第十二至卷第二十には「白」が傍訓として用いられているが、判比量論では謙讓の助動詞として讀添えの假名に用いている。

(4)本文の漢字の音を示すのに用いた注音の漢字

判比量論には本文の「不共」の「共」に角筆で「宮」を注音し、本文の「攝」に角筆で「捷」を注音している。聲母が無聲の「攝」に對して有聲の「捷」を注音して清濁を通用させて、有聲無聲の對立のなかったことを窺わせるのは、大方廣佛華嚴經自卷第十二至卷第二十において本文の「寂滅」の「寂」が從母四等で有聲であるのに對して、角筆が「借」の精母四等で無聲を以て注音しているのに通ずる。

二、角筆の符號

(5)梵唄譜B型

判比量論にも行間に角筆で施した梵唄譜が用いられている。㋐「ソリ反」、㋑「ユリ搖」、㋒「ヲル下」が見られる。

(6)梵唄譜A型

判比量論にも經本文の幾つかの行にわたって右方向に横長の波線を角筆で施した梵唄譜が用いられている。

(7)合符

判比量論にも複數の字面に縱長線を角筆で施して合符として用いている。又、角筆で「〵」の弧を施して合符として用いたものもある。この弧は判比量論では當該漢字の右傍に施しているが、大方廣佛華嚴經自卷第十二至卷第二十では先掲例のように當該漢字の左傍に施している。

(8)四聲點（圏點）

角筆で施した四聲點（圏點）

判比量論にも角筆で漢字の四隅に圏點を施して四聲點として用いた例がある。圏點の形は大きな楕圓に近い。(i)右上隅「。離」、(ii)左下隅「定。」と「此。」、(iii)左上隅「。攝」が見られ、

右上隅＝平聲　左下隅＝去聲　左上隅＝入聲

のように圏點の位置と差聲漢字の聲調とが對應して、張守節「史記正義論例」發字例に説く、聲調符の古い型に合う。大方廣佛華嚴經自巻第十二至巻第二十に角筆で施した圏點も同じ聲調符の古い型を示している。特に「此。」は判比量論にも大方廣佛華嚴經自巻第十二至巻第二十にも用例があり、共に左下隅に差聲している。

以上の一、角筆の文字、二、角筆の諸符號を通して、判比量論の角筆加點と大方廣佛華嚴經自巻第十二至巻第二十の角筆加點とが共通點を持ち、同じ基盤に在ったことが知られる。

共に點吐（ヲコト點）と語順符が未だ用いられていない點も共通している。

第六節　新たな課題

東大寺圖書館藏大方廣佛華嚴經自巻第十二至巻第二十合一巻の角筆加點の解讀によって、その内容が次第に明らかになりつつあり、大谷大學藏判比量論の角筆加點を補う、新しい事象が得られるようになった。その結果、假名字體を日本の平安初期の特に東大寺關係僧が使用した假名字體と比較することが出來るようになり、その親近性が見られるに至った。又、經本文の訓讀法が、日本の平安初期の訓點の訓讀法とも親近性を見せていることも分っ

て來た。これらについては、章を改めて考察することにする。

附　節　石山寺藏釋摩訶衍論の角筆加點

角筆を以て新羅語を加點したI型の資料の三點目として、石山寺藏釋摩訶衍論（國寶）五帖が、近時發見された。今後の精査に俟たねばならないが、現段階で知られた所を記すことにする。

釋摩訶衍論十巻は、大乘起信論の註釋書であり、龍樹菩薩造、筏提摩多譯とされる。作者について、『密教大辭典』では「古來眞僞の論あり」とするも、眞言宗では弘法大師が眞作と定めて眞言宗所學論藏の一とし、又、大安寺戒明が寶龜年中（七七〇―七八一）入唐して將來し淡海眞人三船に示したとするが、安然は、新羅國聰珍の口傳による新羅大空山の月忠作を妄造として破釋したとする。

石山寺藏釋摩訶衍論五帖（重書17）は、折本裝（巻子本改裝、薄茶地朱雲龍文版畫後補表紙）で、各帖とも縦二四・五糎（天地切斷）、横八・〇糎、一紙長五六・八糎を計する。淡褐色の薄手の紙に墨界を施し、界高二四・〇糎、界幅一・一糎の幅狹い罫内に一行三十字～三十四字前後の細字體で書寫されている。書寫等の奥書は無いが、書風等から唐時代の寫經とされている。内題と尾題は次のようである。

[卷第一]

（内題）㈠釋摩訶衍論序　天冊回鳳威姚興皇帝製

㈡釋摩訶衍論卷第一　龍樹菩薩造

（尾題）　釋摩訶衍論卷第一

［卷第二］

（内題）釋摩訶衍論卷第二　龍樹菩薩造

（尾題）釋摩訶衍論卷第二

［卷第三］

（内題）釋摩訶衍論卷第三　龍樹菩薩造

（尾題）釋摩訶衍論卷第三

［卷第四］

（内題）釋摩訶衍論卷第四　龍樹菩薩造

（尾題）摩訶衍論卷第四

［卷第五］

（内題）釋摩訶衍論卷第五　龍樹菩薩造

（尾題）釋摩訶衍論卷第五

この釋摩訶衍論に角筆の新羅の假名の存することを發見したのは、韓國技術教育大學校鄭在永教授である。平成二十四年七月二十七日の石山寺における調査で、卷第四の、唯汝一人非如是見一切衆生復如是。「叱」(角)の下欄外に角筆で「叱」が書入れられているのを見附けた。同席した筆者もこれを確認すると共に、巻第一から巻第五の五帖にわたって新羅語の假名の他、梵唄譜、縱長線合符が角筆で書入れられていることが知られた。次いで、同年の平成二十四年十二月二十二日〜二十五日の調査で、再度全五帖にわたって角筆加點を認めた。次のようである。

一、角筆の假名

(1)本文には對應する漢字が存しないが訓讀するに當って補い讀添えて文法機能を表した假名

①「叱」（「叱」）

七者不動「叱」(角)　義無成壞故（巻三、五オ3行）

②「ㄋ」（「良」）

尒時「ㄋ」(角)　大王遍求白馬（巻一、九ウ5行）

九論中「ㄋ」(角)　已解釋故（巻二、一オ5行）

尒時「ㄋ」(角)　世尊告大衆言「白」(角)（巻二、二十五オ2行）

有極重恩於塵却中「ㄋ」(角)（巻四、五オ6行）

③「弥」（「弥」）

於一室中「弥」(角)　人以明燈「呂」(角)　照室之中闇（巻五、十六ウ3行）

④「尓」（「弥」の省畫體）

馬鳴菩薩卽從坐起頂禮佛足合掌恭敬《「尓」(角)》　向佛（巻一、八オ4行）

於染法中隱藏沈《「□」(角)》　沒《「尓」(角)》　法身如來未出現故（巻二、二十オ4行）

⑤「呂」（「呂」）

以勝緣力《「呂」(角)》　而爲安立（巻一、十九オ2行）

以能成就業識義《「呂」(角)》　故（巻五、十二オ5行）

⑥「伊」（「伊」）「尹」（「伊」の省畫體）

已佛《「伊」(角)》　告龍王言《「白」(角)》　（巻一、九オ3行）

尒時大慧菩薩摩訶薩《「尹」(角)》　白佛言（巻五、二オ3行）

⑦「占」

已佛《「伊」(角)》　告龍王言《「白」(角)》　善哉《「占」(角)》　善哉《「占」(角)》　（巻一、九オ3行）

⑧「卧」

智無㝵各四及《「卧」(角)》　八萬四千色相差別故（巻一、十オ6行）

(2)本文の漢字の訓を表した假名

[動詞]

[乃尹]　已說《「乃尹」(角)》　立義分次說解釋分（巻二、一オ2行）

［副詞］

［[illegible]］盡滅無餘九室中闇盡「[illegible]」(角) 滅無餘亦不可言（巻五、十六ウ4行）

［沙］大龍乃「沙」(角) 所受用（巻一、十五ウ7行）

(3)同訓の漢字で本文の漢字の訓を表したもの

［白］尒時「[illegible]」(角) 世尊告大衆言「白」(角)（巻二、二十五オ2行）

尒時「[illegible]」(角) 光嚴童子卽白佛言「白」(角)（巻二、三十ウ6行）

二、角筆の符號

(4)角筆で施した梵唄譜（B型、行間の譜）

㋐□

所餘法門略不別釋云何（巻二、一オ3行）

住於此山（巻一、二十二オ3行）

㋑□

出興此法門楞伽王契經（巻一、二十一ウ6行）

大慧諸識有二種（巻五、二オ6行）

㋒ □

一心遍滿等（巻二、一オ5行）

(5)角筆で施した合符

此如來藏如來藏王（巻二、十七ウ2行）

復次隨宜安立無有定故（巻一、二十八オ4行）

強名眞如字事差別其相云何（巻三、四オ1行）

(6)角筆で施したミセケチ符

此如來藏如來藏王（巻二、十七ウ2行）

「此如來藏」の「如來」の右傍に角筆で「、、」を施して合符を施した「如來藏」がミセケチであることを示している。同様の角筆のミセケチ符は、東大寺圖書館藏大方廣佛華嚴經自巻第十二至巻第二十にも用いられている（一〇八頁）。

右掲の、一、角筆の假名、二、角筆の符號は、東大寺圖書館藏大方廣佛華嚴經自巻第十二至巻第二十に角筆で施された假名と符號とに基本的に通じている。

注

（1）山本信吉「聖語藏『大方廣佛華嚴經自巻七十二至巻八十』の書誌的考察」（『正倉院紀要』第二十八號、平成十八年三月）。

（2）大谷大學藏『判比量論』（殘一巻）は、神田喜一郎博士舊藏で、國の重要文化財に指定されている。指定では奈良時代寫經とされるが、近時、新羅寫經とする見方が行われていた。

（3）拙著『角筆文獻研究導論　上巻　東アジア篇』（平成十六年七月、汲古書院）竝びに『角筆文獻研究導論　別巻　資料篇』（平成十七年六月、汲古書院）の第一部影印の第二章「判比量論」（57～72頁）の寫眞參照。
尙、本册、第三章第三節六九頁。

（4）注（3）拙著『角筆文獻研究導論　上巻　東アジア篇』附章「奈良時代寫經の角筆加點の性格」。

（5）本册、第二章「奈良時代の角筆訓點から觀た華嚴經の講説」。

（6）白斗鉉「高麗時代口訣의文字體系와通時的變遷―高麗時代釋讀口訣자료와麗末鮮初의音讀口訣자료를 대상으로―」（第一回아시아諸民族의文字에 관한國際學術會議發表論文、一九九六年九月）、後に口訣學會編『아시아諸民族의文字』（一九九七年七月刊）に所收。

（7）山本論文では「統一新羅時代の八世紀中頃、恐らくは七四〇年代前後に書寫された『八十巻花嚴經』（新譯花嚴經）の一部合巻經として注目される」と説かれる。

（8）本册、第二章第二節一八頁。

（9）藤田惠子・堀口隆良・吉澤康和「角筆スコープの開發研究」（『產業技術短期大學誌』第二十六巻、平成四年三月）。藤田惠子・吉澤康和「角筆スコープの開發研究Ⅱ―小型化と性能―」（『產業技術短期大學誌』第二十八巻、平成六年三月）。

(10) 南豊鉉教授は、弓が表す機能を、1處格助詞、2呼格助詞、3接續語尾、4註釋の四種類に分けている（「韓國の借字表記法の發達と日本の訓點の起源について」『日韓漢文訓讀研究』勉誠出版、二〇一四年十一月所收）。

(11) 注（4）拙著、第二章第一節一五六頁。

(12) 注（4）拙著、第二章第一節一六一頁。

(13) 權仁瀚（成均館大學校）教授は、「古代韓國漢字音の研究(1)―最近發掘された角筆資料を中心として―」（二〇一七年、國際譯學書學會發表資料）において、東大寺藏新羅華嚴經の角筆加點（小林等調查資料）及び大谷大學藏判比量論の角筆加點（注（3）拙著）の四聲點について、廣韻・集韻等に基づいて、八世紀の韓國漢字音の聲調史料として取上げている。

(14) 權仁瀚教授は、注（13）資料において、中世韓國漢字音の「上去無別」（東國正韻序）の最古の資料に該當する可能性が高いとされた。

(15) 大谷大學藏判比量論と同本の斷簡（東寺切）が諸所に分藏されている。その若干を調查したところ、大谷大學藏本と同じ角筆の文字と梵唄譜・縱長線合符が認められた。

○落合博志氏藏判比量論斷簡（九行）（二〇一六年三月十七日調查）

以是量「己」(角)　故　此中「弓」(角)　應決定(?)　曾「只」(角)　當實有　離「与比」(角)　如前立

梵唄譜（用例略）

のようである。

第五章　日本語訓點表記としての白點・朱點の始原

第一節　はじめに

日本に現存する佛書加點本の最も古いものは、管見では、Ⅰ型の大谷大學藏判比量論（七三三年以前書寫加點）であり、同じくⅠ型の東大寺圖書館藏大方廣佛華嚴經自巻第十二至巻第二十（七四〇年頃書寫と推定）が續く。前章で述べたように、共に新羅經であり、これに新羅語を角筆で加點した資料である。ヲコト點は用いられていない。東大寺において華嚴經の講説が續行された奈良時代八世紀後半期における、華嚴經・華嚴刊定記を始めとする奈良寫經の加點本は、Ⅱ型であり、訓讀は日本語であるが、符號は梵唄譜や縱長線合符等が、Ⅰ型の新羅經と同じ符號を用い、しかも角筆で加點されている。これにもヲコト點は用いられていない。

Ⅰ型からⅡ型へ推移したと見られるならば、Ⅱ型は新羅加點本の方式を取入れた可能性が大きく、しかも用具は同じく角筆である。

朝鮮半島においては、新羅經加點本を始め、高麗時代の初雕大藏經（高麗版）の加點は、原則として角筆による加點のみであり、白點・朱點の書入れを見ない(1)。

奈良時代八世紀後半期の奈良寫經の加點（Ⅱ型）が新羅加點本の方式を取入れたとすれば、日本の佛書加點は角筆で施すことから始まったと考えられる。

しかし、日本では、平安初期以降院政期に至る訓點記入においては、角筆加點が一部には殘るが、主流は白點・朱點になる。

この日本語訓點表記としての白點・朱點が始まったのは何時からであろうか。それは如何なる狀況においてであったのだろうか。

本章では、この問題を、日本では奈良時代八世紀後半に始まったとされる勘經との關係において考えてみる。

日本における訓點の初期の資料として、春日政治博士は、聖語藏の白點本を十三點擧げている。(2) 唐寫本三點の他、書寫年代の分るものとしては、神護景雲（七六七—七七〇）寫經（神護景雲二年の願文を持った孝謙天皇御願一切經）であり、過半數の七點が擧げられている。これを新古を推定して序列している。その、一、景雲寫根本說一切有部毗奈耶、二、同根本說一切有部苾芻尼毗奈耶、三、同持人菩薩經は、いずれもヲコト點を持たず、白點は助辭と眞假名及び實字と、句點・反點であって、調査された「點本中最古のもの」と推定された。四、央掘魔羅經は眞假名による字音點資料で、一～三と同年代に置くべきものとされる。

次いで、五、景雲寫羅摩伽經と、六、景雲寫大方廣佛華嚴經は、句點・反點・假名訓の他に、星點本位の素樸なヲコト點を用いた極初期の點とされている。

これらの白點による訓點初期の點本が、いずれも神護景雲二年の孝謙天皇御願の一切經であるのが注目される。勘經との係りが考えられるからである。

第二節　勘經に流用された白書

經典に白書を使うことは、寫經の折に本文の字句の誤りを正すなどの校正において見られる。敦煌文獻に既に見られ、日本でも奈良寫經で行われている。第二章で例示したように、華嚴經・華嚴刊定記を始め奈良寫經において、本文の校合・補加に當り、角筆書の漢字や顚倒符の上から白書や朱書又は墨書で重ね書しているのも、その一例である。但し、右の奈良寫經では、訓讀を示すのに角筆で書いた假名や梵唄譜・縦長線合符等には、白書・朱書の重ね書は見られないものがある。

この字句の校正に使っていた白書の使用を擴げて經典を讀解する時の訓點に流用したのが白點の始まりと考えられる。その具體的な狀況が「勘經」という行爲で知られるようになった。

校正が本文書寫後に底本との比較によって文字の誤脱を補訂する作業であるのに對して、勘經は底本とは別のテキスト（證本）によって對校すると共に、本經の內容まで研究し理解し教學するという深化した校訂作業であるという(3)。

(1)勘經の作業內容

光明皇后の發願によって書寫された一切經（天平十二年〈七四〇〉五月一日經）の願文のあとに附された追跋によると、勘經には「正」「讀」「證」の三種の作業が知られる(4)。

(a)天平勝寶七歳（七五五）正月十日從八位上丹波員外目日置造蓑麻呂正
正八位上行大學少屬内藏伊美吉全成正
大德興福寺沙門慈訓證
（正倉院聖語藏「過去莊嚴劫千佛名經卷上」）

(b)天平勝寶七歳十月十七日正八位下守少内記林連廣野正
大安寺沙門琳躰讀
沙門敬明　沙門玄藏　沙門璟忍　沙門行脩證
（正倉院聖語藏「大集經月藏分卷第一」）

(c)天平勝寶七歳九月三日從七位上守大學直講上毛野君立麻呂正
大德元興寺沙門勝叡　大德沙門了行　大德沙門尋應　業了沙門法隆
（正倉院聖語藏「深密解脱經卷第二」）

勘經は、大學直講や少内記等の官人と複數の僧とで行われ、「讀」は僧又は官人が讀み（音讀し）それを聞きながら官人又は僧がチェックし、作業が確實に濟まされたことを「證」するとされる(5)。

(2)「勘經」という用語の初見

天平勝寶年間（七四九—五七）に所見し始め、「勘經所」も現れる(6)。

(3)勘經の始まり

勘經は、興福寺僧の慈訓を指導者とし、良辨を推進者として、光明皇后の一切經具備の必要性に俟って、天平勝寶年間に始まった事業とされる(7)。

慈訓は、華嚴經講説を東大寺前身の金鍾寺において審詳がわが國で初めて行った時の複師を務めた僧で、審詳に次いで講師を務めた(8)。

(4)五月一日經の勘經以外の勘經

①新舊華嚴經と大般若經の勘經

聖武天皇の敕により、華嚴經を根本とする一切經の轉讀講說の意圖に基づき東大寺寫經所で實施された(9)。

②景雲一切經の勘經

孝謙天皇の發願により、天平寶字二年（七五八）頃から神護景雲二年（七六八）頃まで景雲一切經の寫經が實施され、その勘經が天平寶字六年（七六二）から神護景雲三年七月頃まで行われ、證本として五月一日經が用いられ、章疏の勘經にも及んだという(10)。

(5)勘經に用いた白書・朱書

①天平十二年願經「四分律」（正倉院聖語藏）の例（杉本一樹氏による(11)）

[墨書] 題と本文書寫（天平九～十年）、願文（天平十三年）

[朱書] 題の訂正（天平十八～十九年又は天平勝寶年間）、誤記訂正

[白書] 他本（鑑眞將來の唐經）との比較（鑑眞來朝の天平勝寶五年〈七五三〉十二月以降、天平寶字〈七五七～〉の交）を勘經所で行い、誤記訂正

白點（平安極初期）

②勘經を行った僧・官人名の白書(12)

「讀勝光師」(白書)(正倉院聖語藏「佛說入如來德智不思議經卷下」五月一日經)
「勝光讀」(白書)(正倉院聖語藏「過去現在因果經卷二・四・五」五月一日經)
「勝光讀」(白書)(正倉院聖語藏「佛說濡首菩薩无上淸淨分衞經卷上・下」五月一日經)
「勝光讀」(白書)(正倉院聖語藏「寶積三昧文殊師利問法身經」五月一日經)
「廣野」(白書)(正倉院聖語藏「佛說入如來德智不思議經卷下」五月一日經)
「廣野」(白書)(正倉院聖語藏「漸備一切智德經卷三、五」五月一日經)

これらの僧や官人の名がそれぞれの經卷の卷末に白書されているという。廣野は天平勝寶七歲十月十七日に大集經月藏分卷第一の「正」を行った「少內記林連廣野」(前掲一四六頁)と同一人と見られる。この同じ白書で本文中に書入れが存すると推定されるが、未調査である。そこで他の經卷を用いて勘經の內容を見ることにする。

第三節　勘經としての華嚴刊定記

唐の惠苑が撰述した華嚴刊定記が、奈良時代八世紀に勘經として用いられたことは次の四點から知られる。

1、審祥(詳)の藏書の華嚴刊定記が勘經の證本として借用されている。

○正倉院文書の神護景雲二年(七六八)四月二十九日附「奉寫一切經司移」

奉寫一切經司移東大寺司
請花嚴經惠園師疏一部審詳師所者
右、爲須勘經所證本、所請如件、以移
神護景雲二年四月廿九日別當圖書少屬從七位上大隅忌寸公足
次官從五位下　王
「司判許
花嚴經疏十二卷第一三四五六八十十二十三十四十五十六等卷々 惠遠師撰 審詳師經之内
大判官美努連奧萬呂
主典葛井連荒海
右件疏、附返使鳥取古萬呂、令請如件
案主上馬養」

審祥は、既述のように、新羅學生と稱され、新羅から歸朝に際して多くの新羅經典を將來した。新羅で華嚴刊定記が用いられたことは、皇龍寺僧の表員の「華嚴文義要決」の中に引用されていることで知られる。(13)

2、大東急記念文庫藏華嚴刊定記卷第五の卷末識語に東大寺において新羅正本と「校勘」したと記している。

○大東急記念文庫藏華嚴刊定記卷第五卷末識語
（本文と同筆）　無上菩提因／近事智鏡
（別筆）「延曆二年（七八三）十一月廿三日於東大寺與新／羅正本自校勘畢以此善根生〻之中／殖金剛種斷
一切障共諸含識入無㝵門」

（又別筆）「以延曆七年八月十二日與唐正本相對挍勘取捨／得失揩定此本後學存意可幸察耳自後諸／巻亦同

此矣更不錄年日等也」

奈良時代（八世紀）の華嚴刊定記には白書・朱書で本文字句の校正と共に本文を「讀」解した角筆加點を書入れている（本册、第二章第三節二〇頁）。

3、大東急記念文庫藏華嚴刊定記巻第五の白書・朱書

この華嚴刊定記巻第五の白書・朱書については月本雅幸氏の調査(14)と吳美寧・金星周氏の精査(15)とがある。その書入れの內容は、字句の校合と科段符・句切點・語順符である。朱二種と白書との書入れ時期については尙検討の餘地があると思われるが、語順符の、例えば、

中有三句・今此答中品有兩句・由《五》東《二》問中初二句・爲《四》一《三》句故也・（加點は朱）

等が、日本の訓點では使われず新羅を始め朝鮮半島の加點資料に用いられるところから、語順符・句切點等が、角筆とは別に、延曆二年に新羅正本と校勘した時に施されたと見るのが自然であろう。さすれば「校勘」とは本文の字句を校合すると共に內容まで讀解したことを意味することが判る。

4、東大寺圖書館藏華嚴刊定記巻第九（奈良時代書寫）の朱書

白書を用いず、朱書だけで、字句の訂正・補入と句切點、返讀符、語順符が施されている。

(1)字句の訂正・補入

四根「知」（朱）「｜」（朱縦線）欲者（訂正）

雖有「二」(朱)說後說爲勝「・」(朱)(補入)

但以樂「色」(墨、角、朱)通根「・」(朱)非顯慶喜「・」(朱)(補入)(墨書「色」に角筆で合點を施して角筆「色」を書き、その上から朱書「色」を書き、墨書「色」を朱で抹消する)

菩薩「爲」(角、朱)衆生故求不辭倦「・」(朱)(補入)(角筆で「爲」を書きその上から朱書で「爲」を書く)

(2)句切點

常渇聞無足故「・」(朱)二如所等是思惠「・」(朱)

「・」(朱)或「入」(角)從末以尋本「・」(朱)

(3)返讀符

今在世「ノ」(朱)出方爲起勝「・」(朱)

何故不「三二」(朱)得有「三二」(朱)脩友「二」(朱)／趣「三」(朱)(朱)「・」見是解「亅」(朱)心「・」(朱)

(4)語順符

名同一趣入剎「二三・」(朱)來往路之名「二三・三」(朱)尒「・」(朱)

「・」(朱)先明縱成盡業「三・三二三」(朱)「・」(朱)

「・」(朱)欲起報惡業「三三・二三」(朱)故名熾然「・」(朱)

右の(1)(2)(3)(4)の朱書が同筆で施されているので、字句の訂正・補入だけでなく、同時に句切點と共に返讀符・

語順符を施して訓讀をも行ったことが知られ、勘經として用いられたことが分る。しかも語順符は日本の訓點としては用いない符號であるから、證本として新羅の華嚴刊定記（恐らく審祥將來）が用いられ、それに加點されていた符號を書入れたものと考えられる。

この經卷には、角筆は本文の字句の校合に用い、その上に朱書を重ね書しているが、返讀符・語順符の訓讀の書入れには角筆を用いず、直接に朱書を用いている。

勘經の訓讀の書入れには、角筆を用いる一方で、それと共に又はそれに替って白書や朱書を直接に用いることの行われたことが知られる。(16)

第四節　神護景雲經の勘經

孝謙天皇の發願により神護景雲二年（七六八）頃までに書寫された景雲一切經は、勘經が行われた後に東大寺に施入されて、その原本が聖語藏と東大寺に現藏されている。ここではその中から調査し得た二經卷を先ず取上げて、その白書が勘經として用いられたことを説いてみる。

5、東大寺藏根本説一切有部毗奈耶卷第二　二卷（前半と後半に分卷）

白書による字句の訂正と句切點、語順符、「乙」による返讀、稀に訓讀を表す漢字・假名が施されている。白書より前に角筆の漢字、梵唄譜、合符等がある。

(1)字句の訂正

卽便欲出偈「丨」(角、白)　女思念　（下欄）「偈」(角、白)（第一卷）（角筆の上に白書）

不與取覺「丨」(白)　處第二　（下欄）「宇」(白)（第一卷）

(2)句切點（點というより短横線）

謂大一(白)小便逼一(白)風勢所持一(白)嘔指微伽蟲所齧一(白)欲染現前一(白)（第一卷）

稻不種自生一(白)無糠穢長四指旦暮收穫一(白)（第一卷）

(3)語順符

㝡初營立家宅便有家室名生時有「一 二 一 二」(白)一(白)有情不行惡法（第一卷）

王曰我不曾憶一(白)仁若憶者爲「二」我一憶之「三」(白)（第二卷）

(4)「乙」による返讀

欲娶爲妻彼便告曰我不惜命「乙」(白)　入汝舍乎時彼長者求妻不得「乙」(白)　自知家事一(白)（第一卷）

(5)訓讀を表す漢字

謂女／男黃門不與者謂無人授與外謂金等以盜／心取者（「盜」の下欄「有」(白)）（第二卷）

自取一(白)不與取一(白)盜心他掌物及作他物想有三五「耳」(白)　不同（第二卷）

(6)訓讀を表す省畫假名

此世界將壞之時多「ナノ」(白)　諸有情生光音天妙色意樂（第一卷）

右の(1)(2)(3)(4)(5)(6)の白書が同筆で施されているので、字句の訂正と同時に訓讀も行われたことが知られ、勘經として用いられたことが分る。しかも語順符を用いていることは、この勘經の證本として新羅經の用いられたことが推測される。(4)の「乙」は一字の返讀に用いている。日本の訓點には使用例を見ない。唐の韓愈「讀鶡冠子」の曾國藩の注に「乙者上下之倒置」とあり、(17)これが一字の返讀に應用されたと見られる。(5)の第一例は「盜心有《アリテ》　取」、第二例は「三五耳《ノミ》有」の訓讀を漢字で示したと見られ、(6)は「多キ」の活用語尾を「支」の省畫體で表したと見られる。

(1)(2)(3)は華嚴刊定記の勘經に通ずるが、(5)(6)は勘經が訓讀まで行っていたことを更に示している。この根本説一切有部毗奈耶卷第二の僚卷が正倉院聖語藏（第四類一〇四號）に現存している。これを調査された春日政治博士は、先述のように、その白點が句點と反點と眞假名と訓を表す漢字（實字）であり、ヲコト點が見られないので、點本中最古のものと説かれた。

6、東大寺藏楞伽經卷第四　一卷（卷末に「東大寺印」の古朱方印あり）

白書による字句の訂正・補入と句切點が施されている。白書より前に角筆の漢字、梵唄譜、合符等が施されている。

(1)字句の訂正・補入

屠販求利天慧亦无教不求不「生」(白)　／想而（訂正）

建立及「誹」(白)　謗知名相不生（補入）

亦教他人忽「勿」（角、墨）随於他尓時世／（下欄）「勿」（白）（本文の「忽」を角筆斜線でミセケチ）

(2)句切點

惚亂猶女恆沙等无有異又斷貪恚故（白）譬如恆沙是地自性（白）刧盡燒時燒一切地而

白書の句切點は散在する程度であり、本文を讀解する時に必要な箇所に施したと見られ、本文の訂正・補入の際に書入れた勘經の迹を示している。

第五節　神護景雲書寫舊譯華嚴經の白書

神護景雲二年願經の正倉院聖語藏の七百四十二巻のうち、華嚴經は、

舊譯（六十巻本）華嚴經　五十一巻（巻第二・四〜十三・十五・十六・十八・二十・二十一〜六十〈三十・三十九・五十七・五十八缺〉）

新譯（八十巻本）華嚴經　五十三巻

が現存し、白書・白點の書入れが存する。(18)

この舊譯華嚴經の聖語藏に缺けている僚巻が、東大寺山外に、

巻第十四は慶應義塾圖書館藏

巻第十七は京都國立博物館藏

として現存している。聖語藏本を調査する機を得ていないので、山外のこの二卷を調査したところ、白書・白點の書入れがあり、勘經として使われたと考えられる。しかもこの神護景雲一切經の勘經に當っては、證本として光明皇后願經の天平十二年五月一日經が使われたが、五月一日經には華嚴經が存在しないために、(19)神護景雲一切經の中の華嚴經の勘經の證本としては、舶來經、特に新羅經を利用したと推定される。

その理由の第一は、京都國立博物館藏舊譯華嚴經卷第十七の本文の中に新羅の假名（字吐）と見られる褐黑色の書入れが認められることである。

无量妙色不可思議香「亠」（褐黑）　无量雜寶　无量寶樹　阿僧祇莊嚴　阿僧祇宮殿　阿僧祇微妙音聲　隨善知識顯現

無量一切功德（345〜347行）

この書入れを初めて指摘したのは李丞宰教授である。原本を調査されて、これが韓國の口訣字で名詞句の竝列の機能を表したものと解された。(20)日本語の假名でこの字形に近いのは「毛」の第一畫と第二畫を採った形であるが、この文脈では附加の意を持つ助詞「も」とは異なる。その上、「モ」を表す假名は白點では「乙」（「毛」の草書の終畫）が用いられているから「モ」とは別の字と見なければならない。

書入れは白書・白點で爲されているのに、ここだけ色の異なる褐黑色であるのも不自然である。恐らく、證本とした新羅經にこの口訣字の書入れがあり、勘經として讀解の際にそのまま轉記したのであろう。こう考えることによって新羅の口訣字が入っている譯が理解される。但し、「亦」の省畫體は朝鮮半島の十二世紀の墨書口訣に見られ名詞字句の竝列に用いられているが、(21)新羅時代にその例を見ない所に問題がある。これは資料遺存の制約によるものであり、東大寺圖書館藏大方廣佛華嚴經自卷第十二至卷第二十の角筆字吐に眞假名の省畫體が見られるから可能性はある。(22) もう一つの問題は、褐黑色の字吐の書入れが、京都國立博物館藏卷第十七のこの一箇所だけであり、慶應義塾圖書館藏卷第十四には見られないことである。聖語藏に現存する僚卷の五十一卷の原本調査に期待したい。

證本として新羅經を利用したと推定される第二の理由は、白點にヲコト點が用いられていて、それが新羅華嚴經の點吐の影響によると考えられることである。慶應義塾圖書館藏舊譯華嚴經卷第十四と京都國立博物館藏卷第十七には、白書・白點が散在するが、全卷を訓讀したのではなく必要な箇所に加點して讀解した迹を示していて、勘經の樣相が認められる。京都國立博物館藏卷第十七の白點については李教授の詳しい調査報告があるが、慶應義塾圖書館藏卷第十四を加えて勘經と見る立場から以下に例を擧げる。(擧例には所藏館について略稱を用いる)

(1)字句の補入

所謂廻「向」(補入) 一切種智　(上欄)「向」(白)(京博藏卷第十七66行)

(2)返讀符(弧の返讀符が白書。「一」「二」「三」「上」「中」「下」は私の補記。以下同じ)

如二諸最勝所知見一切智乘微妙樂《の》一(京博藏卷第十七127行)

於二諸菩薩不可思議三昧正受《の》一(京博藏卷第十七389行)

知《て》三一切法悉无《と》二所有一廣爲二衆生一說二眞實法《を》一(慶應藏卷第十四235行)

不下以二衰賤一竊中希美號《キを》上（慶應藏卷第十四164行）

(3)句切點

以《て》二彼善根《を》一如是廻向一(白)令此善根功德之力至《(ラ)シム》　一切處一(白)（京博藏卷第十七161〜162行）

無上尊重最妙快樂普覆二如來一常令具足《シム(白)》　一（京博藏卷第十七12行）

復作二是念一若法非有不可不捨一(白)（慶應藏卷第十四197行）

(4)眞假名（管見の全例）

[、衣]　一切衆生淸淨樂欲令衆生皆悉《に》　得二「、衣」(白)　世界燈明所受樂《を》一（京博藏卷第十七122行）

[可]　何等諸法「可」(白)　最在初（慶應藏卷第十四112行）

[久]　作是念言《を》「久」(白)　爲我身中八萬戸蟲故（慶應藏卷第十四126行）

[し]　智者諸業《を》悉廻向「し」(白)　（京博藏卷第十七294行）

[云]　亦不妄取《に》諸世間《を》　（下欄）「云」(白)（京博藏卷第十七288行）

[良]　所施之餘然後自「良」(白)　食（慶應藏卷第十四126行）

(5)省畫假名

[つ]（助詞「イ」）（「伊」の旁の草書から）

譬如无我「つ」(白)《ぬか》　不離諸法一(白)（京博藏卷第十七225行）

菩薩摩訶薩「つ」(白)《て》　以此善根皆悉廻向普令一切佛刹淸淨莊嚴《に》《(セ)シム(白)》　一（京博藏卷第十七362行）

［乚］（「キ」）（「己」の終畫）

不以衰賤竊希美「(シ)乚」(白)號を（慶應藏卷第十四163行）

［ク］（「ク」）（「久」の草書から）

見一切法身離欲實際等「ク」(白)觀諸法（京博藏卷第十七252行）

此菩薩持如是等清淨戒時作「ク」(白)是念（慶應藏卷第十四54行）

［ㄟ］（助詞「モ」）（「毛」の草書「も」の終畫）

我諸善根「ㄟ」(白)亦復如是アリ(白)一（京博藏卷第十七225行）

我身「ㄟ」(白)財寶「ㄟ」(白)倶に非ニ堅固一(白)一（慶應藏卷第十四165行）

［し］（「レ」）（「礼」の旁）

住菩薩住離「し」(白)諸惡住脩習(シ)て善根（京博藏卷第十七98行）

我「し」(白)當晝夜精勤（慶應藏卷第十四118行）

(6) 符號化した文字

［ゟ］（「コト」）

於彼悉攝无有「ゟ」(白)餘（京博藏卷第十七118行）

更相屠害曾無恥懼「ゟ」(白)（慶應藏卷第十四67行）

［十］（「シム」）

普令一切得「ナ」(白)　清淨樂（京博藏卷第十七68行）

欲令《て》衆生《に》成就(セ)「ナと」(白)　佛法《を》（慶應藏卷第十四186行）

［ℓ］（「スル」）

廻向《(シ)て》　饒益「ℓ」(白)　諸世間《を》（京博藏卷第十七156行）

卽捨内外《を》而施與《て》「ℓ」(白)　之（慶應藏卷第十四169行）

［リ］（「セリ」）

入空寂界成就「リ」(白)　念佛（京博藏卷第十七374行）

善能分別「リ」(白)　阿僧祇諸語言法（京博藏卷第十七394行）

［マ］（「ナリ」）

攝取(スル)「マ」(白)　有爲無爲法《を》（京博藏卷第十七291行）

法无《はゞ》二「マ」(白)（京博藏卷第十七147行）

［ヤ］（「ベシ」）

若得王身隨所應用或《は》須手足或《は》須(ヰル)「ヤ」(白)　血肉《を》（慶應藏卷第十四144行）

［ス］（「モチテ」）

顏容殊特沐浴《(シ)て》　香湯《を》「ス」(白)　服上妙衣嚴身之具（慶應藏卷第十四171行）

［「ヰ」（「モノ」）］

無慚愧物「ヰ」（白） 賢聖所棄（慶應藏卷第十四216行）

(7) ヲコト點

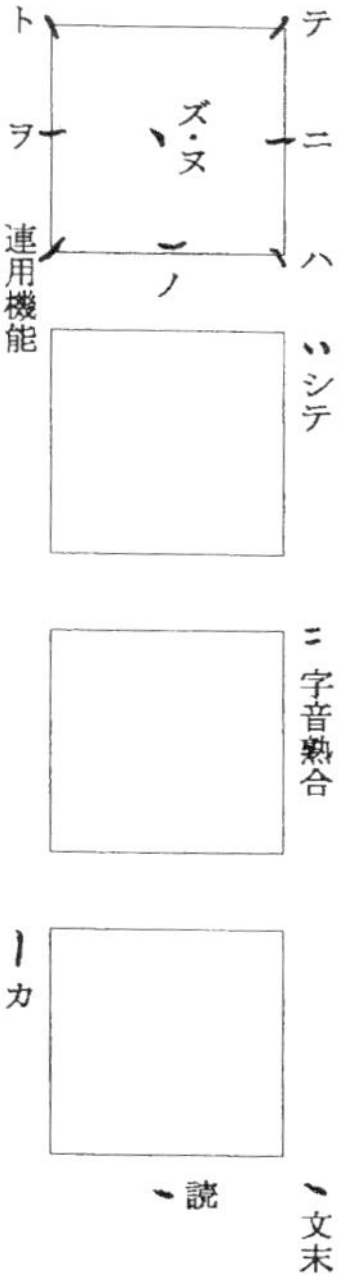

八箇の單點と複點「い」（シテ）・「ニ」（字音熟合）と線「丨」（カ）を用いている。

［複點「い」（シテ）］

無量諸願皆悉成就攝取《て》无量廣大善根脩習善根救護一切除滅《て》一切放逸憍慢（京博藏卷第十七50〜52行）

究竟成就无上菩提廣爲衆生說眞實法（慶應藏卷第十四118行）

［複點「ニ」（字音熟合）］

法《は》无二《なり》（京博藏卷第十七147行）

必蒙天施得《シム》全《コト》性命《の》（慶應藏卷第十四146行）

［左下隅の單點「・」（連用機能）］

(a) 副詞語尾

爲衆生《の》普《イ》令成就《シメ(ムカ)》　无上智（京博藏卷第十七130行）

(b)「爲《タメニ》」（副詞的用法）

廻向《(スル)コト》　諸佛《に》爲衆生《の》欲令衆生《を》常安隱《(ニアラ)シメ(ムト)》《(ママ)》（京博藏卷第十七123行）

(c)「從二～一」「自二～一」で導かれる副詞句

菩薩充滿其刹悉從无量法門中生（京博藏卷第十七383行）

自遠而來一(白)欲有所請（慶應藏卷第十四174行）

(d)動詞（又は助動詞）に附いてそれを含む句を連用句として下の句に續ける

皆悉淸淨離《て》諸垢普令佛子《に》究竟滿《(サ)シム》（京博藏卷第十七144行）

受灌頂轉輪王位七寶具足王四天下（慶應藏卷第十四140行）

(e)竝列の連詞に導かれる句又は竝列の句

若有所行若有所得若正憶念若受持若堅固《て》難壞《コト》（京博藏卷第十七325行）

(f)「令」「當」「不」「無」に續く

令獲大利希有之慶（慶應藏卷第十四136行）

上中下品各不同《す》（京博藏卷第十七293行）

ヲコト點の單點のうち、左下隅の「・」は、春日政治博士が「ク」と解讀され、築島裕博士が「モ」「ル」

「カ」と解讀されたが、右掲の(a)〜(f)に通じて滿足させることは出來ない。一つの音節又は一つのテニヲハを表すのではなく、機能として副詞樣の連用機能を表すと見られる。このような「機能」を表すヲコト點は日本の訓點では使用例が無い。又、(2)の返讀符が長い弧を用い、更に返讀を受ける漢字だけに施すことも日本の白點・朱點では使用例が無く、朝鮮半島の角筆點に見られるものである。又、(4)の眞假名のうち「[illegible]」が、擔う音は異なるものの字形が角筆加點の新羅華嚴經の眞假名（一〇五頁）に一致するのも注目される。

神護景雲書寫舊譯華嚴經のヲコト點について、正倉院聖語藏の卷二・五・七・八・九・十の六卷を調査された[23]春日政治博士は單點「八箇」という素樸なヲコト點である所から「發生初期の點法」と說かれた[24]。しかし、連用機能を表す單點を用いていることと、單點の形式が韓國の誠庵古書博物館藏の華嚴經（初雕高麗版）の角筆點吐に酷似していることから見て、これを一部變形して借用したものと考えられる（本冊、第九章第四節第二項二四一頁參照）。

以上のことは、神護景雲書寫舊譯華嚴經が、勘經の證本として新羅の華嚴經を利用し、そこに施されていた點吐を始め返讀符等を、讀解に當って日本語表記に變えて取入れた結果と考えられる。

第六節　勘經から平安初期の白點・朱點への展開

勘經に用いられた白點・朱點について、前掲の諸經卷に基づき、その表す內容を、校正以外の符號によって整理し直すと、次のような様々の相が認められる。

(1)語順符と句切點を書入れた資料

○大東急記念文庫藏　華嚴刊定記卷第五　一卷

(2)語順符と句切點と弧の返讀符とを書入れた資料

○東大寺圖書館藏　華嚴刊定記卷第九　一卷

(3)語順符と句切點、「乙」による返讀符、稀に訓讀を表す漢字と假名を書入れた資料

○東大寺圖書館藏　根本說一切有部毗奈耶卷第二　二卷（前半と後半に分卷）

(4)弧の返讀符と句切點、眞假名・省畫假名とヲコト點とを書入れた資料

○慶應義塾圖書館藏　舊譯（六十卷本）華嚴經卷第十四　一卷

○京都國立博物館藏　舊譯（六十卷本）華嚴經卷第十七　一卷

これを訓點表記の發達という點から見ると、(1)(2)(3)(4)の順に段階的に進んだと考えられるが、必ずしも現存資料の書寫年代と對應はしない。しかも截然と分れるものでなく、勘經は正確に書寫することが主目的であったとしても、次第に本文の內容を深めて、加點箇所も擴がり、加點內容の訓點の種類も、時の推移と共に句切點・返讀符から眞假名・省畫假名が加わり、更にはヲコト點も加わり、次第に平安初期（九世紀）の訓點表記に近づいていったと考えられる。勘經における訓點は平安初期訓點の前段階として連續性を持っていると見られる。

こうして訓點表記に使われるようになった白點・朱點がどう展開したのか、平安初期を中心に言及する。

平安時代（九世紀）に入ると、前代に國家的事業として行われた一切經の書寫の重要性が薄れ(25)、從って諸經疏にわたる勘經も行われなくなったであろう。替って、奈良時代の國家佛教を代表した南都六宗の、三論宗・成實宗、法相宗・倶舍宗、華嚴宗、律宗が、信仰内容に應じて必要な特定の經典のみを寫經し講說するようになって、固定的な宗教色を强めて行く。その結果、訓點の内容が變質する。

奈良時代（八世紀）の勘經と平安初期（九世紀）の訓點との相違を表示すると次のようになる。

	勘經	平安初期訓點
時代	八世紀後半	九世紀
經典	廣く一切經にわたる	狹く南都六宗の所據經典
目的	一切經本文の正確な書寫	特定所據經典の内容の理解
加點箇所	本文理解のために必要な部分に加點する	講說のため全巻にわたって加點する
加點内容	字句の校正と併行して訓點を施す	訓讀を主とし、校正は從
舶來經の扱い	證本として利用し新羅經ではその加點を讀解に取入れる	訓點は獨自の發達をし、新羅加點の影響は符號の一部に殘るに止まる（Ⅲ型）

平安初期（九世紀）の主要な訓點資料は、南都六宗の各宗が講讀した次のような經典である。

三論宗——百論とその注釋書、中論、十二門論、大智度論、等

成實宗——成實論、等

法相宗――成唯識論、因明論疏、瑜伽師地論、等
倶舍宗――阿毗達磨倶舍論、等
華嚴宗――大方廣佛華嚴經とその注釋書の華嚴經探玄記、等
律宗　――四分律、十誦律、等

但し、護國經としての金光明最勝王經や經王としての妙法蓮華經のように宗派を超えたものもある。

平安初期（九世紀）の訓點の識語には「講・講師」「聽・聞」の語が多く見られ(26)、十世紀に入っても南都を中心に續いている。これは、各宗派が所據經典を講説したことを語っている。

經典の講説は、既に天平十二年（七四〇）の審祥による華嚴經に始まっているが、平安初期（九世紀）の各宗の講説はその影響を受けつつ、白點・朱點が訓點表記を擔う方法を手に入れて、訓點を獨自に發達させたと考えられる。

白點・朱點を經典の全巻に加點して訓讀することは、中國大陸や朝鮮半島の十二世紀以前の文獻には管見に入らない。これに對して、日本の訓點は白點・朱點を使うことによって獨自の發達を遂げたと見られるのである。

注

（1）拙者『角筆文獻研究導論　上卷　東アジア篇』第三章第二節「筆記用具の使い分けに基づく加點の文字・符號書入

れ方法の差異」三二二頁。

（2）春日政治「初期點法例—聖語藏點本を資料として—」（「國語國文」昭和二十七年十月）。後に『古訓點の研究』（一九五六年刊）に所收。

（3）山下有美「嶋院における勘經と寫經—國家的寫經機構の再把握—」（「正倉院文書研究　7」一九九九年）。宮﨑健司「天平勝寶七歳における「大寶積經」の勘經」（『日本古代の寫經と社會』二〇〇六年五月、所收）。

（4）宮﨑健司「光明子發願五月一日經の勘經」（『日本古代の寫經と社會』所收）。

（5）注（4）文獻。「正」は一見「校正」の略記かと考えられるが、五月一日經は校生による校正が既にすまされているので校正ではなく、勘經に關する何らかの記載であったとされる。

（6）注（3）の宮﨑健司氏論考。

（7）注（3）の山下有美氏論考。

（8）本冊、第二章第二節（一八頁）所引「三國佛法傳通緣起」。

（9）注（3）の山下有美氏論考。

（10）注（3）の山下有美氏論考。

（11）杉本一樹「聖語藏經卷『四分律』について」（「正倉院紀要」第二十九號、二〇〇七年三月）。

（12）注（11）文獻。

（13）吳美寧・金星周「大東急記念文庫藏『華嚴刊定記』について」（「訓點語と訓點資料」第一一九輯、二〇〇七年九月）。

(14)　月本雅幸「大東急記念文庫藏續華嚴經略疏刊定記卷五の訓點について」(『鎌倉時代語研究』第二十三輯、二〇〇〇年)。

(15)　注(13)文獻。

(16)　現存資料について調査し得たものに依ると、Ⅰ型の新羅角筆點の符號の影響を受けて、Ⅱ型の奈良寫經の角筆點の符號が用いられたと考えられるが、奈良寫經の特に勘經と見られる神護景雲經の白點(又は朱點)の符號がⅠ型の新羅角筆點の符號と合うのは合符だけである。但し、新羅角筆點の合符が縱長線を經本文の字面上に施すのに對して、白點(又は朱點)の合符は經本文の漢字と漢字との間に短い縱線を施している。これは、角筆點が凹みであるから字面上に施しても讀解に差し支えが無いのに對して、白點(又は朱點)では毛筆による色を用いるから字面に施すことを避ける爲に長さを變改して用いたと考えられる。

一方、梵唄譜と四聲點は、角筆點としてはⅠ型でもⅡ型でも用いているのに、白點(又は朱點)では使用が見られない。勘經の神護景雲經でも角筆點としては用いるのに、白點(又は朱點)で用いていないのは、毛筆による色で字面上を汚すことを避ける爲の表記上の問題か否か、現段階では未勘である。又、Ⅰ型の新羅角筆點で未だ使用を見なかった語順符とヲコト點(點吐)が勘經の神護景雲經の白點(又は朱點)に見え出すのは、朝鮮半島におけるこれらの符號の發達段階と係るか。九世紀初(八〇〇年頃)の佐藤本華嚴文義要決には語順符とヲコト點(點吐)が見られるから、それ以前の八世紀後半には朝鮮半島で發生使用していた可能性がある。その時期を特定することは難しいが、神護景雲經のヲコト點が星點本位の素樸な形式であり、「點本中最古」とされる根本說一切有部毗奈耶、根本說一切有部苾芻尼毗奈耶、持人菩薩經が、いずれもヲコト點を持たないで助辭と眞假名及び實字と、句點・

反點であるとされる（前述一四四頁）のが參考となる。

（17）金文京「東アジア文化圈の訓讀現象――日韓近世の加點資料」（『口訣研究』第八輯、二〇〇二年二月）。

（18）東大寺圖書館「正倉院聖語藏經卷調査報告（一）―奈良時代書寫の華嚴經について―」（『南都佛教』第八十六號、二〇〇五年十二月號）。

（19）注（18）文獻。

（20）李丞宰「京都國立博物館藏の『華嚴經』卷第十七の訓點」（『訓點語と訓點資料』第一一七輯、二〇〇六年九月）。

（21）白斗鉉「高麗時代口訣의文字體系와通時的變遷」（口訣學會編『아시아諸民族의文字』一九九七年刊）。

（22）本冊、第四章第四節一一三・一一四頁。

（23）注（2）の春日政治博士の論考、竝びに注（18）文獻。

（24）注（2）文獻。

（25）宮﨑健司「奈良時代の一切經の行方」（『日本古代の寫經と社會』二〇〇六年五月、所收）。

（26）本書第一冊、第四章第三節一七〇頁。

第六章　勘經の訓讀法——奈良時代の訓讀——

第一節　中國大陸の勘經

經典を書寫する場合に、單に校正として、底本との字句の校合をするだけでなく、經文の內容にまで立入って勘考することは既に中國大陸において行われていたらしい。例えば、知恩院藏瑜伽師地論卷第五十二（奈良時代書寫）の卷末の奧書に次のように記されている。

大唐貞觀廿二年（六四八）五月內於長安弘福寺翻經院三藏法師玄奘　奉詔譯

大捴持寺沙門辨桄　筆受

沛洲眞諦寺沙門玄中　證文

大捴持寺沙門玄應　正字

蒲洲栖巖寺沙門神奏(?)　證義

銀靑光祿大夫行太子左庶子高陽縣開／國公臣許敬宗　監閱

「證文」「正字」「證義」をそれぞれ別の僧が分擔して行っている。

このような奧書は、他の奈良寫經にも見られる。例えば、西大寺本金光明最勝王經十卷（天平寶字六年書寫）

の巻第一の巻末の奥書にも次のように記されている。

大周長安三年（七〇三）歳次癸卯十月己未朔四月壬戌　三藏法師義淨奉　制於長安西明寺新譯并綴文正字

翻經沙門婆羅門三藏寶思惟證梵義
翻經沙門婆羅門尸利末多讀梵文
翻經沙門七寶臺上坐法寶證義
翻經沙門荊州玉泉寺弘景證義
翻經沙門大福先寺寺主法明證義
翻經沙門崇先寺神英證義
翻經沙門大興善寺伏禮證文
翻經沙門大福先寺上坐波崙筆受
翻經沙門清禪寺寺主德感證義
翻經沙門大周西寺仁亮證義
翻經沙門大惣持寺上坐大儀證義
翻經沙門大周西寺寺主法藏證義
翻經沙門佛授記寺都維那惠表筆受
翻經沙門大福先寺勝莊證義

翻經沙門大福先寺都維那慈訓證義

請翻經沙門天宮寺明曉

この「讀」「證義」「證文」が具體的に如何なる內容のものであったか、この奥書だけでは明らかでないが、この奥書の前（尾題の後）に、本文中の字を拔出して示した音釋と字體注とが二行にわたって次のように記されていることに併せ考えると、

涇失入瞖燕兮駃所吏從史慱補各從十痓厄下蚋而稅醫燕計鵨卽遙

鷀了蕭鵂許尤鸜力求揭偲竭柴卽委僨蒲拜荼宅加從示蛭之日

單なる校正ではなく、本文の字句の音や字體まで勘考していたことが分る。この音釋は十巻の巻四を除く各巻末に存する。

同種の奥書は宋版一切經にも見られ、「勘經」の用語まで用いている。(1)

經典の書寫や刊行に際して、單なる校正だけでなく內容にまで立入って勘考することが中國大陸で行われたことが知られる。

その內容が具體的に如何なるものであったかはその全容を知ることが出來ないが、醍醐寺藏宋版一切經に書入れられた角筆の漢字と諸符號によるとその一端を知ることが出來る（本册、附章第四節二九二頁）。卽ち、現存する六、一〇二帖の約八割に當る帖に角筆の書入れが認められ、特に梵唄譜と、日本のヲコト點・韓國の點吐に通ずる單點・複點とが本文の漢字面に角筆で施され文法機能を示している。ところが、その角筆の加點は、

各帖とも部分に偏っていて、全巻にわたって施されたものは極めて少ない。部分に偏っていて全巻にわたらない點では、日本の奈良時代の勘經の加點に似ている。勘經が一切經本文の正確な書寫を目的として、本文理解のために必要な部分に加點するのと同樣な意圖があったか檢討する必要がある。

第二節　日本における勘經の訓讀

日本における勘經が、光明皇后の一切經具備の必要性に俟って、興福寺僧の慈訓を指導者とし、良辨を推進者として、天平勝寶年間（七四九—七五七）に始まったとされることは前章に述べた通りである。その具體例として華嚴刊定記と共に、景雲一切經の根本說一切有部毗奈耶卷第二と楞伽經卷第四を擧げた。根本說一切有部毗奈耶卷第二には、卷末に次の音釋が記されている。

科斗　揀藴厚　脰陟梨　荼宅段從示　嗢烏兀　淼彌沼　嫩奴困　諳烏／含　訡之忍　悛七縁　齵五侯　扂亭點　棚白宏　枯致臨　讟獨

底本となった中國大陸の經文にあった音釋を機械的に寫したとも考えられるが、東大寺圖書館藏本の白點が勘經の體裁を持っていることに鑑みれば、これらの音釋も奈良時代に勘經としての機能を果すのに役立ったことも考えられる。しかし、東大寺圖書館藏根本說一切有部毗奈耶の白點は部分的な加點であり粗であって、特に訓讀法を考察する用例が得られない。

第三節　景雲寫大方廣佛華嚴經の訓讀法

そこで、同じ神護景雲二年御願經で、勘經の中でも比較的に加點の多い舊譯大方廣佛華嚴經を取上げる。この經卷は正倉院聖語藏に五十一卷現存し、卷第十四と卷第十七は正倉院より流出して、卷第十四が慶應義塾圖書館に、卷第十七が京都國立博物館に所藏されていることは前章に述べた通りである。聖語藏本を實見する機を得ないので、以下には、卷第十四と卷第十七とを對象として考察する。尙、神護景雲御願經の書寫は天平寶字六年（七六二）から神護景雲三年（七六九）頃とされるので勘經としての加點もその頃と考えられる。

この兩卷には、白書・白點が散在するが、全卷を訓讀したのではなく必要な箇所に加點して讀解した迹を示していて、勘經の樣相が認められる。この經卷が新羅經を證本とした勘經と見られることについては前章に述べた所である。又、その字句の補入・返讀符、句切點、眞假名・省畫假名、符號化した文字と、ヲコト點については前章に揭げた通りである。特にヲコト點は星點本位の素樸なものであってヲコト點使用初期のものと見られる。(2)

この兩卷から得られた訓讀法の例を擧げる。

但し加點は必要な箇所に部分的に施し且つテニヲハを主とするので訓讀法の總ての用例は得られない。

(1)動詞の使役態「令」の訓法

使役される者が「令」と動詞等との間に表記される場合に、使役される者には「ヲ」又は「ニ」を讀添えている。

［慶應義塾圖書館藏卷第十四］

［令～ニ］

欲《て》三令衆生《に》成二就《(セ)シメ(ム)と》　佛法《を》一（186行）

［令～ヲ］

不三輕賤訶罵令二其《を》憂惱《(セ)シメ》一（50行）

［京都國立博物館藏卷第十七］

［令～ニ］

欲レ令三衆生《に》皆悉得《衣》二世界燈明所受樂《を》一（122行）

令我《に》具足《(シ)て》　悉成滿《(セ)シム》（126行）

普令衆生《に》得《シム》二安樂《を》一」（136行）

普令佛子《に》究竟滿《(タ)シム》（144行）

令一切衆生《に》悉得レ觀二見《コト》无量諸佛《を》一安二住《(セ)シム》　一切諸善根中《に》一（220行）

［令～ヲ］

令彼衆生《を》速《(ニ)》、成《(セ)シム》レ　佛（142行）

令一切衆生《を》超二出《(シ)て》　生死《を》一成二就《(セ)シム》　如來十種力地一（217行）

令一切衆生因《を》二此善根《に》一得二薩婆若一成《(ラ)シム》二　无上道一（224行）

使役される者（衆生・我・其）には助詞「に」又は「を」を讀添えていて、後世のように「ヲシテ」を用いていない。

奈良時代（八世紀）の『萬葉集』でも、

山人の吾に得しめし（和礼尓依志米之）山苞《づと》そ是れ（巻二十・四二九三）

吾が背子を（和我世兒乎）安寢《やすい》な寢しめ（勿令寐）（巻十九・四一七九）

のように「に」又は「を」である。

平安初期の初頭期には「令〜ヲ」「令〜ニ」であるから（例えば明詮の妙法蓮華經朱點）、奈良時代の訓法が傳えられている。(3) しかし新たに生じた「令〜ヲシテ」が平安初期には「令〜ヲ」「令〜ニ」と併用されるようになり、(4) 後世は「令〜ヲシテ」が一般的な訓法となるが、景雲寫大方廣佛華嚴經の「令」は、その奈良時代の訓法を示している。

以下の擧例には兩巻を區別せず各例の下に「慶應藏巻十四」「京博藏巻十七」で示す。

(2) 接尾詞「等」の訓法

接尾詞「等」は「ゴトシ」と訓んでいる。

見《(ルカ)》二　一切法身離《(シ)ム》レ　欲實際一等《(コト)ク》　觀二諸法一（京博藏巻十七251行）

何《(ノ)》等《(コト)キ》　衆生最初生《(マルル)》（慶應藏巻十四110行）

疑問の「何」に附いた「等」も「ラ」ではなく「ゴトキ」と訓んでいる。この訓法は平安初期の訓讀でも用いられている。

(3)介詞「爲」の訓法

普令衆生得《に》二安樂《シム》一《を》不下爲《に》二己身《かの》一自求上樂《を》（京博藏巻十七137行）

爲《に》二諸衆生《ノ》一作《［連用］》二採寶導師《と》一（京博藏巻十七262行）

爲《［連用］》二衆生《の》一欲レ令二衆生常《を》《(ニ)》安隱《(ニアラ)シメ(ムト)》一（京博藏巻十七123行）

「爲」には「に」のヲコト點しか施されていないが「の爲《タメ》に」と訓まれたと考えられる。この「タメに」は「己が身」や「衆生」の利益になるの意であって、上代語の「タメ」の意に適う訓法である。しかし次の用法では「爲」は不讀にして「諸蟲を」と訓んでいる。

菩薩有レ所二服食一皆［爲］諸蟲《を》欲《と(シ)》レ令二安樂一不レ貪二其味一（慶應藏巻十四129行）

「爲」を常に「タメに」と訓むには至っていない。

(4)介詞「於」

「於」には加點せず不讀にする場合と「て」を加點する場合とがある。

［於］一切劫中《に》常《に》見《(ル)か》二諸佛《を》一故（京博藏巻十七280行）

［於］一念中《に》悉能充二滿《(セ)シム》無量無邊一切世界《に》一（京博藏巻十七169行）

時間を表す名詞句の場合には「於」は不讀にして時間を表す名詞句に「ニ」を讀添えている。

於《て》二一境界中《に》一各有二阿僧祇欄楯（略）阿僧祇一切寶莊嚴一（京博藏巻十七212行）

場所を表す名詞句の場合に「て」を加點している。「於《アリて》」又は「於《シて》」と訓んだと考えられる。但し、「法」「善根」の場合にも「於《て》」と加點している。

於《て》二世間法《に》一心無二染著一（京博藏巻十七100行）

於《て》二去來今佛一切善根及三世一切衆生善根《に》一皆悉隨喜（京博藏巻十七309行）

或いは「於《オキて》」と訓んだのかも知れない。

一方、「於《ウヘニ》」と訓んだと考えられる例がある。

於《(ニ)》二諸菩薩不可思議三昧正受《の》一以二巧方便一善能入出《(シ)て》　趣《(ク)ナリ》二　薩婆若《(ニ)》一（京博藏巻十七388行）

「於」には加點が無いが、「三昧正受」の「受」に返讀符と「の」が加點されているので、「於」に返り「の於《ウヘニ》」と訓んだと考えられる。この訓法は平安初期の訓讀等の古用法には見られ、萬葉集の用字法でも、「磯の於《ウヘ》に生《お》ふる馬醉木を（磯之於尓生流馬醉木乎）」（巻二、一六六）のように使われている。

(5)陳述副詞「當」の訓法

「當」は「ニ」を加點して下の敍述語に「ベシ」を讀添えるか、「ニ」の加點がなく單に下の敍述語に「ベシ」を讀添えるかである。

我當《に》統二領《して》天下《を》一受《(ク)ヘシと》二　王《の》福樂《を》一（慶應藏巻十四155行）

菩薩卽作二是念一今我此身亦當如《(クス)ヘし》レ彼《か》（慶應藏卷十四147行）

一切諸佛彼諸如來成就《(シ)て》　智慧當淨《(ム)ヘシ》二　佛刹《を》一（京博藏卷十七33行）

再讀表現になっていない。

(6)句を一纏りとして加點

單字ごとに加點するのでなく、句を一纏りとして加點する訓法がある。

世界從何所［連用］《カ》　來去至二何所一（慶應藏卷十四114行）

知《て》下從業報因緣［連用］　所造諸行非我非堅固无《(ク)して》二　眞實一空《(クシ)て》　无《(シ)と》中　所有上（慶應藏卷十四232行）

自遠［連用］　而來［連用］一欲レ有レ所レ淸（慶應藏卷十四174行）

菩薩充二滿其刹一悉從无量法門中［連用］　生安住（京博藏卷十七382行）

［連用］というのは、ヲコト點の單點で漢字の左下隅に施された點が表す「連用機能」であり、日本の訓點では他に使用例が無く、朝鮮半島の角筆點に見られるものであることは前章で述べた所である。

(7)讀添えの助詞「イ」

譬如二无我［字音熟合］《イ|》　不《ぬか》レ離二諸法《に(白)》一一　我諸善根《モ》亦復如是《(ナル)ヘシ》（京博藏卷十七225行）

莊嚴菩薩摩訶薩以《イ|て》二此善根一皆悉廻向普令一切佛刹淸淨莊嚴《に(セ)シム(白)》一（京博藏卷十七362行）

諸大菩薩莊《イ|》二嚴世界一充二滿世界一（京博藏卷十七399行）

(8)讀添えの接續助詞「モノヲ」

一切恩愛會《は》當別離《(スヘキ)モノを》　无《(ク)は》レ所二饒益一不《して》レ能《(ハ)》レ果二遂《(スル)コト》　衆生《の》諸願《を》一（慶應藏巻十四177行）

(9)「コト得」の讀添え

捨二離貪身一以救レ我者必蒙二天施一得《ヘシ》レ全《(キ)コト[字音熟合]の》二　性命一（慶應藏巻十四146行）

令四一切衆生悉《に》得三観二見《(ル)コト》　无量諸佛《を》一（京博藏巻十七221行）

能以二一切善根廻向一得レ至《(ル)コト》　一切處身業一（京博藏巻十七270行）

隨順得《[連用]》レ至《(ル)コト》二　寂滅境《に》一（京博藏巻十七301行）

「得《コト》～」の例は他に京博藏巻十七78・271・273・282行にも見られる。

「得」が可能を表す助動詞として用いられる時には活用語（全・観見・至）をコトで受けて、後世のように「コトヲ得」とはならない。

奈良時代（八世紀）の續日本紀の宣命でも、

國家乃政乎不レ行阿流己止不レ得（第二十八詔）

私父母兄弟爾及事得牟（第二十五詔）

のように「コト得」である。

平安初期の訓讀では、「コト得」は引き續いて用いられるが、「コトヲ得」も用いられるようになる。

以上の(1)～(9)の訓讀法は、古代の日本語の法格に適う用法であり、奈良時代語の反映と見て矛盾しないものである。

これに對して次の「以」と「所」とは中國語文に引かれた訓法と見られる。

⑽介詞「以」

以《て》二如是等无量无邊諸莊嚴具一莊嚴〔連用〕（京博藏卷十七353行）

以《て》二少方便《を》一則能逮二得一切諸法善妙方便一（慶應藏卷十四241行）

以《て》二如是等無量無數衆香莊嚴一以爲二供養《と》一（京博藏卷十七196行）

沐浴《（シ）て》　香湯〔連用〕《をモチテ》　服二上妙衣嚴身之具一（慶應藏卷十四171行）

第四例によると「以《て》」も「以《モチて》」と訓んだと考えられる。第一例は「莊嚴の具」を「以《モチて》」とあるので「持つ」の意が生きている。第二・三例の「以《て》」は「持つ」とは異なり、手段等を表す用法であるから「以」の字に引かれた訓法と見られる。

⑾前置添詞「所」

如二我在《（リ）て》レ世《に》諸所《の》レ行《スル》（京博藏卷十七128行）

「所の」は「トコロの」と訓んだと見られ、場所の「トコロ」を前置添詞の「所」の訓に流用した訓法と見られる。

この前置添詞の「所」は、下の動詞と共に字音に讀んだと考えられる例も見られる。

一切所行《は》皆非眞實（慶應藏卷十四207行）

一切世間所有《の》想（京博藏卷十七149行）

⑿字音讀み

サ變動詞を讀添えて字音讀みしたと考えられる例が見られる。

我レ當晝夜精勤學問受二持《(シ)て》一切諸佛法藏一《を》究竟《して》成二就《して》无上菩提一（慶應藏卷十四118・118行）

具足《して》攝二取不可稱量佛三昧樂一（京博藏卷十七9行）

無量諸願皆悉成就《して》攝二取《(シ)て》无量廣大善根一脩二習善根一救二護《して》一切一除二滅《(シ)て》一切放逸憍慢一

（京博藏卷十七51・51行）

以下、京博藏卷十七に次の諸例が見られる。

攝取《して》（57行） 究竟《して》（69行） 分別《して》（10行） 饒益《スル》（156行） 守護《して》（243・320行） 遠離《して》（246行） 積聚［字音熟合］《セリ》（365行） 捨離《して》（374行） 成就《して》（374行） 分別《セリ》（394行）

右揭の中には、和訓に「して」「する」「せり」を附した可能性も考えられるものもあるが、「積聚セリ」のように「字音熟合」を示すヲコト點が施されているので、字音語に「セリ」が附したことの明らかなものがある。

奈良時代に字音語の存したことは、萬葉集卷十六に用いられた字音語はともかく、「過所《クワソ》」や「朝參《テウサム》」が萬葉集の和歌の中に見られたり、又、續日本紀宣命に字音語が多く指摘されていることから考えうる。

平安初期訓點資料の中で字音語にサ變動詞の附いた例が比較的に多く用いられていて、その例は先揭（本書第三冊、第八章第二節第二項三八一頁）の通りである。勘經の例はそれに先立つ奈良時代の用例として注目せられる。

このように、景雲一切經の舊譯華嚴經の訓讀によって、奈良時代の經典訓讀法の一端が具體的に知られ、平安初期の訓讀法への變遷も考えられるようになった。

從來、日本の訓讀法は平安初期の訓點資料で知られるものが最古と考えたから、景雲一切經の舊譯華嚴經のように訓點の年時を奧書に記さないものは平安初期のものとして扱っていた。しかし勘經が奈良時代に行われた事業であることによって、それに用いられた訓讀が奈良時代の訓讀法を反映したものであることが考えられ、奈良時代の訓讀法の一端が具體的に知られるようになった。

このことは同時に、奈良時代の語や語法の「如《ゴトシ》」「令《シム》」「所謂《イハユル》」等が訓讀語として傳えられたことの裏附けにもなる。

注

（1）　醍醐寺藏宋版一切經（東禪寺版）の卷末刊記に、例えば次のように記されている。

○第百四十四函の持人菩薩所問經卷第一の卷末

詳　勘經　弟子黄　端

詳　對經沙門　楚慶

都勾當經板沙門　契璋

都勾當住慶成寺傳法賜紫沙門　潛洞

都勾當住文殊院傳法沙門　紹登

都勸首住持傳法慧空大師　沖眞
朝請大夫允祕閣校理知福州軍州事充本路兵馬鈴轄許　懋
請 主 參 知 政 事 元 絳
○第百九十六函の首楞嚴經卷第一の卷末
勾當僧　集成　崇信　慧隆
勘經　黃　端　謝　伯虎
勸首住持傳法慧空大師　沖眞
天章閣待制知軍州事　劉瑾

（2）　春日政治『古訓點の研究』二六六頁。春日政治博士は、景雲寫羅摩伽經のヲコト點と共に「發生初期の點法」とされたが、この華嚴經のヲコト點が新羅の華嚴經のヲコト點の影響によるものであると考えられるので「發生初期」とせず「使用初期」とした。
（3）　本書第三册、第二章第三節第一項六二頁。
（4）　本書第三册、第八章第二節第二項四三二頁。

第七章　日本所在の八・九世紀の華嚴經とその注釋書の加點

第一節　前章までの纏め

日本に現存する八世紀と九世紀の華嚴經とその注釋書の加點本を年次順に竝べて、その加點内容を比考すると、次のことが知られる。

(1)現存する華嚴經の加點本の最古は、八世紀に古代朝鮮語（新羅語）を角筆で加點した新羅經（東大寺藏）である。その加點の內容は、眞假名（一部に省畫假名を交える）と、梵唄譜と縱長線合符であって、語順符とヲコト點（點吐）は用いられていない。

(2)日本の八世紀の奈良寫經にも、角筆による眞假名（一部に省畫假名を交える）と梵唄譜と縱長線合符が加點されている。梵唄譜と縱長線合符とは新羅經と同じである。

縱長線合符は日本では使われず、梵唄譜も十世紀以降に天台宗僧が使うようになる符號であるから、八世紀の角筆による梵唄譜と縱長線合符とは新羅經の影響が考えられる。

(3)語順符とヲコト點は、訓讀（釋讀）を反映する符號であり、日本では勘經を契機に本文校正用の白書・朱書を訓點の加點に流用した時から使用が始まったと考えられ、凡そ神護景雲（七六七～七七〇）の一切經書寫の頃から見られる。

語順符は朝鮮半島で用いられた符號であり、ヲコト點も古代朝鮮語の點吐の影響の可能性がある。

(4)眞假名（一部に省畫假名を交える）は、古代朝鮮語を角筆で書入れた東大寺藏華嚴經を始め、八世紀の奈良寫經にも角筆で日本語の訓讀を示すのに用いられている。更に白點・朱點でも用いられる。

(5)華嚴經關係以外の新羅經と奈良寫經の加點も、同樣の内容を示している。

日本で漢文に訓點を記入することが始まったのは、南都（奈良）の古宗派の僧の間であるとするのが大方の見方である。この説は管見では、既述のように春日政治博士が「初期點法例」で説いたのが最初である。この説を承けて、築島裕博士は、奈良の諸宗派の寺院の中でも、東大寺あたりを中心として始められ、特に華嚴宗を中心として諸宗に擴まったと説かれた。(1) 築島博士は現存資料を廣く見渡して推測されたと思われ、具體的な資料による裏附けはされていない。

現存する訓點資料の最初期のものが、東大寺に傳わって來たものであり、現に東大寺とその寺寶を納めた正倉院とに所藏されていることと、その中でも、大方廣佛華嚴經とその注釋書の加點本が他の經典それぞれの加點本よりも現存數が多いこととが、この見方を強める。これには、現存する資料が偶然そうなったことも考えねばならないが、加點の内容から見ても、華嚴經が重要な位置を占めている。

東大寺と華嚴經との關係は、本册第二章で述べたように、新羅學生と稱された大安寺僧審祥が、天平十二年（七四〇）に東大寺の前身の金鍾寺において、わが國で初めて華嚴經の講説を行い、その後も五十年間恆にこの講説が續行され、以後も行われ絶えないとされることに深く係っている。
講説が續行された奈良時代八世紀後半に書寫加點された華嚴經とその注釋書が東大寺に現存しているのはその反映と考えられる。

第二節　日本所在の八・九世紀の華嚴經とその注釋書の加點本

――附・同期の華嚴經關係以外の加點本

日本に現存する八・九世紀の華嚴經とその注釋書の加點本を、年次順に配列して擧げると、第1表のようである。

第1表　華嚴經とその注釋書の加點本、併せて參考資料（華嚴經關係以外の加點本）

		［華嚴經とその注釋書］	［參考資料］
733（天平五年）	犬養三千代歿。これ以前に判比量論書寫		判比量論（大谷大學藏）
740（天平十二年）	審祥、華嚴經（舊譯）を初講説	大方廣佛華嚴經（新譯）巻第十二～二十①	瑜伽師地論巻第七十以下九巻（石山寺藏）（天平十六年寫）
749（天平勝寶元年）	犬甘木積萬呂、三年頃まで校生を務める	華嚴刊定記巻第十三（別本）②	瑜伽師地論（石山寺藏）（奈良時代寫）
758（天平寶字二年）	安宿廣成、寶龜七年（七七六）	華嚴刊定記巻第十三③	

	頃まで經師を務める	華嚴刊定記卷第九	根本説一切有部毗奈耶卷二(景雲一切經)
		華嚴刊定記卷第八本	
767(神護景雲元年)	この頃、景雲一切經書寫勘經として白書加點	大方廣佛華嚴經(舊譯)卷第十四卷第十七④	
		羅摩伽經(入法界品抄譯)	
		大方廣佛華嚴經卷第四十一(傳景雲寫)	楞伽經卷第四(景雲一切經)
772(寶龜三年)		大方廣佛華嚴經卷第十八	大乘掌珍論卷上(寶龜三年書寫)
783(延曆二年)	華嚴刊定記卷五を新羅正本で校勘	華嚴刊定記卷第五⑤	
794(延曆十三年)	平安遷都		
799(延曆十八年)	華嚴要義問答書寫	華嚴要義問答卷上、卷下⑥	
		佐藤本華嚴文義要決⑦	
828(天長五年)	成實論に白點を加點	華嚴經探玄記卷第十九⑧	
		華嚴經探玄記卷第九	
		石山寺藏大方廣佛華嚴經(新譯)第一種點	
841(承和八年)		⑨第二種點	大乘廣百論釋論卷第十(平安初期寫、承和八年朱點・白點)
		第三種點	
		第四種點	
879(元慶三年)		儀遠(天台宗僧)寫點大方廣佛華嚴經⑩	
885(仁和元年)			金剛般若經讃述卷上(承和十一年寫、仁和元年白點)

①東大寺藏本。僚巻の巻第七十二〜巻第八十の一巻は正倉院所藏。山本信吉博士は書誌により七四〇年代前後の書寫とされる。本冊、第四章第二節一〇一頁。

②巻末端裏に「茨田花嚴經疏第十三用紙冊五枚一挍　犬甘木積萬、正了」の墨書がある。校正に際し、角筆で脱字の漢字を補入し、その上から

墨書を重ね書している。その角筆で合符を加點している。本册、第二章第三節第一項二二頁。

③巻末端裏に「華嚴經刊定記巻第十三用紙卌五枚 空一枚 安宿廣成　十一月廿六日了」の墨書がある。安宿廣成は「百濟安宿公廣成」とも稱し、無位の經師で天平寶字二年より寶龜七年頃まで經師として奉仕したことが正倉院文書で知られる。角筆の梵唄譜・合符、句切線が認められる。本册、第二章第三節第一項二三頁。

④大方廣佛華嚴經（舊譯）の巻第十四（慶應義塾圖書館藏）・巻第十七（京都國立博物館藏）、竝びに羅摩伽經は景雲寫の一切經。大方廣佛華嚴經巻第十四と巻第十七の白書は勘經として加點した様相を示しているので、天平寶字二年（七五八）から神護景雲二年（七六八）頃までの景雲一切經書寫の後、天平寶字六年（七六二）から神護景雲三年頃までの加點と考えられる。本册、第五章第五節一五五頁。

⑤大東急記念文庫藏本。智鏡書寫。延暦二年（七八三）に東大寺に於て新羅正本と校勘した識語があり、延暦七年（七八八）には唐正本と校勘している。白書・朱書で本文を校合する前に、角筆で校合が行われ、それに白書・朱書が重ね書されている。朱書に語順符が用いられているので、角筆の書入れは延暦二年以前と見られる。角筆は梵唄譜と合符にも用いられている。

華嚴刊定記は澄觀の華嚴經疏（七八七）が空海により傳來されてからは餘り行われなかった。東大寺藏華嚴刊定記巻第二・巻第九の平安初期寫本では、角筆の句切線だけであって、奈良時代寫本の角筆加點と變質している。本册、第二章第四節三五頁。

⑥延暦寺藏本。延暦十八年（七九九）に行福が書寫し、同二十一年（八〇二）に智圓が聽聞している。原本には角筆點は認められず、黄褐色による句切點と義注の漢字が施されている。

⑦佐藤達次郎氏舊藏、原本焼失。八〇〇年頃書寫。角筆の書入れがあったか否かは不明。

⑧正倉院藏。昭和五十二年調査。角筆調査は出來ていない。

⑨石山寺一切經第十九函・第二十函計七十八帖の内、平安初期白點が五十七帖に存する。

第一種點は、特殊點甲類で、巻五十一～巻六十の計十帖。

第二種點は、特殊點乙類で、巻二十一～巻四十二（除巻三十二・三十四）、巻六十四～巻八十の計三十六帖。

第三種點は、第三群點で、巻四十四・四十五・四十七～五十の計六帖。

第四種點は、第四群點で、巻四十三・四十六、六十一～六十三の計五帖。

⑩大東急記念文庫、京都國立博物館、天理圖書館、龍門文庫等分藏。天台宗延暦寺僧の儀遠が貞觀十九年（八七七）に延暦寺に於て唐本を得て校了、元慶三年（八七九）に法藏師疏により科文を勘着した奥書がある。

第三節　八・九世紀の華嚴經とその注釋書の加點の內容

日本所在の八・九世紀の華嚴經とその注釋書の加點の內容を、表覧すると第2表のようである。

第2表　華嚴經とその注釋書の加點の內容

	角筆點			白點（朱點）		
	梵唄譜	合符	假名	語順符	ヲコト點	假名
1 大方廣佛華嚴經（新譯）巻第十二〜二十	○	○	○	×	×	×
2 華嚴刊定記巻第十三（別本）		○				
3 華嚴刊定記巻第十三	○	○				
4 華嚴刊定記巻第九	○		○	○		
5 華嚴刊定記巻第八本	○	○				
6 大方廣佛華嚴經（舊譯）巻第十四 巻第十七	○	○	○		○	○
7 羅摩伽經（入法界品抄譯）					○	○
8 大方廣佛華嚴經巻第四十一（傳景雲寫）	○	○	○		○	
9 大方廣佛華嚴經巻第十八	○	○	○			

10華嚴刊定記卷第五	○	○	○	○		
11華嚴要義問答卷上、卷下	×	×	×	×	×	×
12佐藤本華嚴文義要決	原本燒失未詳			○	○	
13華嚴經探玄記卷第十九	角筆未調査				○	○
14華嚴經探玄記卷第九	角筆未調査			○	○	○
15石山寺藏大方廣佛華嚴經（新譯）第一種點	×	×	×	×	○	○
16　第二種點	×	×	×	×	○	○
17　第三種點	×	×	×	×	○	○
18　第四種點	×	×	×	×	○	○
19儀遠（天台宗僧）寫點大方廣佛華嚴經	角筆未調査			×	○	○

尙、華嚴經關係以外の經典の加點の内容を、第3表に掲げる。

第3表　華嚴經關係以外の經典の加點の内容

	角筆點			白點（朱點）		
	梵唄譜	合符	假名	語順符	ヲコト點	假名
判比量論	○	○	○	×	×	×

瑜伽師地論巻第七十以下九巻（天平十六年寫）	○	○	○			
瑜伽師地論巻第五十七（奈良時代寫）	○	○	○			
根本説一切有部毗奈耶巻第二（景雲一切經）	○	○	○	○	×	○
楞伽經巻第四（景雲一切經）	○	○	○			
大乘掌珍論巻上（寶龜三年寫）	○	○		（十世紀の白點加點）		
大乘廣百論釋論巻第十（平安初期寫、承和八年白點）	○	△	○	×	○	○
		□ □				
金剛般若經讃述巻上（承和十一年寫、仁和元年白點）		○	○	○	○	○
瑜伽師地論（天平十六年寫）				×	○	○
瑜伽師地論巻第五十七（奈良時代寫）				×	○	○

先ず、第2表から、大勢として、次のことが知られる。

(1)角筆點と白點（朱點）との使い方に時代差が認められる。

即ち、日本に現存する華嚴經の加點本の最も古い、1東大寺藏大方廣佛華嚴經自巻第十二至巻第二十は、角筆で古代朝鮮語（新羅語）を書入れているが、加點は角筆點だけであって、白點や朱點の毛筆による書入れは見られない。（×印は特に使用しなかったことを示す）

(2)その角筆點に用いられた梵唄譜・合符と假名は、日本の八世紀書寫の華嚴經とその注釋書にも、角筆で加點され用いられている。

(3)九世紀（平安初期）の華嚴經とその注釋書では、角筆の加點は用いられないらしい（調査した資料による）。

(4)白點（朱點）の毛筆による加點は、日本の華嚴經とその注釋書では、神護景雲（七六七—七七〇）書寫一切經の前後から見られ、九世紀（平安初期）に盛んに用いられるようになる。

次に、第3表からも、同種の傾向が認められる。

(5)判比量論（大谷大學藏）も、角筆で古代朝鮮語（新羅語）を書入れているが、加點は角筆點だけであって、白點（朱點）の毛筆による書入れは見られない。

(6)その角筆點に用いられた梵唄譜・合符と假名は、八世紀書寫の華嚴經關係以外の經典にも、角筆で加點され用いられている。

但し、九世紀（平安初期）書寫の經典にも角筆の加點の見られるものがあるが、符號は既に日本式となっている。即ち、△印のように、合符が縦長線ではなく、字と字との間の短線に變っている。

(7)白點（朱點）の毛筆による加點は、華嚴經關係以外の經典でも、神護景雲書寫一切經から見られ、九世紀に盛んに用いられるようになる。

以下、加點の内容を符號ごとに、前章までに述べた所を踏まえて纏めて見ることにする。

第四節　八・九世紀の加點の内容（一）——角筆點の梵唄譜と合符

先ず、八・九世紀の華嚴經とその注釋書に、角筆點で加點された梵唄譜と合符とについて、その性格を考えてみる。

（一）梵唄譜

梵唄譜は、角筆で次のように用いられている。

1東大寺藏大方廣佛華嚴經自卷第十二至卷第二十　一卷（新羅經）

梵唄譜の型別に、本冊第四章第四節（一一九頁）に若干例を掲げた。

衆生无智慧　愛刺所傷毒（100行）

我所亦空寂（111行）

清浄是戒邪（736行）

5國藏華嚴刊定記卷第八本　一卷

初二約侍佛用心

願中初及第十

与古今諸菩薩同

6慶應義塾圖書館藏大方廣佛華嚴經（舊譯）卷第十四
京都國立博物館藏大方廣佛華嚴經（舊譯）卷第十七　各一卷（僚卷）

勘經として白書による加點のあることは、本册第五章第五節（一五五頁）に述べたが、それとは別に角筆點の加點があり、梵唄譜が次のように用いられている。

現在愛樂（卷第十四79行）

因是生長（卷第十四75行）

菩薩摩訶薩若在家時（卷第十七39行）

10大東急記念文庫藏華嚴刊定記卷第五　一卷

角筆の梵唄譜について、本册第二章第三節第二項（二八頁）に述べた。その例に若干例を加えて示す。

説法之心專一法性成自利禪行（第七張）

一利樂勤謂遍策諸行亦普勸發（第七張）

後四脩惠中初兩句正是惠體（第九張）

八悟有支起滅盡「仮」（角）願九現淨土盡願（第九張）

他の經卷の梵唄譜の用例については、拙著『角筆文獻研究導論　上卷　東アジア篇』に掲げてある。

梵唄譜は、日本の白點（朱點）の毛筆の加點では八世紀は無論、九世紀（平安初期）にも全く使用されない符號である。十世紀に天台宗僧が使い出すが、これは渡唐僧が中國から直接取入れたと見られるので、八世紀の角筆による梵唄譜との直接の關係は考え難い。

參考資料の、華嚴經關係以外の經典に角筆で書入れた梵唄譜も、判比量論（大谷大學藏）を始めとして、華嚴經と同様な使い方をしている。

（二）合符

合符は、角筆で漢字の二字又は三字以上の字面に縱長線を施して示している。

1東大寺藏大方廣佛華嚴經自卷第十二至卷第二十　一卷（新羅經）

合符の例は、本册第四章第三節（一〇八頁）に若干例を掲げたが、その例に更に補充例を示す。

則能具足諸功德（379行）

忉利天中有天鼓（528行）

2東大寺藏華嚴刊定記卷第十三（別本）　一卷

八眼耳鼻舌下五頌了達根境

6慶應義塾圖書館藏大方廣佛華嚴經（舊譯）卷第十四
京都國立博物館藏大方廣佛華嚴經（舊譯）卷第十七　各一卷（僚卷）

是爲菩薩外施法（卷第十四159行）

於一念中悉能充滿（卷第十七169行）

菩薩摩訶薩以此善根悉皆廻（卷第十七362行）

10大東急記念文庫藏華嚴刊定記卷第五　一卷

角筆の合符について、本册第二章第三節第二項（二八頁）に述べた。その例に若干例を加えて示す。

一法門者謂隨地相得果等法（第三張）

初中云各不放□（角）逸者一釋□（角）如前一云遠離躭着五欲（第一張）

五觀事行以合理六依法性而行事（第三張）

或第二結說分中所說契理令佛歡喜

他の經卷の合符の用例については、拙著『角筆文獻研究導論　上巻　東アジア篇』に揭げてある。合符を、漢字二字又は三字以上の字面に縱長線を施して示すことは、日本の白點（朱點）の毛筆の加點では八・九世紀は無論、十世紀以降にも全く見られない。日本の合符は、漢字と漢字との間に短い縱線を引いて示す方式である。

日本の八世紀の角筆點では、華嚴經に右揭と同じ縱長線が字面上に施され、華嚴經關係以外の經典でも同じく縱長線が字面上に施されている。

但し、九世紀にも角筆加點の見られた大乘廣百論釋論卷第十（九世紀書寫）では、角筆でも漢字と漢字との間に短い縱線が次のように施されていて、日本の合符の方式になっている。

尋《「ネ」》（角、朱）究（259行）　世-俗（433行）

以上の、日本の九世紀の白點（朱點）で全く用いなかった梵唄譜と、日本の九世紀以降の加點では全く用いない縱長線合符とが、日本の八世紀の寫經に角筆點として用いられているのは、同じ符號が古代朝鮮語（新羅語）を角筆で書入れた東大寺藏大方廣佛華嚴經（自巻第十二至巻第二十一）巻に見られるのに併せて考えると、古代朝鮮語の影響の可能性が大きい。

第五節　八・九世紀の加點の内容（二）——白點（朱點）の語順符とヲコト點

語順符とヲコト點とは、經典の本文を訓讀（釋讀）したことを反映する符號である。1東大寺藏大方廣佛華嚴經自卷第十二至卷第二十の、古代朝鮮語（新羅語）を角筆で書入れた加點本には、その語順符とヲコト點とが用いられていない。判比量論（大谷大學藏）の角筆加點本でも、語順符とヲコト點は用いられていない。

日本の八世紀の經典に角筆で加點した本にも、角筆による語順符とヲコト點とは確認できない[2]。角筆點では用いられないらしい語順符とヲコト點は、日本の八世紀の白點（朱點）には見られる。そこで、その語順符とヲコト點とについて、その性格を考えてみる。

（三）語順符

日本の八世紀と九世紀の華嚴經とその注釋書に、白點又は朱點で施した語順符は次のようである。

4東大寺藏華嚴刊定記卷第九　一卷

朱書の語順符について、本冊、第五章第三節（一五一頁）に述べた。その例に若干例を加えて示す。

常以佛眼觀世間業故（朱）・

名同一趣入刹來往路之名尔（朱）・

何故不得有脩友趣・見是解心・（朱）

「欲起報惡業故名熾然・（朱）

このように朱點で語順符が施されている。この朱點の書入れの時期は未詳であるが、同じ朱點で本文の字句の校合を次のように行い、

但以樂「色」（角ノ上ニ朱書）通根・非顯慶喜・

角筆で補入した「色」字の上から朱書で「色」字を重ね書きしている。華嚴刊定記の本文校正に際して、先に角筆で書入れ、その上から墨書で重ね書きすることは、同じ華嚴刊定記卷第十三（別本）において、犬甘木積萬呂（天平勝寶元年〈七四九〉―同年頃に校正として校經に從事）が行っている。又、澄観の華嚴經疏（七八七）が傳わってからは華嚴刊定記が行われなくなったらしく、東大寺藏華嚴刊定記卷第二と卷第九の九世紀（平安初期）寫本は句切線だけであって加點の内容が變質していることに併せ考えると、右掲の華嚴刊定記卷第九の朱點の語順符等は、八世紀の書入れと考えられる。

10大東急記念文庫藏華嚴刊定記卷第五　一卷

朱書の語順符の書入れが存することは、本册第五章第三節（一五〇頁）に述べた。その例に加えてもう一例を示す。

中有三句・今此答中品有兩句・由東問中初二句爲一句故也・

二者因彼樂乘便爲說一切諸法本來寂靜不生不滅・

12佐藤本華嚴文義要決　一卷

何客有此一部經教（187行）（語順符は黄褐色點）

14正倉院聖語藏華嚴經探玄記卷第九　一卷

猶如《ことし》金剛・故「三不異ー一名說《ト》二」・（朱）

「五以《て》二赴《(ク)か》　機一滅《い》三滿《す》佛《の》本四」願《を》（朱）

この朱點は、同時に加點された朱の假名とヲコト點（特殊點甲類）から見て、九世紀の加點と見られる。

華嚴經關係以外では、景雲書寫一切經の、東大寺藏根本說一切有部毗奈耶卷第二（景雲一切經）に、白書の語順符が次のように用いられていることを、本册第五章第四節（一五三頁）で述べたが、それらに加えて次の例もある。

謂有守護無屬已想（漢數字の加點は白書）

語順符は、右掲のように新羅加點に係るものを除き、日本の九世紀以降の訓點では、用いられない符號である。これに對して韓國では十五世紀後半の口訣資料や施符資料で用いられていることを藤本幸夫氏が指摘し、日本の使用は、朝鮮半島で行われた方式の影響であることを述べている。(3)

(四) ヲコト點

ヲコト點は、華嚴經とその注釋書では、八世紀の景雲書寫一切經の白點に初めて見られる。春日政治博士の指摘された景雲書寫羅摩伽經と景雲書寫華嚴經である。(4)共に星點（單點）本位の素樸なものであり、春日博士は、極めて初期の點であると述べている。この形式の點法は、後世の「點圖集」に所載のヲコト點のどの點法にも合わず、又、中田祝夫博士が分類された第一群點から第八群點までのいずれにも合わないので「特殊點」とされたものに當る。特殊點は、近年、築島裕博士が甲類と乙類との二種に分けられた。それによると、景雲書寫羅摩伽經は特殊點甲類、景雲書寫華嚴經は特殊點乙類に屬する。

この日本の使用初期のヲコト點が、古代朝鮮語の點吐と親密な關係にあり、華嚴文義要決のヲコト點に反映された新羅の點吐から羅摩伽經のヲコト點が生じた可能性があり、周本華嚴經と晉本華嚴經の古形の點吐から舊譯華嚴經のヲコト點が生じた可能性の考えられることは、本册第九章に述べる。

以上のように、語順符もヲコト點も、古代朝鮮語の影響の可能性が考えられるが、日本で八世紀に語順符とヲコト點を使った資料より溯ってこれらの符號を使った古代朝鮮語の資料は知られていない。(5)從って古代朝鮮語で、語順符と點吐が何時から使われるようになったかは未詳である。

第六節　八・九世紀の加點内容（三）――假名

新羅語の訓讀を角筆で書入れた、1大方廣佛華嚴經自卷第十二至卷第二十の一卷には、前節で觸れたように、語順符と點吐が見られないが、眞假名（一部に省畫假名を交える）が用いられている（本册第四章第四節一一一頁）。

大谷大學藏判比量論の新羅語の訓讀を書入れた角筆加點も、語順符と點吐が見られないが、眞假名（一部に省畫假名を交える）が用いられ、(6)その字體は次のように相通ずる。

弖　於如是諸衆生中「弖」(角)　爲現其身（華嚴經153行）

今於此中「弖」(角)　直就所詮而立比量證□□(破損)識（判比量論26行）

多　諸佛皆「多」(角)　同一號名曰法慧（華嚴經691行）

此因亦有餘「多留」(角)　不定過（「留」の下にもう一字あるか。未詳）（判比量論63行）

白　智首菩薩問文殊師利菩薩言「白」(角)（華嚴經227行）

更立因言後二相中闕一相故猶如「白」(角)共等四不定因（判比量論63行）

その眞假名（一部に省畫假名を交える）は、日本の八世紀の華嚴經とその注釋書において、日本語の訓讀を表すために用いられたものがあり、角筆點でも、白點（朱點）でも見られる。6大方廣佛華嚴經卷第十四の白點の「可」「弖」や、8大方廣佛華嚴經卷第四十一の角筆加點の「伊」「尓」「阿」「乎」などである。その中には、もある。

「可」「伊」「阿」「乎」のように音まで一致するものと、「弓」「尔」のように音は異なるが字形の一致するものもある。

日本の八世紀の經典で一切經書寫における勘經では、訓點は必要な箇所にだけ施されるので、日本語の五十音の全體にわたって假名を拾い出すことが現段階では出來ていない。

そこで九世紀（平安初期）の全卷を訓讀し加點した經卷の假名を取上げて、新羅の假名と比べてみると、その結果は、次章（第八章）に説くように、親近性が認められる。

第七節　まとめ

日本所在の八・九世紀の華嚴經とその注釋書の十九點は、新羅寫經と奈良寫經であり、そのうちの新羅寫經に角筆で施された梵唄譜と合符と同じ符號が、奈良寫經にも角筆で施されている。華嚴經關係以外の經典についても同様である。新羅の符號が影響した可能性がある。

語順符とヲコト點は、奈良寫經の一切經書寫の勘經に見られ始まるが、語順符は古代韓國語の符號であり、ヲコト點も點吐の影響が考えられる。

新羅寫經に角筆で書入れられた假名は、字體が奈良寫經に加點された假名に通ずるものがあり、特に九世紀の東大寺僧の使った假名に影響した可能性がある。

以上を通じて、新羅寫經の加點と奈良寫經の加點とは、極めて親密な關係にあったことが窺われる。

注

（1）築島裕『訓點語彙集成　第一巻』訓點語彙總觀（汲古書院、二〇〇七年）。
〝小見では、これらの訓點記入は、最初奈良地方の古い佛教の諸宗派の寺院、特に東大寺あたりを中心として始められ、華嚴宗を中心として、三論宗、法相宗など、南都（奈良）の諸宗に廣まり、下つて平安時代初期九世紀の中頃になると、南都の古宗ばかりでなく、新興の天台宗の比叡山延暦寺にも傳へられてをり、九世紀末には、更に天台宗の他寺にも廣まつてゐたと見られる。〟

（2）神護景雲寫華嚴經の京都國立博物館藏巻第十七に、角筆で施した點吐らしい書入れがあるが、用例が少ないため、單なる傷の恐れもある（本册、第九章第四節第二項二四三頁）。角筆點吐としても、この勘經の證本となった新羅經の點吐を機械的に移寫したことが考えられる。この華嚴經巻第十七には新羅の假名（字吐）の「亠」（「亦」の省畫體）が一箇所認められたことも參考になる。

（3）藤本幸夫「李朝訓讀攷其一——『牧牛子修心訣』を中心として」（『朝鮮學報』第一四三輯、一九九二年）。

（4）春日政治博士は、ヲコト點の最も古い資料として、景雲寫羅摩伽經と景雲寫華嚴經を擧げ、共に星點本位であって、極めて初期の點であると述べている（「初期點法例——聖語藏點本を資料として」。後に『古訓點の研究』に收録）。

（5）注（2）參照。神護景雲寫華嚴經の京都國立博物館藏巻第十七に、角筆で施した點吐らしい書入れが、點吐とすれば、古代朝鮮語の使用例となるが、用例も少なく、單なる傷の恐れもあり、確かではない。

（6）拙著『角筆文獻研究導論　上巻　東アジア篇』第二章第四節第三項二七〇頁。

第八章　平安初期の東大寺關係僧の所用假名と新羅經の角筆假名との關係

第一節　假名字體の親近性

前章第六節において、日本の八世紀の華嚴經の勘經に用いた白點や角筆點の假名が、新羅經の角筆加點の假名に音や字形の一致するものがあることを述べた。

この章では、四十八音の全體にわたって假名を拾い出すことが出來る平安初期九世紀の東大寺關係僧の所用假名を、新羅經の角筆假名と比べてみることにする。

第一項　平安初期の東大寺關係僧の所用假名の性格

平安初期の訓點資料の假名字體は、二種の訓點資料を比較した場合、後世のものと異なって、細部まで一致する資料が稀であるために、各資料ごとに異なっていると見られて來た。しかし、東大寺及び正倉院聖語藏の成實論天長五年（八二八）點と、飯室切金光明最勝王經註釋古點及び山田本妙法蓮華經方便品古點とが、ヲコト點法（第一群點）及び假名字體において殆ど合致し、これが同一系統の學侶の手になる結果であることが指摘されている。(1)金光明最勝王經註釋は東大寺の學僧明一の著作であり、その法資かそれに近い人の加點とされ、(2)

第一表　九世紀の東大寺關係僧の假名字體

成實論天長點は東大寺三論宗の關係者の加點である。

この三點の訓點資料に用いられた假名字體を、それぞれ五十音圖に配したものが第一表である。各音節ごとに上段が成實論天長五年點、中段が飯室切金光明最勝王經註釋古點、下段が山田本妙法蓮華經方便品古點の假名字體である。

この成實論天長五年點に近似するものに聖語藏中觀論古點が擧げられ、更に百論釋論承和八年（八四一）點と大乗掌珍論承和嘉祥點も點法上同一系統に屬するもので、假名字體も極めて近いとされる。(3) この三資料の假名字體は、本書第三册、第九章第二節(七三一頁)に掲げてある。これらと假名字體が多く共通する資料は他にもある(本書第三册、第九章第二節七三二頁)。

右掲の東大寺關係僧の所用假名字體が、平安初期の現存する訓點資料全體の中で、どのような特性を持つかを知るのに、次の方法がある。

凡そ、假名字體は、それが擔う音節は母音・子音の音韻體系であるのに對して、假名字形の相互には全體として張り合いの關係が認められない。その中で、「口」を字源に持つ假名の間には次のような張り合いの關係が存する。

「口」を字源に持つ假名には、

「⿱口田」の省畫(始めの三畫による)　ru

「呂」の省畫(終りの三畫による)　ro

「和」の省畫(旁の「口」による)　wa

の三種がある。文字の示差性という點からいえば、同一字形が同一資料の中で二音節(又は三音節)を表すのに用いられることは避けられなければならない。そこで、一資料中においては、「口」をruを表すのに用いれば、ro・waには他の字形の「呂」「禾」などが選ばれるのが自然である。一方「口」をwaを表すのに用いれば、ruは「ル」(「流」の省畫)など他の字形が選ばれることになる。

この視點から、九世紀（平安初期）の訓點資料を類別すると、

A類――ru「ロ」・ro「呂・ク」・wa「禾」　東大寺僧が使用（ヲコト點は第一群點）

B類――ru「ル」・ro「呂」・wa「禾」　元興寺など法相宗の僧が使用（ヲコト點は第二群點）

C類――ru「ル」・ro「ロ」・wa「ロ」　東大寺關係僧が使用（ヲコト點は第三群點）

D類――ru「流・ル」・ro「呂」・wa「禾・ロ」　使用者の系統未詳（ヲコト點は第四群點）

E類――ru「ソ・九」・ro「呂」・wa「ロ」　使用者の系統未詳（ヲコト點は特殊點甲類）

となる。(4)

これによると、右揭の東大寺關係僧が用いた假名字體は、A類であり、ruに「留」を字源とする「ロ」を用いるのが他の類と異なる特性である。從って、roには「呂」を字源とする「呂」「ク」が用いられ、waには「和」を字源とする「禾」が用いられている。

この特性に注目して、1東大寺藏大方廣佛華嚴經（自卷第十二 至卷第二十）と大谷大學藏判比量論とに角筆で書入れた新羅の假名を比べてみると、

留　其中所有「ア留」（角）　悉皆明現（華嚴經77行）

此因亦有餘「ろ留」（角）　不定過（「留」の下にもう一字あるか。未詳）（判比量論63行）

皆不能離「斗ロち留」（角）　不定過也（判比量論31行）

呂　卽以神力「呂」（角）　莊嚴此殿（華嚴經601行）

皆不能離「[illegible]」(角)　不定過也（判比量論31行）

が見られ、A類の東大寺關係僧が使用した假名と字母が一致する。但し「禾」の使用は未だ見出されていない。

第二項　新羅の假名字體

そこで、東大寺關係僧の所用假名字體と比較するために、新羅經に角筆で加點した假名字體を整理してみることにする。

抑も、日本語と古代朝鮮語とは音節の構造を異にするために、單純な比較は出來ない。比較の便として、日本語の音節構造に合う、子音＋母音、又は母音を表す假名を取出して、これを日本語の五十音圖に配したのが第二表である。東大寺藏大方廣佛華嚴經自卷第十二至卷第二十の角筆假名に基づき、これに見られない假名を大谷大學藏判比量論から＊印を附して補った。いずれも音假名に據ったものであるが、擠う音又は訓が異なり字形のみ一致するものをも［尓］［乃］のように［　］に包んで取上げた。

右の二資料にも見られない假名は、鄕歌の音假名から補うことにした(5)（丸括弧（　）に包んで示す）。

この第二表の假名字體を、先掲第一表の東大寺關係僧の假名字體と比較すると、字母の一致するものが目立つ。但し、東大寺關係僧の假名字體が省畫化しているのは、日本では九世紀に入って省畫化が進んだことの反映であろう。

第二表

ア	カ	サ	タ	ナ	ハ	マ	ヤ	ラ	ワ
阿	加 可*	沙	多	那 (奈)	(波)		(世)	[弓]	
イ	キ	シ	チ	ニ	ヒ	ミ		リ	ヰ
伊 尹 ア			ち*	[尓]	比	(未)		リ	[為]
ウ	ク	ス	ツ	ヌ	フ	ム	ユ	ル	
宇				(奴)	(部)			留	
衣	ケ	セ	テ	ネ	ヘ	メ	江	レ	ヱ
(衣)						(米)			
オ	コ	ソ	ト	ノ	ホ	モ	ヨ	ロ	ヲ
(於) 烏	古		刀 斗*	[乃]		毛		呂 ロ*	乎

相違點の主なものは、サ行の五文字に一致する例が拾えず、古—己、多—大、斗—止等である。

相違點に比べて字母の一致するものが多いのは、偶然そうなったとも考えられるが、前章までに説いたように、日本の八世紀の經典の加點に用いられた、梵唄譜や縦長線合符や語順符が新羅經の加點の影響によるものと見られることに併せると、これらの假名も亦、新羅の影響によって用いたと考えられそうである。

第二節　日本の假名省畫法の先蹤

日本の片假名の起源は、平安時代初頭に南都僧が訓點記入のために創案したというのが通說である。しかし、溯って八世紀の新羅經の角筆加點に既に省畫體が見られ、その省畫體が八世紀の古文書にも用いられている。この節では、日本の片假名の基となった省畫法の先蹤が新羅經にあることについて考察する。

第一項　片假名の起源についての從來の說

片假名の起源についての通說の代表として、『國語學大辭典』（昭和五十五年九月刊）の「片假名」（中田祝夫解說）の項を引用する（傍線は本册の筆者による）。

［創始時代］平安時代にはいって、訓點が用いられるようになった時に始まる。（略）［作者］訓點に略體假名を用い始めた人は、個人としては不明であるが、おそらく平安初期の南都古宗派の僧徒であったらしい。そういう理由は、略體假名はヲコト點と同目的のために、ほぼ同時に發生したと考えられるが、そのヲコト點が種種の事情から南都古宗派の僧徒の手になったと推定されるところから、略體假名の考案者も同じであろうと推定される。（略）［沿革］佛徒が訓點記入のために用い始めた。そのためには、字間・行間の狹少な場所に適した形態の小さなもの、講義聽聞のために速記に適した字畫の少ないものである必要があった。その要求のために眞假名の字畫を省略して行った結果、片假名ができた。

『國語學研究事典』（昭和五十二年十一月）の「片假名」（村上雅孝解説）、『訓點語辭典』（二〇〇一年八月）の「假名」（築島裕解説）も同種の説である。

この通説の基となったのは、恐らく春日政治博士の次の二著であろう。

『假名發達史序説』（岩波講座日本文學）昭和八年四月

『片假名の研究』（國語科學講座、文字學）昭和九年七月

春日政治博士は、「略體假名の成立（平安期初期）」の項で「片假名」について次のように説かれた。

眞假名の形態を最も自由に崩壞して一種の略體假名を發達させた原因は、言ふまでもなく内外典籍の訓點の記入である。片假名の起源を訓點記入にありとしたことは、村田春海の字説辨誤（平澤元愷の模微字説を論評した書）・假字大意抄及び山崎美成の文教溫故などに言ふ所であるが、之は首肯される考察である。已に觀察したやうに眞假名が單獨には容易に省文にならなかった事實と、古い片假名の資料が皆訓點用として記されてゐる事實とが之を證するものである。

春日政治博士を始め、前掲の諸辭典等の解説者も、實際の古訓點資料を調査された上で説かれたものと考えられる。但し、その訓點資料は、毛筆による白點・朱點等であって、角筆の凹みによる訓點は對象となっていなかったようである。

第二項　「伊」の省畫體「尹」「ア」

先掲の第一表（本册、第八章第一節第一項二一〇頁）によると、九世紀の東大寺關係僧は、五十音圖のイの假名字體に「尹」を用いている。「尹」は字母「伊」の旁による省畫體である。中觀論古點・百論釋論承和八年點・大乘掌珍論承和嘉祥點も「尹」を用いている。畫數の少ない人偏の「イ」を用いず、旁の「尹」を用いている。それは何故であろうか。

それを考える手掛りは、先掲の第二表（二一四頁）にある。第二表は新羅の假名字體を、日本語の音節構造に合せて整理したものである。そこではイ（이）の假名字體に、字母「伊」とその省畫體の「尹」及びこれを草書化した「ア」が用いられている。それぞれの字體の用例は、本册、第四章第四節一一四頁に擧げてある。

前節第二項に述べたように、音節假名の殆どが東大寺關係僧の所用假名に合うから、「尹」「ア」もこの新羅の假名字體の省畫體が東大寺關係僧に影響したと考えられる。

省畫體の「尹」は、日本の八世紀の奈良寫經の加點にも用いられている。二點が管見に入った。

第一點は、石山寺藏瑜伽師地論卷第二の一帖（一切經三九函2號、卷子本改裝）である。「寶龜拾年（七七九）歳次己未三月廿五日願主穴太乙麻呂」の奧書がある。「願主」とあるので、寶龜十年の頃の書寫であろう。この經文の全卷にわたって、角筆による眞假名と省畫假名、及び句切點、梵唄譜、縱長線合符が書入れられている。角筆の句切點には後から朱筆の句切點が重ね書されている。角筆の加點時期は内容が華嚴刊定記などに通ずるから八世紀と見られる。

その角筆の省畫假名の中に、「ヲ」が次のように用いられている。

世間有情《「ヲ」(角)》　壽量無限（十五折オ3行）

この「ヲ」は、新羅寫經の大方廣佛華嚴經自巻第十二至巻第二十に角筆で新羅語の訓讀を書入れた中に用いた、「世尊《「ヲ」(角)》入《「尓」(角)》　妙勝殿」（632行）の「ヲ」と同じく、主格を表す助詞である。しかし瑜伽師地論巻第二の角筆の假名は、眞假名「尓（ニ）」「世（セ）」と省畫假名「リ」が、次のように用いられ、

依止造色漸漸《「尓」(角)》　增廣《「世リ」(角)》　由水界故（二折オ3行）

「漸漸《（ヤウヤク）》ニ增廣セリ」と日本語で讀んでいるので、「有情《「ヲ」(角)》」も日本語として讀んだことが知られる。

第二點は、神護景雲寫舊譯華嚴經の白書である。これが神護景雲一切經の御願經の勘經であることは、本册、第五章第五節（一五五頁）に述べた通りである。その京都國立博物館藏大方廣佛華嚴經巻第十七の白書に、助詞イを表すのに、「ア」を更に省畫してその第一畫の「つ」を用いている（本册、第五章第五節一五八頁）。

右の二點は、角筆加點か白書加點かの差はあるが、共に、奈良時代八世紀に日本語の訓讀において、「伊」の省畫體の「ア」と更にこれを省畫した「つ」が、助詞イを表すのに用いられたことを示している。これは、九世紀の東大寺關係僧が使用する以前に、省畫體の「ア」が用いられた例であり、その使用に係るものと考えられる。

第三項　奈良時代の古文書に用いられた「ア」

この助詞イを表した省畫體の「ア」が、奈良時代の古文書の中にも使われている。

唐招提寺文書で家屋資財請返解案の、天平寶字（七五七―七六五）以降、寶龜二年（七七一）以前の書寫とされる文書(6)に、墨書で、

然毛ム甲可弟於止ム甲ア父尓從弖（以下破損）（『南京遺文』第十八、所收）

と書かれている。宣命書風に書かれた小字は眞假名を主としていて、現代の片假名に直すと、

然モム甲《(某)》ガ弟《オト(ヒト)》　ム甲《(某)》イ父ニ從(ヒ)テ

となる。「しかも某の弟の某が父に從って」の意である。『南京遺文』にこの文書の寫眞が載っているので、省畫體「ア」の字形を確かめることが出來る。これを解說した、橋本進吉博士は、「「尹」は多分「伊」の略字であらう。さすれば、此は當時行はれた主格をあらはす助詞「い」の一例と觀る事が出來る」と說いている。(7)これについて、春日政治博士は、「小記する爲、而も文案として粗書した爲に尹となったものと見るべきであらう」と說いている。(8)

このような省畫體の「假名」が、訓點を離れて、古文書の中で、既に奈良時代に使われた背景には、どのような狀況があったのであろうか。

當時、既に片假名の文字體系が成立していたとは時代的に考え難く、又、この古文書の筆者個人の創案と見るのも、他に同樣の例が知られていないので躊躇を覺える。春日博士の說かれるように文案として粗書したためとしても、その背景にこのような省畫體の假名を使う場面があったからこそ古文書の粗書に使われたと考え

るのが自然であろう。

奈良寫經の、石山寺藏瑜伽師地論卷第二の角筆加點や神護景雲寫大方廣佛華嚴經卷第十七の白書加點に、助詞イを表す省畫體の「𠂇」やその更なる省畫體の「つ」が用いられていることは、先述（第二項二一八頁）の通りである。この省畫體は、大方廣佛華嚴經自卷第十二至卷第二十の新羅語を角筆で加點した資料まで溯って見ることが出來る。

第四項　「利」の省畫體「刂」

先揭の石山寺藏瑜伽師地論卷第二の八世紀の角筆加點に、省畫體の「尹」と共に「刂」が、眞假名の「尓」「世」と共に用いられ、「增廣《「世刂」(角)》　」と日本語の訓讀を表したことを說いた（二一八頁）。

この「刂」は、東大寺藏大方廣佛華嚴經卷第四十一の角筆加點にも用いられている。この華嚴經は神護景雲二年御願經と傳えられる奈良寫經であり、(9)

莊嚴佛子菩薩摩訶薩《「伊」(角)》　住《「世刂」(角)》　此三昧《「尓」(角)》

「世刂」の「刂」が、眞假名の「伊」「世」「尓」と共に用いられて、「莊嚴の佛子、菩薩摩訶薩イ（が）此の三昧ニ住セリ」と、日本語の訓讀を表している。

この「刂」と同じ字形の假名が、八世紀の新羅經の角筆加點に見られる。

先ず、大谷大學藏判比量論の角筆加點に、

法處所攝不待根《「火刂」(角)》　故（第十節42行）（和譯「法處所攝（色）は根に待せざるが故に」）

と用いている。角筆の「火刂」の「火」（블）は、本文の「根」の古語「블」を同訓字を以て示したと考えられる。(10) その下の「刂」は、第一畫が右上から左下に流れるように書かれ、第二畫の縱線は本文の漢字二字分にわたる長さであるから、形は「利」の旁の「刂」（立刀）と見られる。(11)

小倉進平博士は、三國遺事卷五所載の鄕歌の、

道尸掃尸星利望良古（「融天師彗星歌」）

の「星利」の「利」について、「利は音리であるが、此處では目的格を表す을の意で、其のㄹを表はすに用いられたものである」(12) と説いていられる。「利」にこのような用法が認められるなら、その省畫の「刂」もㄹを表して、「火」（블）の終聲を添記するのに用いたものではないかと考えられる。

次に、東大寺藏大方廣佛華嚴經自卷第十二至卷第二十の角筆加點にも、同じ字形の「刂」が次のように見られる。

火終不可得懈怠「戒刂」（角） 者亦然「占」（角）（196行）

「戒刂」（계리）は「懈怠」（怠る）の訓を表している。

第五項　新羅經の角筆加點の省畫體

新羅經の角筆加點の假名の中に、省畫體の用いられていることを「ヲ・ア」「刂」について説いたが、省畫體は他にも見られる。「ロ」（呂）と「尓」（旀）である。

「ロ」は、大谷大學藏判比量論に、

皆不能離《「斗ロち留」(角)》　不定過也（第九節31行）（和譯「みな不定の過を離れること能はざるなり」）

「離」の訓の「斗ロち留」が떨어지다を表すとすれば「ロ」は「呂」の省畫體の可能性があるが、母音調和も絡まり、又、「口」は高麗時代口訣では「古」（고）の省畫として用いられているから問題が殘る。

「尒」は「弥」の省畫體であるが、東大寺藏大方廣佛華嚴經自卷第十二至卷第二十の角筆加點では、この「尒」が用いられている（本册、第四章第四節一二八頁）。

韓國の Leeum 美術館（元・湖巖美術館）藏の白紙墨書大方廣佛華嚴經自卷第一至卷第十（天寶十四年〈七五五〉書寫奥書、韓國國寶）の卷末にある墨書奥書の吏讀文の中にも、この「尒」が「弥」と共に次のように用いられている。

天寶十三載甲午八月一日初乙未載二月十四日一部周了（略）

又一人香水行道中散弥又一人花捧行道中散弥又一法師香爐捧引弥又一法師梵唄引弥諸筆師等各香花捧尒

右念行道爲作處中至者三歸依尒三反頂禮爲

「弥」「尒」（며）は日本語の接續助詞「して」に當る。

新羅時代に、經典の訓讀に用いられた「旀」とその省畫體が、訓點以外の場においても吏讀文に用いられていたことが知られる。

抑も、漢字の畫を省いて用いる「省文」は、古代朝鮮語において、新羅經典より先に行われている。例えば、「部」の省畫の「阝」は、既に五世紀中葉の「高句麗長安城壁石刻」に、

丙戌十二月中漢城下後ア（後部）小兄文達郎

とあるのが指摘され、(13)又、忠清南道扶餘郡扶餘邑東南里の百濟の宮苑遺跡から一九九五年に發掘された「扶餘宮南池出土木簡」に、

西ア（西部）後巷巳達巳斯丁（下略）

とあるのが指摘されている。(14)日本の松江市大庭町の岡田1號墳（六世紀後半の築造とされる）出土の圓頭大刀（島根縣六所神社藏）の銀象嵌の銘文に、

各田ア臣□□□素□大利

とある「各田ア」（額田部）の「ア」は朝鮮半島の影響とされている。この「ア」が藤原宮木簡の「物ア小楯」「石寸ア安末呂」や、平城京左京三條出土の長屋王木簡の「各田ア里□古ア建」「田寸里日下ア否身五斗」など使われているのは知られる所である。

古代朝鮮では、他にも省文が使われたことは「新羅禪林院鍾銘」（貞元二十年〈八〇四〉）の「十方旦（檀）越」「廷（鋌）」「令（零）」等で知られる。(15)

新羅經典に角筆で書入れた假名に、省畫體の「ア」や「丨」「尓」の使われたのは、右のような省文使用が背景に存したことが考えられる。

奈良時代の唐招提寺文書に「ア」が墨書で書かれたのは、新羅經典に角筆で書入れた「ア」の影響により、

奈良寫經の訓讀に用いた「ア」の使用に馴染んだ人物が、文書にも用いたものであろう。
以上によると、日本の片假名の基となった平安初期の訓點に見られる省畫體の先蹤は、既に八世紀の新羅經典の角筆加點にあったと見られる。

注

（1）春日政治『古訓點の研究』四六・六二頁。築島裕・小林芳規「故山田嘉造氏藏妙法蓮華經方便品古點釋文」（「訓點語と訓點資料」第七輯、昭和三十一年八月）。大坪併治『訓點語の研究』三九二頁。
（2）注（1）春日政治著書四四頁。中田祝夫『古點本の國語學的研究總論篇』二六五頁。
（3）中觀論については注（1）の春日政治著書一一二頁。百論釋論については注（1）大坪併治著書四三二頁。大乘掌珍論については、中田祝夫『古點本の國語學的研究總論篇』七二三頁。
（4）本書第三冊、第九章「平安初期訓點資料の類別―假名字體を手掛りに―」七二九頁。
（5）小倉進平『鄕歌及び吏讀の研究』第五章「鄕歌に於ける漢字の用法」（二三六頁）による。
（6）『南京遺文』第十八の解說。この文書の文章の中に、「去寶字」と書かれ、紙の右端に別筆で「(寶) 龜二年二月廿二日」と書かれているのによる。
（7）注（6）文獻。
（8）春日政治『假名發達史序說』（『岩波講座日本文學』、昭和八年四月）六五頁。
（9）本册、第二章第五節三六頁。

(10) 拙著『角筆文獻研究導論　上卷　東アジア篇』第二章第四節二八七頁。

(11) 金永旭氏の直話では、下の字「リ」は「是」[i]の草書「[illegible]」の初二畫であって、「火」の訓は블であるから、「火リ」二字の發音は블이>브리・부리となり、十五世紀に블휘となり、二十世紀に뿌리（根）と變化したと解される。

(12) 注（5）文獻二一九頁。

(13) 南豐鉉『吏讀研究』（二〇〇〇年十月刊）の「三國時代의吏讀」に「高句麗城壁刻書」（四四六？）として、『朝鮮金石總覽』の拓本から擧げている。

(14) 國立歷史民俗博物館『古代日本文字のある風景――金印から正倉院文書まで――』（二〇〇二年三月）第一部の「古代朝鮮の文字文化の圖錄」。解説は李成市氏。「木簡研究」十九號にも同氏の紹介がある。又、韓國の國立昌原文化研究所『韓國　古代木簡』（二〇〇四年七月）にも圖版が收められている。

本册の筆者も、二〇一二年十月二十五日に、韓國の國立扶餘博物館において展示中の現物を拜見し確認した。尙、同館の展示品には、「上卩前卩川自此以」標石（扶餘東南里出土）等もある。

(15) 注（13）文獻三二八頁。

第九章　日本のヲコト點の起源と古代朝鮮語の點吐との關係

第一節　日本のヲコト點研究の概要——以下の考察の前提として——

1．大矢透博士による訓點資料の發見とヲコト點への着目

周知のように、大矢透博士は、二十世紀初に訓點資料第一號となる「法華文句巻第一」に、假名の歴史研究資料としての價値を見出し、その後の調査で蒐集した五十點の訓點資料を整理して、一九一〇年に『假名遣及假名字體沿革史料』を出版して、日本の訓點資料研究の緒を開いた。

訓點資料は主として假名とヲコト點とが相俟って漢文の訓讀がなされるが、此の著書では、假名に注目してヲコト點を考慮しなかったので誤讀も生じた。

このことに氣づいた大矢博士は、その後、『地藏十輪經元慶點』（大正九年・一九二〇刊）、『成實論天長點』（大正十一年・一九二二刊）、『願經四分律古點』（大正十一年・一九二二刊）を出版して、それぞれのヲコト點の幾つかを歸納して示すようになった。

2．吉澤義則博士による特定資料のヲコト點研究

次いで、一つの訓點資料に使われたヲコト點を歸納して論ずることが、吉澤義則博士により行われるようになった。吉澤博士が取上げたのは、平安時代の博士家が取扱った漢籍と、佛書では眞言宗のヲコト點と、平安初期の表啓の一資料であり、特定の訓點資料に限られていた。それらは論文集の『國語國文の研究』（昭和二年・一九二七刊）、『國語說鈴』（昭和六年・一九三一刊）に收載されている。(1)

3．中田祝夫博士によるヲコト點の總合的研究

中田祝夫博士は、『古點本の國語學的研究總論篇』（昭和二十九年・一九五四刊）において、全國に博搜した訓點資料に基づき、そのヲコト點を分類した。單點（星點）を基に、第一群點から第八群點の八群とし、起源の一元說に立ってそれらの相互の關係を說いて、ヲコト點の體系論を述べ、各群の時代的先後をも明らかにすると共に、更に各ヲコト點の使用者と宗派・學統との關聯を說いた。分類の手掛りとなったのは、鎌倉時代に二種以上のヲコト點を集合した「點圖集」である。

4．築島裕博士によるヲコト點研究の繼承と推進

築島裕博士は、これを承けて、「點圖集」所載の二十六種のうち、名稱のみあって使用例の無いとされた十三種、實態があって名稱の無い三種について、殆どを諸寺の調査により確認し、素姓を探って命名すると共に、

ヲコト點と宗派・學統との關係について、中田説を補強し、時代を溯らせたり確かなものにしたりした上で、それらを佛教教學との關聯で把え、訓點資料の日本語史上への位置づけを行った。その成果は、『平安時代訓點本論考ヲコト點圖假名字體表』（昭和六十一年・一九八六刊）と『平安時代訓點本論考研究篇』（平成八年・一九九六刊）に纏められた。

第二節　日本のヲコト點の起源についての説

第一項　日本創案説

中田祝夫博士は、日本のヲコト點の出自について「朝鮮」に言及されたが、(2)これを否定して、日本創案説を採っている。卽ち、ヲコト點は略體假名と同じ目的で同じ時代（「平安初期ごろ」九世紀初）に生まれたものであり、平安初期の略體假名が吏道に似ていないのでヲコト點も「朝鮮出自」ではないとされた。

この説は、角筆口訣や墨書口訣の發見される前の、恐らく十四世紀以降の省畫化された字形の多い吏道に據ったものと考えられる。近時發見された新羅經典の角筆による眞假名本位の假名は、日本の九世紀初の訓點資料の假名に親密性が認められるので、(3)再考の餘地が生じている。

中田祝夫博士が日本創案説を採ったのは、春日政治博士の所説に負う所が大きいと見られる。(4)

第二項　日本の「發生初期のヲコト點」

春日政治博士は、日本の訓點が平安時代初期（九世紀初）に南都古宗の僧により創案されたという考えの基に、ヲコト點の最も古い二資料を取り上げて、「發生初期のヲコト點」と指摘している。

その二資料とは、正倉院聖語藏に傳來した神護景雲（七六七—七七〇）書寫の羅摩伽經と華嚴經（舊譯）であり、そのヲコト點を次のように歸納して示された。（假にⓐとⓑとする）

ⓐ

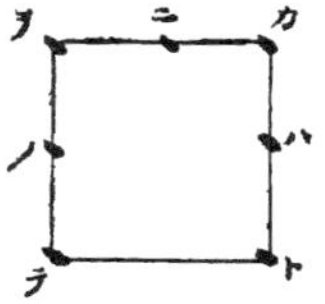

正倉院聖語藏
神護景雲書寫
羅摩伽經
（特殊點甲類）

ⓑ

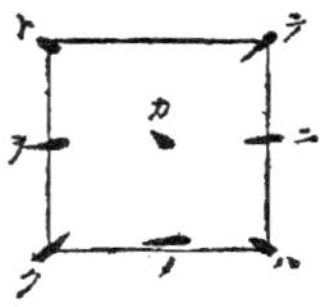

正倉院聖語藏
神護景雲書寫
華嚴經（舊譯）
（特殊點乙類）

いずれも、單點（星點）を七箇または八箇用いただけの素樸なものであり、主として助詞の中でも主要な助詞を表すのに用いている。この形式の點法は、後世の「點圖集」に所載のヲコト點のどの點法にも合わず、又、中田祝夫博士が分類された第一群點から第八群點までのいずれにも合わないので「特殊點」とされたものに當る。特殊點は、近年、築島裕博士が甲類と乙類との二種に分けられた。それによると、ⓐの羅摩伽經は特殊點甲類、ⓑの華嚴經（舊譯）は特殊點乙類に屬する。

「發生初期」には種々のヲコト點法があったことも考えなければならないが、現存する資料で見る限り、日本のヲコト點の使用初期においては、單點（星點）だけを七箇または八箇用いた素樸な形式の點法であり、しかも特殊點の甲類と乙類との相異なる二種が存したことが知られる。これは單なる偶然ではないように思われる。

羅摩伽經は、善財童子求道譚を記したもので、大方廣佛華嚴經の入法界品の抄譯である。舊譯華嚴經と共に、このⓐⓑの二種が華嚴經を讀解するために施されたヲコト點であり、それが華嚴經を所依とする東大寺の正倉院に傳來しているのが注目される。それに加えて、ⓐⓑの二經典は共に神護景雲一切經であり、その勘經と見られ、白點使用の初期のものでありその白點でヲコト點が施されている。そこに意味がありそうである。

第三節　ヲコト點の八分類と特殊點

第一項　ヲコト點の八分類の基本となる星點の概念圖

中田祝夫博士が、現存する訓點資料に基づいて、ヲコト點の種類を八群に分類する手掛りとしたのは、單點（星點）の異なりである。それを築島裕博士は概念圖として次の第一圖から第八圖に纏めている。(5)

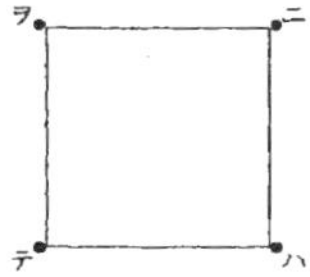

〔第一圖　第一群點〕

〔第二圖　第二群點〕

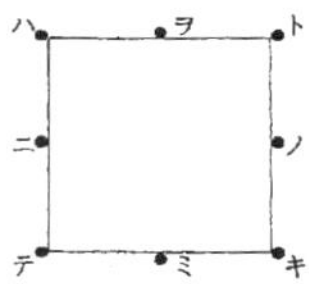

〔第三圖　第三群點〕

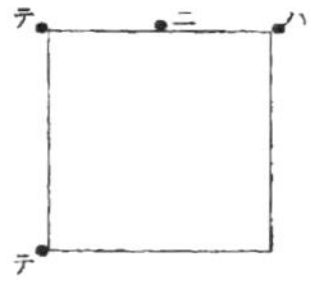

〔第四圖　第四群點〕

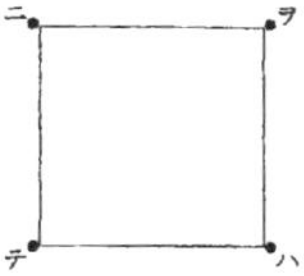

〔第五圖　第五群點〕

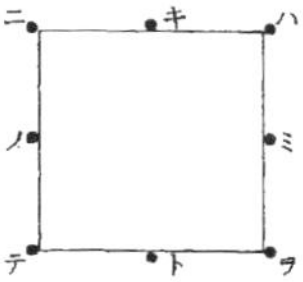

〔第六圖　第六群點〕

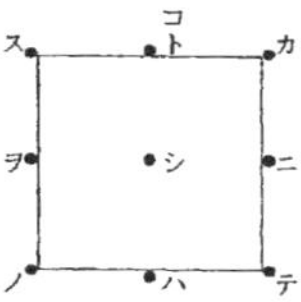

〔第七圖　第七群點〕

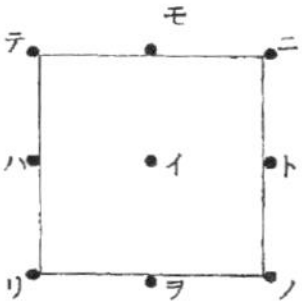

〔第八圖　第八群點〕

第一圖の「第一群點」は、四隅の左下の點を「テ」、左上「ヲ」、右上「ニ」、右下「ハ」とする共通點を持つヲコト點の資料群を總稱したものである。第二圖の「第二群點」は、四隅の左下の點が「ヲ」、左上「ニ」、右上「ハ」、右下「テ」を共通點とするヲコト點の資料群を總稱し、以下、第八圖の「第八群點」までのように、分類している。

第二項　一元論に立つヲコト點の種類の生成

ヲコト點は、漢字の四隅・四邊等とそこに施した點が擔う助詞（又は音節）等によって成立する。若し四隅・四邊の位置とそこに施した點が擔う助詞等が固定していれば、ヲコト點の種類は一種類に止まる。しかし、ヲコト點の種類に異なりがあるということは、一元論に立てば、點の擔う助詞等が固定したものでなく、入れ換えが行われたことを意味する。

中田祝夫博士は、九世紀（平安初期）に第一群點から第二群點が成立し、以下、第三群點、第四群點の順に成立し、十世紀（平安中期）以後、第五群點・第六群點・第七群點・第八群點の順に出現したと推論された。(6)

第一群點と第二群點との關係について見れば、中田博士は、

〔A圖〕

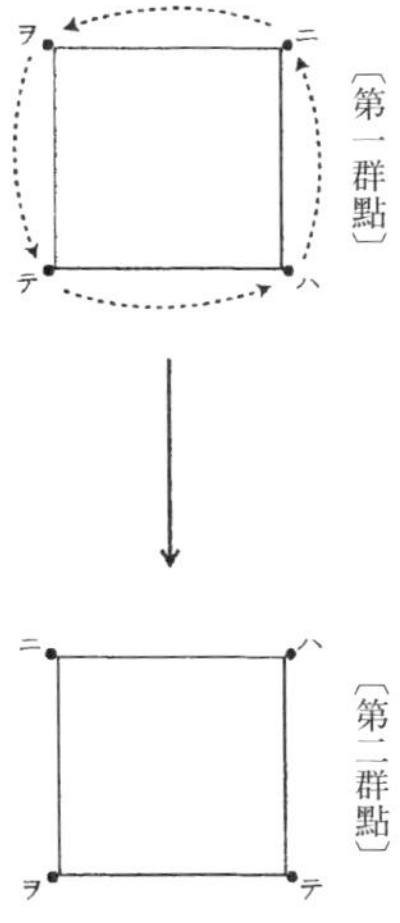

A圖の上圖の第一群點を點線のように左方に90度廻轉させて第二群點が生じたとされた。(7) これに對して、築島博士は、右方に廻轉するケースが多くて自然であるとする所から、

〔B圖〕

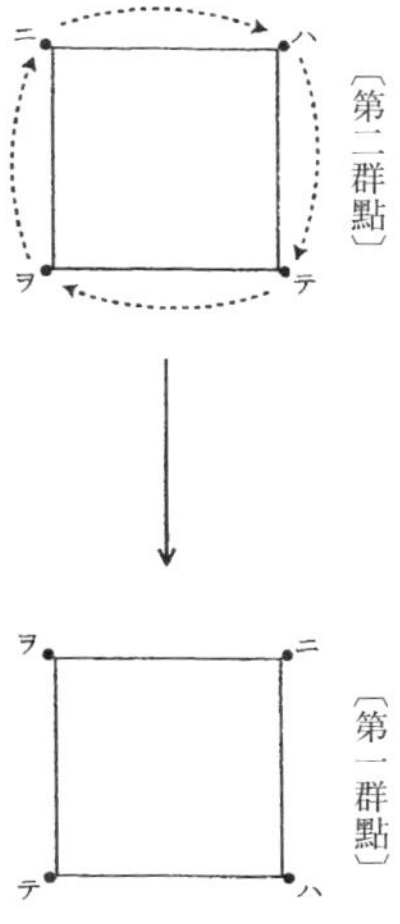

B圖の上圖の點線のように、第二群點を右方に90度廻轉して第一群點が生じたとされた[8]。いずれも、一元論に立って説かれたものである。

第三項　特殊點とその分類

中田祝夫博士は、八つの群に屬さないヲコト點を「特殊點」と命名し、これが最も早い時期に現れ、平安初期の第一群點が出現する以前のヲコト點の萌芽的なものと把握された[9]。築島裕博士は、その「特殊點」の中に、左のC圖のように、右邊の上隅・中央・下隅に星點「テ」「ニ」「ハ」が竝ぶという共通性を持った一類が存することに注目し、この類を「特殊點乙類」と命名され、それ以外を一括して「特殊點甲類」とされた[10]。

〔C圖〕

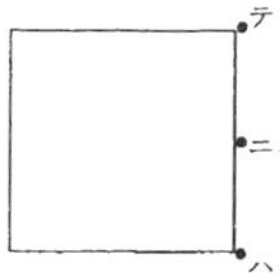

第四項　特殊點乙類を用いた平安初期以前の訓點資料

特殊點乙類を用いた平安初期以前の訓點資料とそのヲコト點は次のようである。

1神護景雲寫舊譯華嚴經（慶應義塾圖書館藏卷第十四・京都國立博物館藏卷第十七）（本冊、第五章第五節一六一頁）

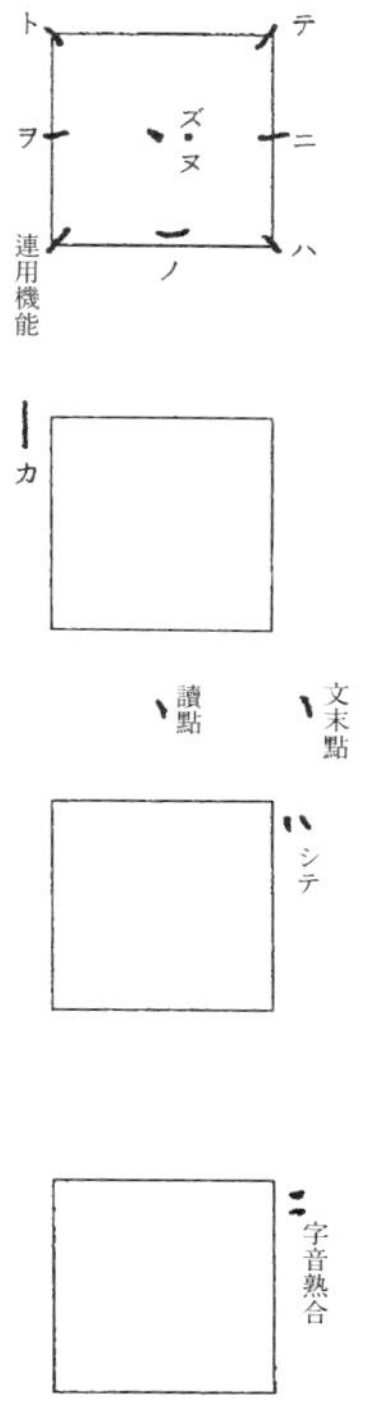

2石山寺藏大方廣佛華嚴經卷第二十一～卷第四十二（但し卷第三十三、三十四を除く）、卷第六十四～卷第八十（但し卷第七十九を除く）　三十八帖（石山寺一切經）

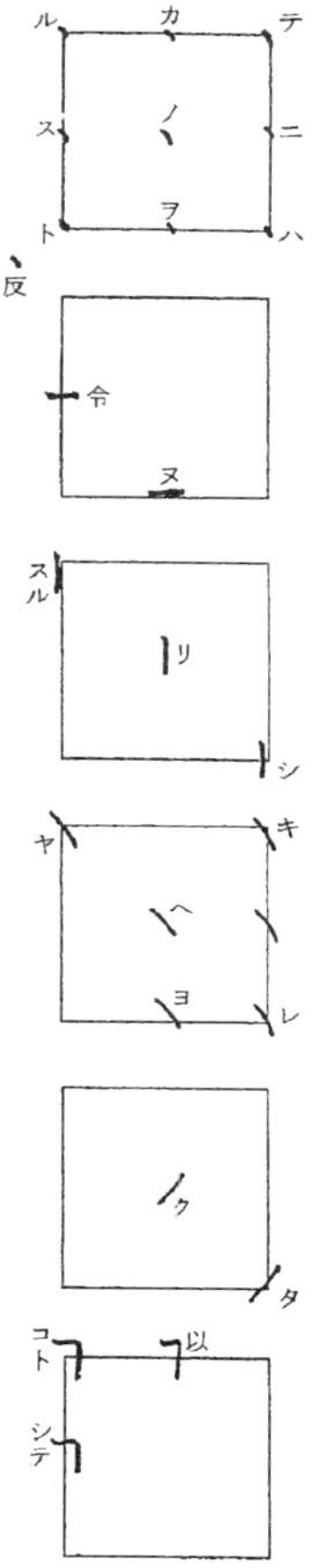

3石山寺藏四分律卷第三十一～卷第四十（卷第三十七を除く）　九帖（石山寺一切經）

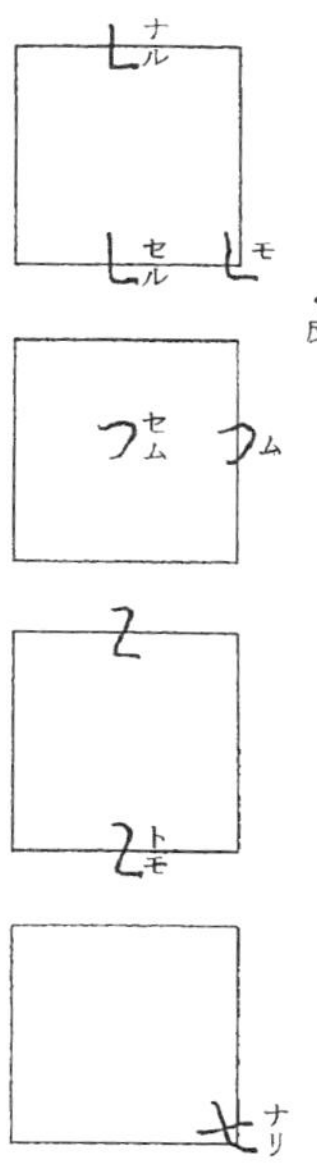

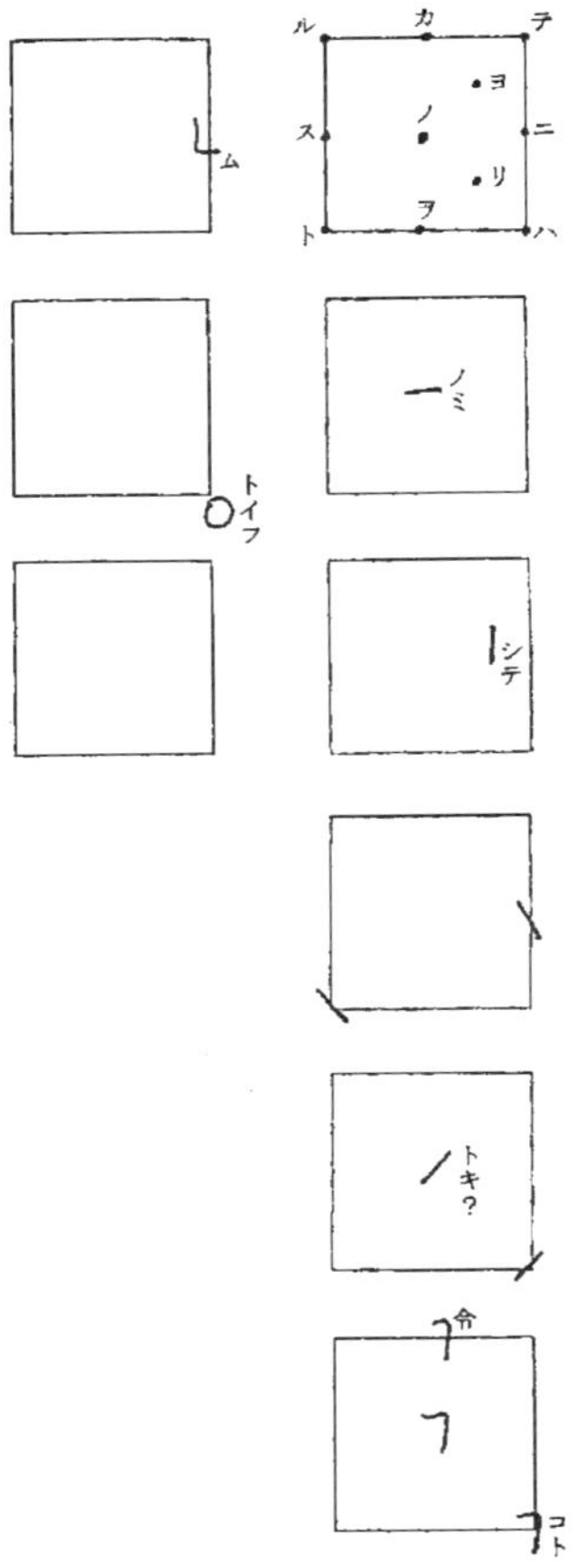

4 石山寺藏佛説淨業障經 天平神護二年 吉備由利寫　一巻

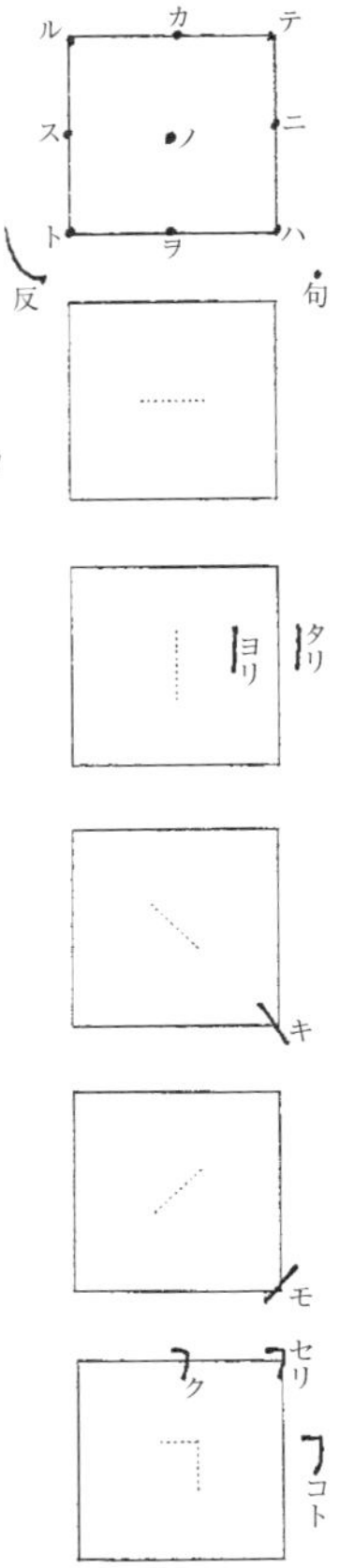

5 京都國立博物館藏十二門論　一巻

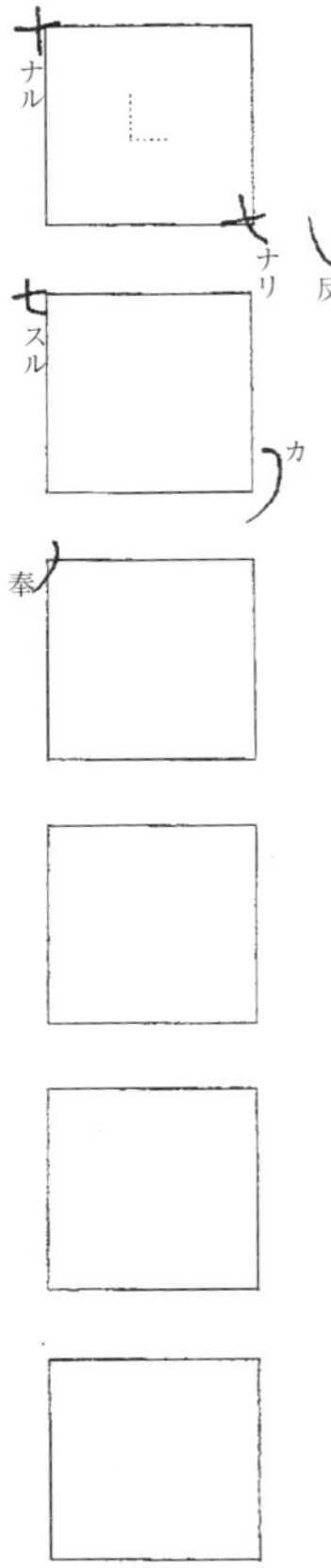

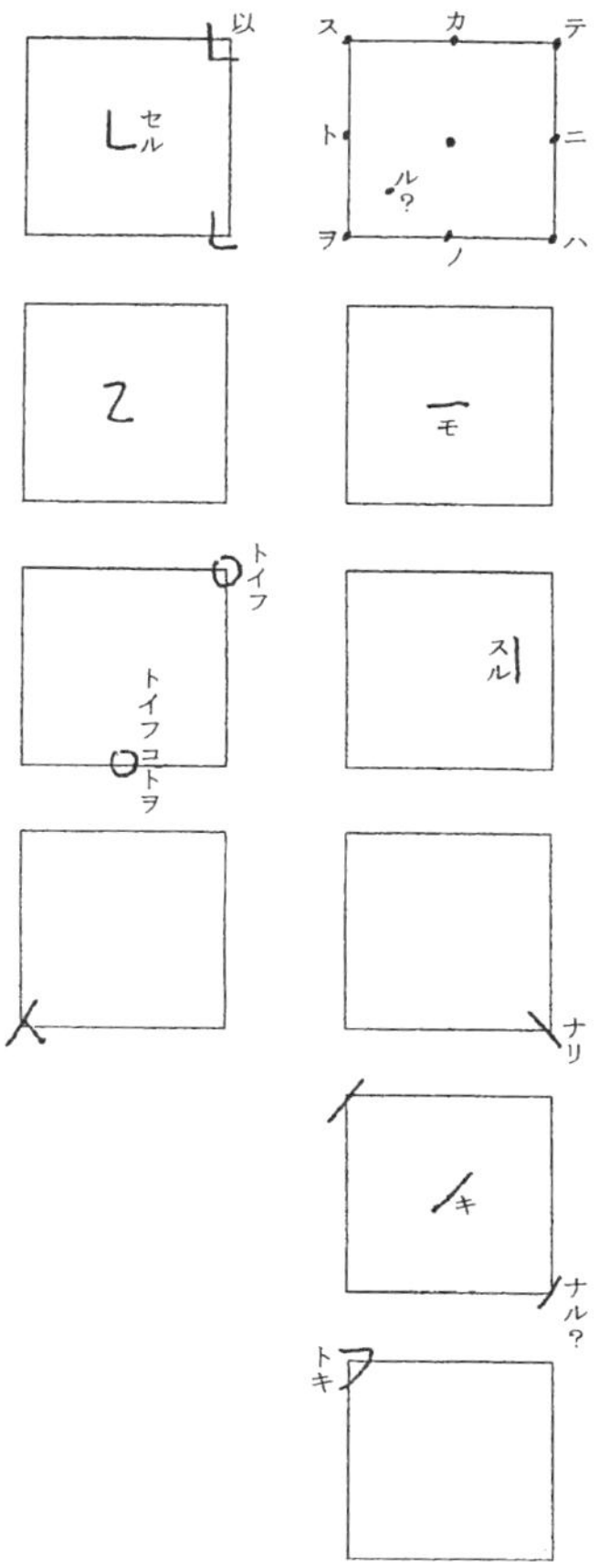

平安初期の特殊點乙類として、右邊の上隅・中央・下隅に「テ」「ニ」「ハ」を持つ資料には、他に、6東京大學國語研究室藏因明論疏 一巻が存する。[11] この因明論疏は單點（星點）が2の大方廣佛華嚴經と一致している。3の四分律も單點（星點）が一致するが、更に壺の内部に「ヨ」「リ」を持っていて一歩進んだ状態を示している。

平安初期以前の特殊點乙類のヲコト點歸納圖を比べてみると、次の事柄が分る。

(一)單點（星點）が、「テ・ニ・ハ」の位置を同じくするだけでなく、「ヲ・ト・ノ」も共通して存し、この三點は位置にずれを持つものもあるが相互に近い位置に配置されている。

(二)單點（星點）の他に、線や鉤の符號も用いられているが、1神護景雲寫舊譯華嚴經は、線の符號は「カ」を表した一箇だけであり、他には複點が二箇だけであって、全體として素樸な點法である。

㈢ヲコト點を施した時代を考えると、1神護景雲寫舊譯華嚴經は、神護景雲一切經として書寫され、訓點がその勘經として施されたと見られるから、書寫の時期に近い、奈良時代（八世紀）後半期と考えられる。(12)これに對して、2石山寺藏大方廣佛華嚴經、3石山寺藏四分律、5京都國立博物館藏十二門論、以下6因明論疏は、平安初期（九世紀）に、各宗が所據とした經典を講讀するために全卷にわたって加點したものである。

㈣1神護景雲寫舊譯華嚴經が、加點の時代とヲコト點の素樸な内容とから見て、特殊點乙類の中で最も古いものであり、2〜5は平安初期になって、1の舊譯華嚴經のヲコト點を基に、發達したものと考えられる。

第四節　神護景雲寫舊譯華嚴經の特殊點乙類のヲコト點と韓國の華嚴經の角筆點吐との關係

第一項　春日政治博士の調査された舊譯華嚴經と1慶應義塾圖書館藏・京都國立博物館藏の舊譯華嚴經との關係

春日政治博士が「發生初期のヲコト點」の用いられているとされた正倉院聖語藏の舊譯華嚴經（四類一〇號）は、六十卷のうち五十一卷が現存し、春日博士はそのうちの六卷（卷二・五・七・八・九・十）を調査されたものである。(13)

この舊譯華嚴經の卷第十四と卷第十七は聖語藏には缺けていて、流出した卷第十四が慶應義塾圖書館に現藏され、巻第十七が京都國立博物館に現藏されている。訓點の內容から見ても共に聖語藏本の僚巻であることが分る。

この巻第十四と巻第十七のヲコト點を歸納したのが、特殊點乙類として先揭1に示したものである。春日政治博士が「發生初期のヲコト點」として示された圖（先揭ⓑ）と比べると、次の少異がある。

(i)春日博士は星點八箇だけとされたが、星點の他に、線の符號「カ」と複點二箇も用いている。

(ii)星點のうち、左下隅を春日博士は形容詞の語尾「ク」とされたが、「普」の副詞語尾だけでなく、「爲《タメニ》」や「從～」「自～」で導かれる副詞句、動詞（又は助動詞）に附いてそれを含む句を連用句として下の句に續ける等、「連用機能」を表している。(14)

爲二衆生《の》普《イ》令レ成二就《シメ》《（ムカ）》无上智一（巻第十七130行）

自遠而來欲レ有レ所レ請（巻第十四174行）

(iii)星點の壺の中央を春日博士は「カ」とされたが、否定の「ズ」「ヌ」等を表している。

觀二察《（シ）て》過去諸法十方一推求《（スル）に》都不《ず》レ可レ得（巻第十七187行）

菩薩《は》如レ是學《（ヒ）ぬ》二迴向《を》一心不《はず》レ稱二量諸一法《を》一（巻第十七146～147行）

第二項　韓國の華嚴經の角筆點吐との關係

奈良時代（八世紀）の神護景雲一切經の勘經と見られる1舊譯華嚴經の巻第十四と巻第十七のヲコト點圖を、

同じ特殊點乙類を用いた平安初期加點の2・3・4のヲコト點圖と比べると、大きな相違が二點認められる。第一點は、1舊譯華嚴經では複點を用いているのに對して、平安初期加點の2・3・4では複點を用いていない。第二點は、1舊譯華嚴經の單點の左下隅を「連用機能」を表すのに用いているのに對して、2・3・4では「連用機能」を表す點は無くなっている。この二點の相違は、平安初期の特殊點乙類を用いた資料だけでなく、平安初期の他の訓點資料と比較しても同様に認められる。(15) 特に「連用機能」のような文法機能を表すヲコト點は、平安中期（十世紀）以降を通じて、日本のヲコト點では用いていない。

そこで考えられるのは、韓國の角筆點吐において單點と共に複點が重要な符號として用いられていることである。そのうち、十一世紀の初雕高麗版の華嚴經（周本）に角筆で施された點吐の單點の圖は次のようである。

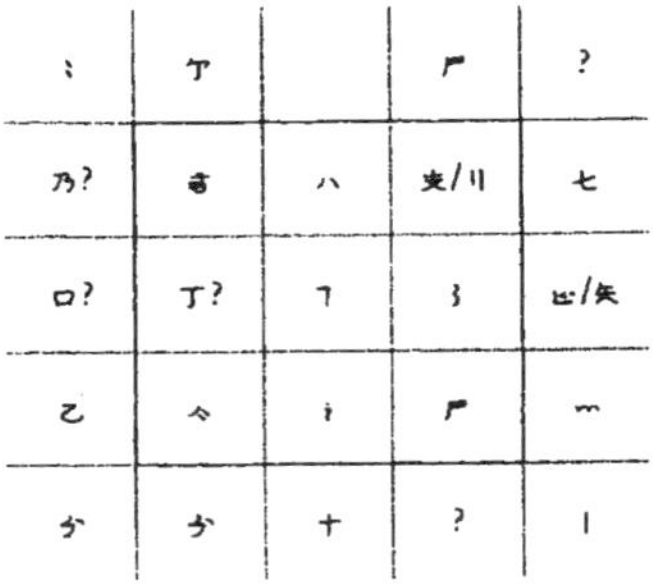

周本『華嚴經』卷第五十七の單點圖

（『角筆口訣의解讀과飜譯2』所收　李丞宰「符點口訣의記入位置에 대하여」による）

これを同じ誠庵古書博物館藏の六十卷本大方廣佛華嚴經卷第二十（晉本）と比べると、複點以下は相違があり、單點でも壺內の點にも一致しないものがあるが、單點で一致するものについて、それらに日本語を宛ててみると、次の圖に示した點が1舊譯華嚴經の單點と相通ずる。

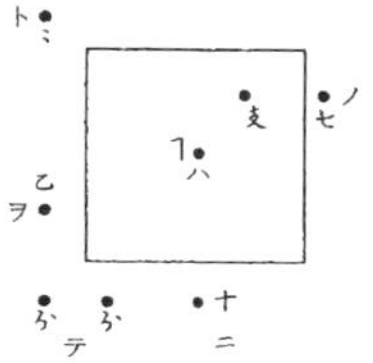

但し、位置に差異があり、1舊譯華嚴經が漢字の四隅・四邊を使っているのに對して、角筆點吐は漢字の周邊と壺內を使っている。この差異を考慮しなければ、「乙・ヲ」と「ミ・ト」とは同じ位置に加點されている。他の「ㄉ・テ」「十・ニ」「ㄱ・ハ」「セ・ノ」「支」は位置が異なるが、次掲の上段圖の點線のように移動させると、下段圖の①舊譯華嚴經のヲコト點圖になる。

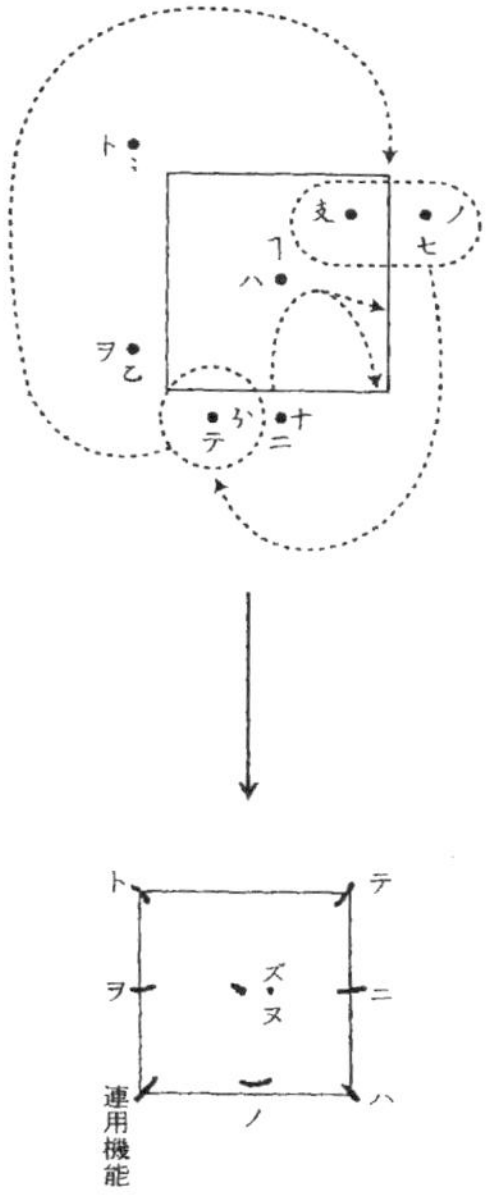

古代朝鮮語の點吐（ヲコト點）を奈良時代の日本で借用し取入れたとした場合、そのままの形式ではなく、一部を移動させて取入れたことが考えられる。

その場合、二つの原則が考えられる。

Ⅰ古代朝鮮語の助詞類を日本語の助詞類に譯して取入れるに際し、日本語で使用頻度の高い助詞、例えば「テ」と「ヲ」などは、符號の位置を遠く離す。近い位置にあると紛れ易いからである。「一」「二」などの平たい字形の漢字の場合を考えると分り易い。

Ⅱ移動の方向は、右廻りの時計の針の動きの方向で入れ替る。

この原則によって、韓國の大方廣佛華嚴經角筆點吐の星點の移動を見ると、「ㄋ・テ」を「乙・ヲ」から離して右上隅に移す。そのために、右上隅のやや下寄りの「ヒ・ノ」と内側の「支」とを、元の「ㄋ・テ」の位置とその右に移すことになる。新しく移ってきた「ノ」と放すために「十・ニ」を「丁・ハ」と共に右廻りの原則に従って右邊の中と右下隅に移す。こうして神護景雲寫華嚴經（舊譯）のヲコト點圖が生まれる。

こう考えて來て問題となるのは、韓國の角筆點吐の方が時代が下ることである。六十巻本大方廣佛華嚴經巻第二十（晉本）は十世紀刊、初雕高麗版大方廣佛華嚴經は十一世紀後半刊であるからその角筆點吐は、神護景雲寫華嚴經のヲコト點より時代が下ったものとなる。しかし、韓國の兩大方廣佛華嚴經で共通する單點は新羅時代に溯って使われた可能性がある。

その參考となるのが、神護景雲寫華嚴經の京都國立博物館藏卷第十七に角筆で施された點吐らしい書入れである。例数が少なく疑問もあるが、次のようである（平假名は白書のヲコト點、片假名も白書）。

菩薩《は》如レ是學二《（ヒ）ぬ》廻向《を》一（146行）

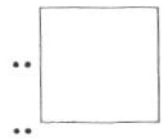
究竟得レ至三《コト》非《イ》趣二彼岸《に》一（78行）

至二一切語言音聲《に》一（165行）

用例数が少ないので單なる傷の恐れもあるが、單點の「ㇸ・ハ」が一致しているのは偶然とは思われない。「ㇸ・ハ」は漢字の中央に施されていて韓國の角筆點吐の位置と一致する。同じ漢字に白點で施された「ハ」は右下隅の位置であり、既に日本で借用して入れ換えしたヲコト點になっている。本文184行の「供具」の左傍にも角筆の單點らしい凹みがある。傷でないとすると、「乙・ヲ」に當るが、文脈上疑いがある。複點と見られる角筆の凹みは解讀できていない。

この舊譯華嚴經卷第十七には、角筆による梵唄譜と合符も施されていて、それが新羅の符號であるから、角筆の點吐も一緒に移寫された可能性がある。この京都國立博物館藏卷第十七には、既述のように、新羅の假名（字吐）の「亠」（「亦」の省畫體）が認められることを李丞宰教授が指摘している(16)。このような、新羅の、字吐や角筆點吐は、勘經の證本とした新羅經に書入れられていたものが、そのまま轉記されたものであろうと考えられる。

第五節　神護景雲寫羅摩伽經の特殊點甲類のヲコト點と「華嚴文義要決」の點吐との關係

春日政治博士が「發生初期のヲコト點」とされた、もう一つの神護景雲寫羅摩伽經のヲコト點が特殊點甲類であることは先掲の通りである。これと類似のヲコト點を持つものに、佐藤達次郎氏舊藏の華嚴文義要決が擧げられる。

比較の便のために、春日博士が示された羅摩伽經のヲコト點（先掲ⓐ）を上段に、華嚴文義要決のヲコト點を下段に掲げる。(17)

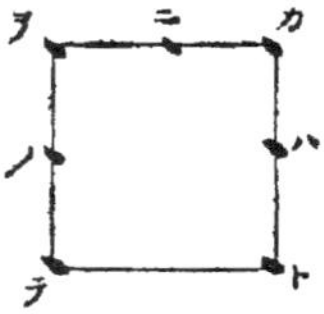

正倉院聖語藏
神護景雲書寫
羅摩伽經の
ヲコト點

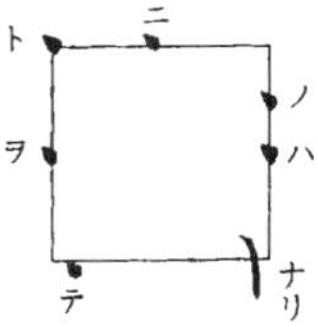

佐藤達次郎氏舊藏
華嚴文義要決の
ヲコト點

この二つの點圖を比べると、「テ」「ニ」「ハ」の位置が同じである。このことにより、ジョン・ホイットマン教授は、「或る程度の類似性を示す」ことを指摘した。(18)これに、先述の古代朝鮮語のヲコト點（點吐）を借用する時に採られた移動の二原則を適用させると、華嚴文義要決では「テ」と「ヲ」が接近しているので、この使用頻度の高い二つの助詞のうち「ヲ」の方を、「テ」より離して左上隅に移動させる。そこにあった「ト」

は遠く右下隅に移す。併せて、「ハ」の近くにあった「ノ」を左邊中に移し、空きの生じた右上隅に新たに「カ」を入れると、羅摩伽經のヲコト點となる。

こう見ると、華嚴文義要決のヲコト點に反映された新羅の點吐[19]から羅摩伽經のヲコト點が生じた可能性が大きいことになる。

第六節　特殊點甲類・乙類から第一・二・三・四群點の成立過程

第一項　特殊點乙類から第三群點・第四群點の成立

特殊點乙類が第三群點と次いで現れる第四群點との前驅となるものであることは築島裕博士が指摘している。[20]このことを石山寺藏華嚴經（一切經第一九函・第二〇函）の平安初期點で具體的に見ることにする。石山寺藏華嚴經（新譯）は八十卷のうち、補寫を除くと、平安初期の白點が五十八帖に存する。五十八帖の白點をヲコト點の種類別に見ると、

(1)特殊點乙類……卷第二十一～四十二、卷第六十四～八十（中に補寫あり）　三十七帖（先掲）
(2)第三群點　……卷第四十四・四十五・四十七～五十　六帖
(3)第四群點　……卷第四十三・四十六　二帖
(4)特殊點甲類……卷第五十一～六十三　十三帖

となる。このうち(1)(2)(3)のヲコト點の單點（星點）はいずれも「テ・ニ・ハ・ヲ・ト・ノ」を持っていて、その位置は次のようである。

(1)特殊點乙類

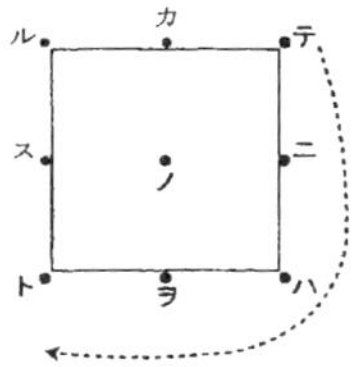

(2)第三群點

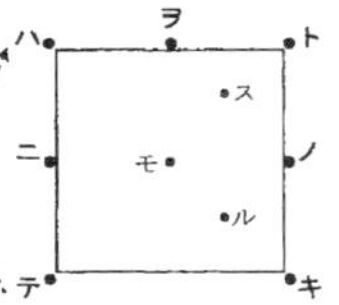

(3)第四群點

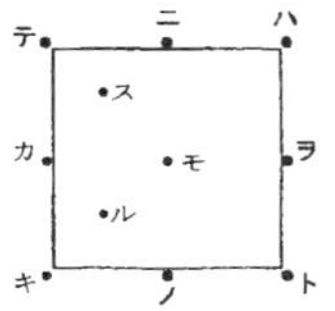

(1)特殊點乙類の「テ・ニ・ハ・ヲ・ト」を180度右方向に廻轉させると、(2)第三群點となり、この(2)第三群點を更に90度右方向に廻轉させると(3)第四群點となる。中田祝夫博士は第三群點が東大寺邊に生じたと推定されている。[21] 華嚴經の注釋に用いた華嚴經探玄記の聖語藏巻第十九平安初期白點も、(2)第三群點と同じ單點である。

第四群點が第三群點を90度右廻りに廻轉させて作られたことは中田博士が説かれ、築島博士は十世紀頃までは多分南都で行われたとされる。聖語藏の華嚴經探玄記巻第九平安初期點は第四群點である。

第二項　特殊點甲類（羅摩伽經）と第一群點・第二群點との關係

特殊點甲類は種々の點法があり、平安初期點には第四群點の成立に係ると考えられるものもあるが、[22] 最も古く「發生初期」とされる羅摩伽經の單點七箇による點法は、第一群點及び第二群點の單點と親近性を持っている。

(1)第一群點との親近性

羅摩伽經（特殊點甲類）の　　　第一群點の單點
ヲコト點　　　　　　　　　　（成實論天長五年點、金光明最勝王經註釋（飯室切）古點）

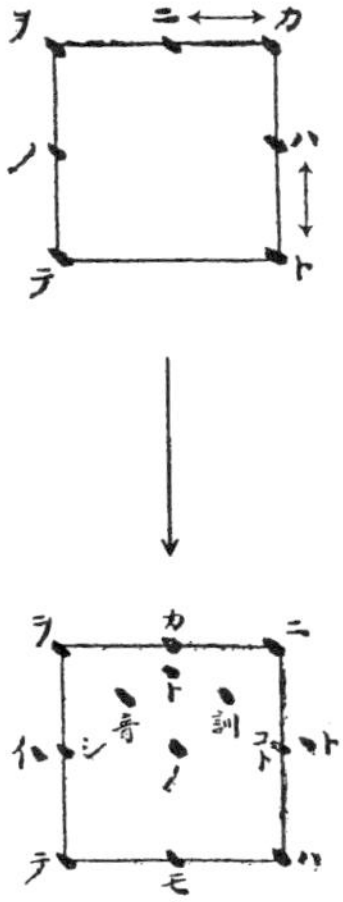

「テ」と「ヲ」の位置は同じであり、「ニ」と「カ」、「ハ」と「ト」をそれぞれ入れ換えると第一群點に近くなる。このような部分的な入れ換えで別種のヲコト點を作ることは、日本のヲコト點の展開では見られる方法である。羅摩伽經のヲコト點が第一群點の古形であることは中田博士が指摘している。(23)第一群點の祖點が東大寺など南都で行われたことも指摘されている。(24)

(2) 第二群點との關聯

羅摩伽經（特殊點甲類）の　　第二群點
ヲコト點　　　　　　　　　（聖語藏阿毗達磨雜集論卷第十一古點）

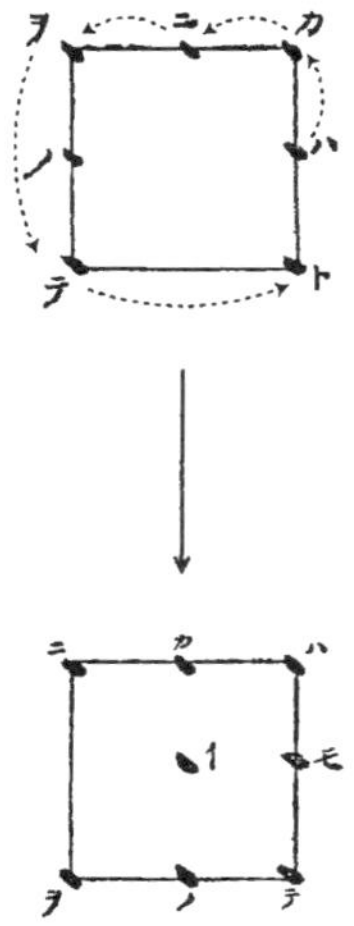

羅摩伽經の「ヲ」「ノ」「テ」を左に90度廻轉し、「ハ」「カ」「ニ」をそれぞれ左に廻すと右掲下圖の第二群點となる。この阿毗達磨雜集論卷第十一のヲコト點は第二群點の最古と見られ、現に東大寺の正倉院に傳存している。左方に廻轉させて別種のヲコト點を作ることは、日本のヲコト點の展開の中では、「法華義疏長保四年點」のように行われている。(25)

第三項　新羅の點吐との關係

春日政治博士が「發生初期のヲコト點」と指摘されたⓐ羅摩伽經とⓑ舊譯華嚴經とが新羅の點吐の影響であるとすれば、特殊點甲類・乙類が第一群點・第二群點と第三群點・第四群點の前驅的な位置にあることから考えて、日本のヲコト點の起源は新羅の點吐と深く係っている可能性が大きい。

但し、以上は現存資料に基づく推論であって、他の考え方もありうるであろう。

注

（1）吉澤義則『國語國文の研究』（昭和二年・一九二七刊）所收のヲコト點の論文
大唐三藏玄奘法師表啓の訓點
眞言宗の乎古止點（「淨光房點」）
尙書及び日本書紀古鈔本に加へられたる乎古止點に就きて
同『國語說鈴』（昭和六年・一九三一刊）所收のヲコト點の論文
井々竹添先生遺愛唐鈔漢書楊雄傳訓點
王朝時代に於ける博士家使用ヲコト點

（2）中田祝夫『古點本の國語學的研究總論篇』（昭和二十九年・一九五四刊）一八三頁「ヲコト點における種々の問題」。本册、第一章九頁。

（3）本册、第八章參照。

（4）日本創案說は、既に春日政治博士が說く所であり、「初期點法例」（「國語國文」第二十一卷第九號、昭和二十七年・一九五二）の中で、「淵源が平安朝初期の南都古宗にある」と說いている。

（5）築島裕『訓點語彙集成』第一卷所收「ヲコト點概要」八一頁。「第四圖～第十一圖」を「第一圖～第八圖」に變えて揭げる。［第四圖 第四群點］の左下隅の「テ」は築島博士の圖のまま。

(6) 注(2)著書第二編第三章「ヲコト點の分類および各種ヲコト點の點本」。
(7) 注(2)著書第三編第一章「ヲコト點の系統について」。
(8) 注(5)文獻八六頁。
(9) 注(2)著書第三編第一章四九七頁。「平安初期のものには、筆者の分類の點とは異りの大きなものが現れてくる。しかしそれらといへども、多くは筆者の分類した群類のいづれかの祖點と見なされるべきものであると思ふ」と説かれている。
(10) 築島裕『平安時代訓點本論考研究篇』三一九頁。この類を甲類でなく「乙類」とされたのは、特殊點の中でも比較的後期のものと見たことによるとされる。
(11) 注(10)文獻三三〇頁。築島裕「東大國語研究室所藏訓點資料書目(その二)」(『國語研究室』第三號)。
(12) 本册、第五章第六節一六四頁及び第六章第三節一七五頁。
(13) 春日政治『片假名の研究』(及び注(4)文獻)。尙、築島裕「聖語藏大方廣佛華嚴經古點の調査研究について」(『南都佛教』第八十六號、平成十七年十二月)參照。春日博士が調査濟とされた卷第十七の一卷は新譯の八十卷本である。
(14) 本册、第五章第五節一六二頁參照。尙、春日博士も「形容詞の語尾クらしく、用例が少ないので多少疑はあるが」と述べている。
(15) 平安初期の訓點資料の中に複點を一部に用いたものがあるが、それは新羅點吐の影響と考えられるものである。
(16) 李丞宰「京都國立博物館藏の『華嚴經』卷第十七の訓點」(『訓點語と訓點資料』第一一七輯、二〇〇六年九月)。

（17）原本調査によると、羅摩伽經卷第三のヲコト點には、下邊中に「シ」の點がある。華嚴文義要決のヲコト點の歸納は、本冊、第三章第三節七六頁參照。

（18）ジョン・ホイットマン「口訣資料と訓點資料の接點—佐藤本「華嚴文義要決」のヲコト點／點吐を中心に—」（平成二十一年五月二十四日、第一〇〇回訓點語學會研究發表）。

（19）佐藤達次郎氏舊藏華嚴文義要決（以下、佐藤本華嚴文義要決）のヲコト點が、新羅人の手によって施されたのか、古代朝鮮語の加點を日本人が借用して日本語の訓讀を示したのかは、論の分れる所であるが、ヲコト點と同時に施された合符と返讀符・語順符は新羅の加點樣式を示しているから、ヲコト點も新羅の點吐に基づいていることは動かない。

ジョン・ホイットマン教授は、佐藤本華嚴文義要決のヲコト點には、韓國の口訣資料に見られない用法のあることから、「點吐を理解した上で點吐體系を借りて日本語に用いた」（發表資料）とする「點吐の借用」説を述べている。同趣旨を後に「ラテン語教典の讀法と訓讀」（『佛教文明の轉回と表現』勉誠出版、二〇一五年三月）に論述している。本冊の筆者も、次の理由から借用説に贊成する。第一は、佐藤本華嚴文義要決の七箇のヲコト點のうち、「テ」「ヲ」「ト」「ニ」「ノ」「ハ」の六箇が單點で示されるのに對して、「ナリ」が線で示されているのは、「テ」～「ハ」が一音節であるのに對して、「ナリ」は二音節であるためであると考えられること。第二に、佐藤本華嚴文義要決のヲコト點は黃褐色で書かれている。現存資料によると、韓國では高麗版以前は加點には角筆を用いているのに對して、日本では九世紀初には白點や黃褐色の加點が始まっていた。從って、ヲコト點の「ヲ」の使い方も、當時の日本語の助詞「ヲ」の用法にひきつけて用いたものであろう。

(20) 注(10)文獻三六九頁。「一邊の上に星點が「テ」「ニ」「ハ」と竝ぶ形式は(略)特殊點乙類から何らかの影響を受けて、第三群點の基本様式が成立したものと推測する」と述べている。
(21) 注(2)文獻三三四頁。
(22) 本書第十册「訓點表記の歴史」、第五章第四節。
(23) 注(2)文獻五〇一頁。
(24) 注(2)文獻二五九頁。
(25) 注(2)文獻五〇二頁。

第十章　日本平安初期の訓讀法と新羅華嚴經の訓讀法との親近性

第一節　はじめに

日本の訓點表記の重要な要素である假名とヲコト點とが、古代朝鮮語の特に新羅華嚴經の加點の影響によって使い始められたと見られるならば、表記面だけでなく、經典本文の訓讀法にも、同様な影響があったことが考えられる。

この章では、日本の平安初期における東大寺を始めとする南都僧が經典の本文を訓讀した仕方を、新羅華嚴經の角筆加點による訓讀の仕方と比較してみることにする。

介詞「於」が、名詞（句）の前に附加し動詞（敍述語）に續く場合、平安初期の訓讀では「於」の用法に應じて諸種の訓讀法があるが、その中に「於」に加點せず下の名詞（句）に助詞「ニ」を讀添える訓讀法がある（本書第三冊、第四章第二節第二項一四三頁、第八章第三節第二項四九二頁）。

［於］三七日中《の》二思惟《シタマヒシトキニ》如《キ》レ是《(ノ)》事《を》一（山田本妙法蓮華經方便品平安初期點241行）

［於］瞻部洲《に》廣《に》宣《し》流布《したまはく》《してす》不《(アラシ)》二速《メむ》隱《ク》沒《セ》一（西大寺本金光明最勝王經卷八平安初期點279行）

この訓讀法は平安中期以降に變遷し、次第に「ニ於《オイ》テ」が擴まり、今日の漢文訓讀の一般的な訓讀法となっている。

これに對して、東大寺圖書館藏大方廣佛華嚴經自卷第十二至卷第二十では、

於如是諸衆生中「ㄋ」(角)　爲現其身（153行）

のように、下の「中」に「ㄋ」（助詞「ニ」に當る）を讀添えていて、日本の平安初期の訓讀に見られるのと同じ訓讀法を用いている。

因みに、大谷大學藏判比量論の角筆加點でも、

今於此中「ㄋ」(角)　直就所詮而立比量證□□識（第九節26行）

のように同様に加點されている。

介詞「以」も、平安初期の訓讀には、「以」には加點せず下の名詞（句）に「モチテ」や「ヲ」を讀添える訓法が見られる（本書第三冊、第四章第二節第二項一四一頁、第八章第三節第二項四九一頁）。

欲《すか》下［以］佛之《の》知見《をもちて》　示《（サ）むと》中　衆生《に》上故《に》。欲《すか》下［以］佛之《の》知見悟《を（ラ）しめむと》中　衆生《に》上故

（山田本妙法蓮華經方便品平安初期點127行）

［以］解‐脱殊妙素練《のソレをもてし》　又以《はて》二種種《の》一切智智无生忍《の》等《き》功德珎寶《を》一（東大寺藏本地藏十輪經卷二元慶七年點111行）

この訓讀法は、「以《モチテ》」の訓法が既に平安初期にも見られ、後世は一般的となる。

これに對して、東大寺圖書館藏大方廣佛華嚴經自卷第十二至卷第二十では、

或以頭陁「呂」(角)　持戒門（402行）

卽以神力「呂」(角)　莊嚴此殿（601行）

のように、下の名詞（句）に「呂」（「モチテ」の意を表す）を讀添えていて、日本の平安初期の訓讀に見られるのと同じ訓讀法を用いている。

右の「於」「以」における「弓」「呂」のように、當該字に加點せずに、この字を持つ句の句末の語に讀添えて加點する方式は、高麗時代の角筆點吐資料や墨書口訣資料に見られる一般的な加點法である。

日本の平安初期を主とする初期訓讀資料において、同じ加點法が見られるのは、偶々一致したに過ぎないのかも知れないが、新羅の加點法との關係も考えてみる必要がある。以下に、副詞の呼應を始めとする三項を設けて、この問題を考えてみる。

第二節　副詞の呼應

第一項　東大寺藏華嚴經の角筆加點の訓讀法の狀況

日本の平安初期の訓讀法と比較するのは、東大寺圖書館藏大方廣佛華嚴經自卷第十二至卷第二十の角筆加點（以下「東大寺藏新羅華嚴經」と稱す）である。

この東大寺藏新羅華嚴經の訓點記入方針と訓讀法の狀況を先ず見ておく。

既述のように、東大寺藏新羅華嚴經には、「介時《「ろ」(角)》」に始まる構文が、「介時～告～言」「介時～白～言」等の文型で全巻にわたって屢々用いられている（本冊、第四章第四節一一一頁）。

その釋讀には、本文の決まった漢字に角筆で一定の假名と訓字が施されている。第四章の角筆加點の方式で述べたように（右傍の「ろ」と「白」が角筆文字である。以下同じ）、

介時《ろ》文殊師利菩薩摩訶薩告諸菩薩言《白》（48行）

この48行を初出として、「介時……言」の構文の、102行、108行、133行、150行、158行、166行、178行、187行、197行、207行、227行（この間には「介時……言」なし）、650行、653行、660行、668行、681行、685行が、それぞれ「ろ」と「白」を、「時」の右傍下寄りと「言」の右傍とに、角筆で書入れている。そして巻十七の753行の、

介時《ろ》天。帝釋白《ろ》法慧菩薩言（753行）

と巻十八の866行の、

介時《ろ》精進慧菩薩白《ろ》法慧菩薩言（866行）

とは、「介時」に「ろ」を書入れ、途中の本文の「白」に接續法の「ろ」を施して、「言」には「白」の書入れが無いが、その前後の、

介時《ろ》正念天子白《ろ》法慧菩薩言《白》（709行）

介時《ろ》法慧菩薩告《ろ》精進菩薩言《白》（889行）

では、「白」「告」に「ろ」を施すと共に、「言」に「白」が書入れられて、

尒時《ヲ》勝林菩薩……説頌言《白》（1009行）

尒時《ヲ》行林菩薩……説頌言《白》（1025行）

尒時《ヲ》智林菩薩……説頌言《白》（1035行）

のように、「言」に「白」が書入れられるものと、「白」の書入れのないものとが交用している。

この「尒時《ヲ》……言《白》」の全巻にわたる角筆文字の書入れ状況から見ると、この角筆文字を施した人物は、同じ構文であっても、その都度逐一に角筆文字を施す方針を採っている。最初、又は初出に近い構文にだけ角筆文字を施して以下は省略して施さないという方式は採っていないことが知られる。

又、「尒時……白（告）……言」の經本文に施す角筆文字は、「尒時《ヲ》」「白《ヲ》（告）」「言《白》」と一定している。

これを、日本の平安初期の訓點の書入れ方と比べると良く似ている。

尒時《に》佛告《（ケ）て》二妙幢菩薩《に》一言《はく》（西大寺本金光明最勝王經巻九平安初期點）

尒時《に》彌勒菩薩摩訶薩白佛言《（ハ）く》（唐招提寺藏妙法蓮華經巻六平安初期點）

經典の本文の字句が同じであるから、これも偶々似ることになったということが考えられる。

そこで、日本において訓讀の仕方が時代によって變遷する副詞について、日本の平安初期の訓讀法と新羅華嚴經の角筆の訓讀法とを比較してみることにする。以下に取上げる三語の副詞のうち、第一の「願」は訓そのものが變遷するが呼應語は變らないものであり、第二の「唯」は呼應語が後には無くなるものであり、第三の

「當」は呼應語の一部に變化のあるものである。

第二項　副詞「願」とその呼應語

㈠日本の平安初期及び平安中期以降の訓法(1)

I、平安初期の訓法

「願望」を表す「願」は、日本の平安初期（九世紀）の訓點資料では次のように訓讀されている。

(1)皆發《して》二菩提心《のを》一願《しき》二現在《（ト）》未來《と》常《に》依《て》レ此《に》懺悔《せむと》一（西大寺本金光明最勝王經卷五平安初期點78行）
若有《シルヒトい》　願《ひ》下生《（レ）て》二富樂《の》［之］家《に》一多饒《クユタカナラむと》中　財寶《に》上（同右、卷三平安初期點64行）

(2)現在《にいます》二十方界《に》一常住兩足尊《の》願《フて》以二大悲心《のを》一哀《し》二愍憶三念《（シ）たまへ》　我《を》一（西大寺本金光明最勝王經卷二平安初期點270行）
是《の》諸《の》善根《をモチテ》　願《フ》共《に》二一切衆生《と》一倶《に》成《ラむ》二正覺一（同右、卷三平安初期點201行）
願《フ》世尊聽《（キタマ）へ》二　比丘數數洗浴《すること（ヲ）》一（石山寺藏四分律卷三十九平安初期點）

(3)我等今者承《（ケ）て》二　佛神力《のを》一願《（ハク）は》　隨《（ヒ）て》二　所樂《に》一速《に》能《（ク）》　證《せむ》二得　安樂涅槃《のを》一（聖語藏本地藏十輪經卷七元慶七年點252行）
願《（ク）は》　求《（メ）む》二　无上道《を》一（唐招提寺藏妙法蓮華經卷六平安初期點43行）

(1)は、下の述語「懺悔《せむと》」「饒《ユタカナラむと》」から返讀して「ムト願《グワン》ス」又は「ムト願フ」と動詞に訓讀している。
この訓法は用例が少ない。

(2)は、中國語の語順のまま、「願《ネガ》フ」と動詞の終止形で先ず訓讀し、下の述語はこれに呼應して、「たまへ」

（尊敬の命令形）又は推量の助動詞「む」で結んでいる。平安初期（九世紀）の訓點資料では、この訓法が多く見られ、一般的であった。

(3)は、中國語の語順のまま「願《(ネガハク)は》」と副詞に訓讀したもので、平安初期の後半期（元慶七年は八八三年）の資料から見られるようになる新しい訓法である。

Ⅱ、平安中期以降の訓法

この(3)の訓法が平安中期以降には一般的な訓法となる。

願《く(ハ)》 爲《(ノ)》二未來《のの》諸有情《の》一故 唯垂《(ニ)し(レ)たまへ》二 尊者廣《くに》爲解說《することを》一 （京都大學藏蘇悉地羯羅經卷上延喜九年〈九〇九〉點5行）

毗沙門藥叉王・願《くは》 閇《(チ)たまへ》二 惡趣門《のを》一 （東寺觀智院金剛藏佛說毗沙門天王經久安三年〈一一四七〉點）

(二)新羅華嚴經及び高麗時代の角筆點吐資料の訓法

Ⅰ、新羅華嚴經の訓法

東大寺藏新羅華嚴經にも、願望を表す「願」が用いられている。「願」の加點を見出していないので、その訓法は未詳であるが、その呼應語に終結語尾「立」（서）が施されている。

當願衆生知家性空免其逼迫《立》孝事父母（「立」は角筆書、以下同）

當願衆生善事於佛護養一切《立》妻子集會

當願衆生怨親平等永離貪着《立》若得五欲

當願衆生拔除欲箭究竟安隱《立》技樂聚會

當願衆生以法自娯了技非實《立》若在宮室（242～246行）

のようである。新羅の歌謠を傳えた鄕歌にも、「立」が三例使われていて、小倉進平博士は『鄕歌及吏讀の研究』において、「十方叱佛體閼遣只賜立」（十方の佛知ろし召し給へ）（『三國遺事』所收、懺悔業障歌）の「賜立」について、

「사셔」（셔は「立」の字の訓を採つたのである）と讀み、目上に對する願望又は命令（なさいませ）を表はす助詞と見たいと説かれた。日本の平安初期の「願フ……たまへ」の呼應語に通ずる所がある。

Ⅱ、高麗時代の角筆點吐資料の訓法(2)

高麗時代の角筆點吐資料にも、「願」（願はくは）の呼應語に「立」が用いられている。

願《入丁》隨《ホ》衆生《ラ》心《セ》樂《ホ尸入乙》　說《ロハX立》（周本華嚴經卷六2―9）

（願はくは衆生の心の好むものに隨って演說して下さいませ）

願《入丁》更《ろ》演說《ろホ》　聽慧者《ラ》後地《十Xセ》　決定《ソ丁》　無餘道《乙》利益《ロハX立》　一切諸《丁》天人《乙》（周本華嚴經卷三十六1―12）

（願はくは再び聽慧者の後にいる決定した無餘道を演說して一切（の）凡《あら》ゆる天人を利するようにして下さいませ）

のようである。

「願」の點吐の「入丁」が「願はくは」を表すとすると、中國語の語順のまま副詞として訓讀したことになり、「立」はその呼應語と見られ、日本の平安初期後半期（九世紀後半）に新たに生じた(3)の「願《ハクは》」の副詞訓に相通ずると共に、平安中期（十世紀）以降の「願《ハクは》～たまへ」にも通ずることになる。

㈢日本の訓讀變遷と高麗時代角筆點吐資料の訓法が一致する例

このように、日本の訓讀變遷と高麗時代角筆點吐資料の訓法が一致するのは偶然であるかも知れず、新羅華嚴經の「願」の訓法が未詳の現段階では確かではない。しかし、他にも「唯願」の連文の訓法の例がある。

Ⅰ、日本における「唯願」の訓法の變遷

漢字「唯」には、限定（タダ）の他にも、祈願（コフ・ネガフ）や應諾（ウケタマハル）等の多義がある。「唯願」の「唯」は本來祈願の意であって、(3) 願望の意味を持つ「唯」と「願」の二字を熟字として用いた連文である。平安初期の訓點資料では、

舎利弗重《(ネ)て》白レ佛言《に(サク)》「世尊、唯《(コ)ヒ》願《(ネカ)ふ》説《(キ)たまへトマウス》之」（山田本妙法蓮華經方便品平安初期點71行）

作《シク》二是言《のを》一「唯《コフ》見《(ル)ニ》下哀二愍《シ》饒上益《(シ)タマフと》我等《レを》一所《の》レ獻《タテマツル》宮-殿《を》願《フ》垂《(レ)タマヘとマウス》二納-處《するコ、》一」

（守屋本注妙法蓮華經化城喩品平安初期點）

のように原義に従って訓讀している。

一方、限定の「唯」は「タダ」又は「タダシ」と訓讀され（次項參照）、訓法が區別されていた。ところが、この限定の訓「タダ」「タダシ」が、願望の連文の「唯」の訓にも用いられるようになった。同じ字は同じ訓で訓讀するという、日本の訓讀法の變遷の原理が働いたのである。

各作《シク》二是言《のを》一「唯《(タダ)し》願《フ》世-尊、轉《(シ)タマヘ》二於法-輪《を》一」（守屋本注妙法蓮華經化城喩品平安初期點）

彼咸《かク》問《(ハ)クに》二我嚴淨佛土《を》一「唯願《しク(ハ)》如來哀愍《(シ)て》爲説《に(キタマ)へ》二淨-佛土相《のを》一」（石山寺藏説無垢稱經卷一平安初期點）

平安中期以降はこの「唯《タダ(シ)》　願《ハクハ》」の訓法が一般的となる。

Ⅱ、高麗時代の角筆點吐資料の訓法

高麗時代の角筆點吐資料でも、次のように訓讀している。

讚請《ソろ》〃唯《ハ》願《入丁》　菩《丁》薩《ろ》以無生法《乙》而現《ㄘロハX立X》　受《(ノ尸入)乙》　生《乙》〃（周本華嚴經卷五十七20―6）

（讚請して〃只願はくは菩薩は無生法を以て而して生を受けることを現わして下さいませ〃）

請《X尸丁》　無畏《リX丁》　金剛藏《ラナ》　〃第五《セ》地《セ》中《ろセ》　諸行相《乙》唯《ハ》願《入丁》　佛子《リX入丁》　爲《ㄘ》宣說《ロハX立XXXㅣ》〃（周本華嚴經卷三十六7―21）

（畏れることの無い金剛藏に請うに〃第五の地の中の凡ゆる行相を只願はくは佛子にあらわれる人は（我々の）ために宣說して下さいませ〃（と）言った）

「唯《ハ》願《入丁》」が「只願はくは」を表し、「唯《ハ》」が次項で取上げる限定の語とすれば、日本の訓讀變遷と同じように、願望の連文「唯願」の「唯」を、限定と同じ訓で訓讀したことになる。

第三項　副詞「唯」とその呼應語

㈠日本の平安初期及び平安中期以降の訓法

Ⅰ、平安初期の訓法

副詞「唯」は、「タダ」又は「タダシ」（「シ」は强意の助詞）と訓まれ、事物や動作の範圍を限定して他にない意を表すので、平安初期の訓法では下の詞に「ノミ」を讀添えることが原則となっている。

何《ソ》如來功德《は》無量《にいますモノを》　壽命短促《のク（マ）りて》　唯八十年《のみいますへキとまをす》（西大寺本金光明最勝王經卷一平安初期點139行）

言《と》所《（音）》言《とは》　皆勝義《には》　无唯《し》世俗《にのみ》　有《り》（大東急記念文庫藏百論釋論卷十承和八年點）

无二《きは》所得一出世《なり》　若《（ハ）》　唯《し》説《ク》二一乘一《のみなり（ト）》（東大寺藏本地藏十輪經卷十元慶七年點）

第一例の西大寺本金光明最勝王經（十卷）平安初期點の、此の字の訓法について、春日政治博士は、次のように述べている。

○唯字は已述の如くタヾ又はタヾシと訓ずるが、この副詞をもつ文は下に定まってノミといふ助詞を取ることになつてゐる。

唯し阿難陁のみ〔於〕學地には住せり。一ノ一三

唯獨《（ひと）》(は)シラ如來のみ實際の法を證(す)ルをモチテ、戯論を永に斷(ち)たまへリ、……。一六ノ四

稀にノミを伴はないものがあるが、それらは點を落したのではないかと思はれるほど、この聯合も強いものである。

この呼應は多くの點本が一致してゐる。（春日政治『西大寺本金光明最勝王經古點の國語學的研究』）

この「唯〜ノミ」の呼應は、平安初期の漢文訓讀について強く見られる現象であって、漢文訓讀を離れた場では、必ずしも「ノミ」を呼應させるとは限らない。例えば上代（八世紀）の宣命（天皇の口頭の命令を宣べ聞かせた文章）では、『續日本紀宣命』に「唯」が四例用いられているが、二例には次のように「唯」に「ノミ」の呼應が無い。

鹽燒王者唯預二四王之列一（第二十詔、天平寶字元年〈七五七〉七月）

此事方人乃奏天在仁毛不在唯言其理尓不在逆尓云利（第四十四詔、神護景雲三年〈七六九〉九月）

「唯」に「ノミ」が呼應するのは、「一（ヒト）」がある場合であり、次の二例である。

此乎念方唯己獨乃未朝庭乃勢力乎得天賞罰事乎（第二十八詔、天平寶字八年〈七六四〉九月）

唯此太子一人乃未曾朕我子波在（第四十五詔、神護景雲三年〈七六九〉十月朔）

これから考えると、「唯〜ノミ」の呼應は、平安初期の漢文訓讀の場において、強い連合として用いられたものであることが知られる。

Ⅱ、平安中期以降の訓法

漢文訓讀の場では、平安中期（十世紀）以降も、南都古宗などの保守的な訓讀法を傳えた宗派の僧の間では、引き續き「唯〜ノミ」の呼應が用いられたが次第に「ノミ」の呼應が無くなるようになる。一方、平安新興佛教の、天台宗延暦寺（山門派）や眞言宗仁和寺（廣澤流）などの新訓法を用いた宗派では、「唯」に對する「ノミ」の呼應が見られなくなっている。次のようである。

(1)天台宗延暦寺の例

唯此法門未《す》レ興《ら》二斯《の》土《に》一（東寺觀智院金剛藏佛說陀羅尼集經卷一延久四年點、皇慶の弟子教慶移點）

唯佛輪印《の》上《なり》。唯改《て》二一食指一去《（ル）こと》二中指《（ヲ）》一半寸許（同右、卷五延久四年點）

(2)眞言宗仁和寺の例

或唯《はタ、》用《(ヰ)る》《(ヰ)ヨ》二鐵《テチ》。(入)末《マツを》一。(入)（仁和寺藏金剛頂瑜伽護摩儀軌康和五年點、寛助から實寛が奉受）

唯《し》花《は》用《(ヰ)よ》二有レ刺《ムハラ》・木《の》赤。(入)花《を》一（同右、康和五年點）

(二)新羅華嚴經及び高麗時代の角筆點吐資料の訓法

I、新羅華嚴經の訓法

東大寺藏新羅華嚴經にも、「唯」が用いられ、その呼應語に「分」が讀添えられている。次のようである。

此人功德唯《烏》佛《分》能知（761行）

如來所悟唯是一法《分》（167行）

「分」は「佛」と「法」の右傍の下寄りに書かれていて、讀添えの吐と見られる。小倉進平博士は『鄕歌及吏讀の研究』の「吏讀註解」において、「分叱」の諸例を擧げて、分叱兩字は合して一字とし「分叱」とも書く。（略）何れも「分叱」を뿐と訓じてある。「和語類解」の「幹旋口訣」及び「羅麗吏讀」の「倭語口訣」には「分叱」を「ノミ」と譯してある。（略）「뿐」は「叱分」を以て書き表はすべきであるが、「分叱」としたのは文字の位置を倒置したものである。「分叱」はまた單に「分」と書くこともある。

里長分○（里長のみ）與罪爲乎事、（大明律）（もう一例略）

のように說いている。

角筆の「分」の解讀に間違いないとすれば、「唯〜のみ」の呼應が、平安初期の漢文訓讀における「唯〜ノミ」の強い連合に通ずることになる。

Ⅱ、高麗時代の角筆點吐資料の訓法

段食一種唯令　欲界有情壽命安住（瑜伽師地論卷五6—4）

（段食一種は唯《ただ》欲界の有情の壽命を安住するようにして）

時分天唯互相抱　熱惱便息（瑜伽師地論卷五6—23）

（時分天は唯《ただ》互いに抱けば熱惱が即《ただ》ちに息《や》み）

唯一堅密　身　一切塵中見　無生亦無　相普現　於諸國（周本華嚴經卷六18—16）

（唯《ただ》一つの堅固で秘密の身であるが（それを）一切塵の中に見て生ずることがなく、又相が無いが普く凡ゆる國で現われ）

調べた範圍では、「唯」に呼應する「ノミ」の讀添えが無い。

「ノミ」の呼應語が無い點では、日本の平安中期以降における、平安新興佛教で、天台宗や眞言宗の、新訓法を用いた宗派の訓法に相通ずる。

第四項　副詞「當」とその呼應語

(一)日本の平安初期及び平安中期以降の訓法

Ⅰ、平安初期の訓法

副詞「當《マサニ》《ベシ》レ知《ル》」のように、一度、副詞「マサニ」と訓み、下の述語「知ル」から返讀して、再び「ベシ」と二度訓んでいる。一漢字に二つの訓が施されるので、「再讀字」と呼ばれる。

この「當《マサニ》《ベシ》」の再讀の訓法は、日本で訓點を施して訓讀することが始まった時期に近い平安初期（九世紀）の初頭期には、未だ行われず、當時は、「マサニ」と一度訓むだけであり、「當」字が持つ推量や意志の意味は下の述語に推量の助動詞「ベシ」や「ム」等を讀み添えて示していた。(4)次のようである。

(1)「當《に》～ベシ」

我當《に》以《て》二不善《を》一而死《(ス)へシ》　當《に》墮《(ツ)へシ》二　大怖畏《の》海《に》一（東大寺藏本成實論卷十五天長五年點）

當《に》爲《に》二如《キ》レ是《(ノ)》　等《の》一廣《く》讚《すへシ》二　一乘《の》道《を》一（山田本妙法蓮華經方便品平安初期點）

(2)「當《に》～ム」

答曰先《に》已《に》破《しツルか》レ　无《(シ)と》二　相應一故《に》。後《に》當《に》說《(カ)む》（東大寺藏本成實論卷十五天長五年點）

隣《トナリノ》　國《の》怨敵《チアクい》　興《オコさマク》二　如《キ》レ是念《の》一《を》、「當《に》具《へて》二四兵《を》一、壞《ヤフラむとオモハム》二　彼國《の》土《を》一」

（西大寺本金光明最勝王經卷六平安初期點31行）

呼應する下の述語には、「ベシ」「ム」の他に、「ムトス」や「マシ」を讀添えたり、述語の動詞を命令形にしたり、動詞の終止形で結んだりすることもあるが、「當《に》～ベシ」と「當《に》～ム」とが、最も多く廣く用いられていて、當時の一般的な訓法であったと見られる。

因みに、「當《マサニ・ベシ》」の再讀の訓法が發生したのは平安初期後半期であり、確例が見え始める。

問如《キ》レ是種姓《は(ヘ)キ》當《(マサ)に》レ言《フ》レ墮《(ツ)とヤ》二一《の》相續《に》一墮《(ツ)トヤ(イ)フヘキ》二多《の》相續《に》一答《シ》當《(マサ)に》レ言《(フ)》レ墮《(ツ)と》二一相續《に》一

（石山寺藏瑜伽師地論卷二十一平安初期末點）

しかし、この時期には未だ「當」の一度讀みの諸例の中での孤例であったり、多量の中の少數例であって、臨時的、一回的な用法であったと見られる。

Ⅱ、平安中期以降の訓法

平安中期以降は、天台宗や眞言宗など平安新興佛教を中心に、「當《マサニ・ベシ》」の再讀の訓法が次第に用いられるようになるが、「當《マサニ》～ム」の呼應も、

今次《は》當《にに》辨《せむ》レ修《(スル)ことを》二諸對《の》治《(ヲ)》一（石山寺藏辯中邊論卷中延長八年〈九三〇〉點218行）

のように用いられ、この辯中邊論延長八年點では、「當」字の二十二例中で十九例が「ム」で呼應している。他は「當《ヘシ》レ知《(ル)》」が二例、「當知《(ル)ヘシ》」が一例である。

降って、立本寺藏妙法蓮華經寛治元年（一〇八七）點では、

汝今善聽《クケ》當《にに》爲レ汝《か》說《(カ)む》（卷一、方便品）

のように「當《マサニ》～ム」が三十五例、「當《マサニ・ベシ》」の再讀訓法の百三十例に對して用いられ、他に「當《マサニ》～命令形」が三例、「當《マサニ》～終止形」が一例であって、「當《マサニ》～ム」と「當《マサニ・ベシ》」の再讀訓とに定まりつつある樣相を示している。

㈡新羅華嚴經及び高麗時代の角筆點吐資料の訓法

Ⅰ、新羅華嚴經の訓法

(1)「當《只》～音叱」

第十回目の調査で、東大寺藏新羅華嚴經の本文の「可」の訓を角筆で「音叱」と書入れた例が見出された。次のようである。

佛子所問義甚深難可《音叱》了（172行）

別の箇所では、この「音叱」を「可」字の無い箇所に角筆で書入れている。

介時復作是念我不成熟衆生誰當《只》成熟《音叱》（1093行）

「音叱」は「成熟」の「熟」字の右傍のやや下寄りに書入れられていて、その位置から考えて、字の訓ではなく、吐として讀添えられたものであり、直前の「當《只》（반ᄃᆞ기）」の持つ推量の意味を呼應語として示したとすれば、日本の平安初期の訓法の「當《に》～べし」に當ることになる。

(2)「當《只》～乎多」

更に「當《只》」の呼應語として、「乎多」を下の動詞に讀添えた次の例も見出された。

汝乃《沙》當《只》成《乎多》阿耨多羅三藐三菩提（1077行）

「乎多」も「成」の右傍のやや下寄りに書入れられているので、字の訓ではなく吐として讀添えられたと見られ、直前の「當《只》」の持つ意志の意味を呼應語として示したとすれば、日本の平安初期の訓讀の「當《に》～む」に當ることになる。

Ⅱ、高麗時代の角筆點吐資料の訓法

調べた範圍では、次の訓法の例が見られた。

所謂唱言《ナ尸丁》　我當《ㄱハ》必定成《ちXホ》　正等覺《ソ尸入乙》（周本華嚴經卷五十七19―16）

（謂う所は唱言するに、我は必ず正等覺することを成します）

菩薩地中《七十》我當《ㄱハ》廣《リ》說《X丨》（瑜伽師地論卷五19―13）

（菩薩地の中で私が必ず廣く說くであろうことだ）

佛子、菩薩摩訶薩有《ナ丨》　十種《七》退失《X尸》　佛法應《ホ七X》　當《ハ》遠離（周本華嚴經卷五十七2―10）

（佛子よ、菩薩摩訶薩が十種の佛法を退失することを必ず遠離しなければならないことがある）

第一例は新羅華嚴經の「當《只》～乎多」に通ずる。第二例は「說《X丨》」とあって呼應が未詳である。第三例は「應當」の連文を、日本の訓法の「當《マサに》～應《ベシ》」と同様に訓讀しているが、「ホ七」を「當《ハ》」の呼應語として讀添えた例は見られなかった。その理由は未詳である。

以上、日本の平安初期の訓讀法が新羅華嚴經の訓讀法と親近性を持つことを副詞とその呼應語の三事象から見たが、未詳の點も多く、他の事象を併せ見る必要がある。

第三節　訓讀語體系から見る

日本の平安初期の訓讀法と新羅華嚴經の訓讀法との比較を、訓讀語體系（本書第一册、第六章）の各字について行うべきであるが、新羅華嚴經の資料としては東大寺藏華嚴經一巻だけであるために、總ての漢字にわたって比較することは、現段階では出來ない。角筆加點を解讀することが出來た若干について以下に掲げる。

(1)願望を表す動詞「願」

先掲（本册、第十章第二節第二項二五八頁）の通りである。

(2)動詞の使役態「令」

使役される者が「令」と動詞等との間に表記される場合には、平安中期以降の天台宗・眞言宗の平安新興佛教では「令〜ニシテ」が一般的となるが、(5)南都の保守的な訓法を傳える資料には「令〜ヲ」「令〜ニ」が傳承され、この訓法が平安初期に廣く用いられていた。(6)溯って、奈良時代の勘經と見られる、神護景雲寫大方廣佛華嚴經巻第十四と巻第十七では「令〜ヲ」と「令〜ニ」だけであった（本册、第六章第三節一七六頁）。

不三輕賤訶罵令二其《を》憂惱一《(セ)シメ》　（巻十四50行）

令一切衆生《を》超二出《(シ)て》　生死《を》一成二就《(セ)シム》　如來十種力地一　（巻十七217行）

令我《に》具足《(シ)て》　悉成滿《(セ)シム》　（巻十七126行）

のようである。

東大寺藏新羅華嚴經にも、

是故要當先令三一切衆生「肹」(角)得二无上菩提一（1124行）

の例が拾えた。「肹」は鄕歌に目的格の助詞として用いられている。

(3)介詞「以」

先掲（本册、第十章第一節二五四頁）の通りである。

(4)介詞「於」

先掲（本册、第十章第一節二五四頁）の通りである。

(5)介詞「從」

平安初期の訓讀法では、「從」に附訓せず下の名詞に格助詞「ヨリ」を讀添える場合と、直接に「從《ヨリ》」と加點する場合とがある。(7)

是《の》皷《の》音聲《は》不《す》二［從］木《ヨリも》生《セ》一不二［從］皮《ヨリ》生《し》及桴手《ヨリも》生《(セ)》一（西大寺本金光明最勝王經卷五平安初期點229・230行）

尒時師子相無礙光燄菩薩［與］無量億衆《(ト)ヨリして》從レ座［而］起《チ》（同右、卷四平安初期點2行）

東大寺藏新羅華嚴經にも、

尒時世尊從兩足輪下「叱」(角)　於百億光明「ᄒ」(角)　照此三千大千世界（69行）

忉利天中有天皷「ᄒ」(角)　從「叱」(角)　天業報而生得（528行）

梵行從「叱」(角)何處來（742行）

とあり、「從」に「丕ㅅ」（より）の終聲「叱」（ㅅ）を加點している。しかも、第一例のように、「從」に加點せず下の「兩足輪下」の「下」に「叱」を讀添える場合と、第二例と第三例のように、直接に「從《叱》」と加點する場合とがある。

(6)竝列の連詞「及」

平安初期の訓讀法では、竝列の連詞「及」は所定の訓が無く、不讀とするのが一般であった。[8]「及《オヨビ》」の訓は平安初期の後半期の資料から若干例が見え始め、[9]平安中期以降に次第に一般化する。

文中に在って、前の事物・人間等と後の事物・人間等とを竝列する場合には、

星宿《と》「及」風《と》雨《と》皆不《し》二以《て》レ時《を》行《セ》一（西大寺本金光明最勝王經卷八平安初期點373行）

是故《(ニ)》於《て》二持戒《と》多聞《と》「及」禪定《との》等《(キ)》少利事中《に》一自以爲レ足《ぬと》（東大寺藏本成實論卷十五天長五年點119行）

のように、「及」には加點が無く、前と後の詞に竝列助詞の「～ト～ト」を讀添えている。意味上は下の詞に讀添えられた「～ト」が「及」に對應している。

東大寺藏新羅華嚴經も、竝列の連詞「及」の文を次のように訓んでいる。

帝釋宮中佛「卧」(角)　及「叱」(角)　大衆「卧」(角)　靡不皆現（643行）

莊嚴「飾只」(角)　佛塔「卧」(角)　及「叱」(角)　其處（428行）

以燈施佛《「卧」(角)》　及佛塔（438行）
諸天《「卧」(角)》　及人問於如是菩薩所脩淸淨之行（891行）

いずれも「及」の前後に事物・人間等を竝列する構文である。「及」の前の事物・人間等に「卧」を讀添え、第一例では「及」の後の事物・人間等にも「卧」を讀添えているのが認められた。「卧」が竝列の「と」を表すとすれば、日本の初期訓讀法に見られる「〜及《ト》〜《ト》」に通ずることになる。

但し、第一例と第二例では「及」に角筆の「叱」（人）が施されている。高麗時代の角筆點吐口訣では竝列の連詞「及」に終聲「ㄴ」（人）が加點されていて、「及」を「叺」（および）と訓んでいる。新羅華嚴經の右揭の第一例と第二例の「及《「叱」(角)》」は、既に「及」に「叺」（およぴ）の訓が生じていたことを示している。

日本の平安初期の訓讀でも、平安初期後半期には「及《ひ》」の訓法が見られる（本書第三冊、第八章第三節第三項五〇八頁）。それらの加點資料は、ヲコト點に第三群點か第一群點を用いたもので、東大寺邊の僧の加點と見られる。新羅華嚴經の訓法との關係も否定できない。

(7)添加の連詞「況」

平安初期の訓讀法では、「況」を文頭に持つ下文に、上文の中の成分と對應する成分のみが表現される用法の場合、下文の成分は上文の中の成分と同じ格に表現される。(10)

是故《の》若《に(シ)》 有《(ラ)むヒトノ》 欲《(ハ)むいは》レ 得《(ムト)》二 阿耨多羅三藐三菩提《を》一 者、於諸經中《ののに》一句一頌《をもに》 爲レ人《の》解說《すへし》 功德善根尚無《ケむモノソ》二 限

量一何況《(ヤ)》 勸下請《せむいはとのたまふ》 如來轉《を(シ)たまへ》二 大法輪一久《(シ)ク》 住《して》二 於世《に》一 莫《レと》中 般涅槃《(シ)たまふこと》上

（西大寺本金光明最勝王經卷三平安初期點179行）

上文の「有《(ラ)むヒトノ》欲《(ハ)むいは》」の主格に對應して、下文も同じ主格の「勸請《せむいは》」で結び、その後にこの會話文を閉じる「とのたまふ」が讀添えられている。

東大寺藏新羅華嚴經も、

彼「ヲ」(角) 以微小福德力猶能摧破大怨敵何況「尓」(角) 救度一切者「ヲ」(角) （527行）

のように、上文の主格「彼イ」に對應して、主格の「者イ」で結んでいる。

又、ヲ格等についても、平安初期の訓讀法では、

如《く》二佛《の》說《(ク)か》一福《をすラ》 尚《し》應《し》レ捨《(ツ)》 何況《ヤ》罪《をはや》 （大東急記念文庫藏百論天安二年點168行）

のように、上文の「福《をすラ》」に對應して、下文も「罪《をはや》」で結んでいる。

東大寺藏新羅華嚴經も、

衆知「呂」(角) 共說无能盡何況「尓」(角) 所餘諸妙行「呂占」(角) （707行）

のように、上文の「知呂」（知ヲモチテ）に對應して、下文も「諸妙行呂占」（諸妙行ヲモチテ）で結んでいる。「呂」の下の「占」は文末や文章末に讀添えられる感動の吐である。

尚、平安初期の訓讀法では、「況」字の上文の、提示される語に、「スラ」又は「ダニ」を讀添えている。このことは春日政治博士の指摘された所である。(11)「スラ」は低度もしくは高度の一事物を擧げて他を類推させ、「ダニ」は未定事實に對し最小限の限定を示すが、「スラ」を侵す用法も見られる。次のようである。

十方世界中《の》 尙《には》无《しし》二二乘《の》一何《すら》況《にや》有《(ラ)むや》レ三《の》（山田本妙法蓮華經方便品平安初期點132行）

罪報生時《にすラ》 苦《なり》 何《にヤ》況住時《には》（大東急記念文庫藏百論天安二年點170行）

少物 尙《タニ》施《シ》何《スニ》況《ヤ》有《ラムヲハ》レ 多（聖語藏菩薩善戒經古點『古訓點の研究』292頁）

東大寺藏新羅華嚴經も、

彼音《「沙」(角)》 无形不可見 猶能利益諸天衆 況《「尒」(角)》 隨心樂現色身（538行）

「況」の上文の提示される語に、强調の「沙」（사）を讀添えている。

(8)語氣詞「哉」

平安初期の訓讀法では、「哉《カナ》」と訓んでいる。(12)

常隨《に(ヒ)て》 讚《(セ)むとまをす》二 善 哉《(ヨキ)かナと》一（西大寺本金光明最勝王經卷十平安初期點397行）

禍 哉《なるかナ》愛子《は》端嚴相《のいましつ》（同右、卷十平安初期點160行）

東大寺藏新羅華嚴經も、

尒時文殊師利菩薩告智首菩薩言《「白」(角)》「善哉《「占」(角)》 佛子《「㔾」(角)》（略）」（235行）

尒時《「㔾」(角)》 堅「固《(右傍角筆)》」慧菩薩承佛威力普觀十方而說頌言《「白」(角)》「偉哉《「占」(角)》（略）」（686行）

作如是言「善哉《「占」(角)》 善哉《「占」(角)》 法慧（略）」（807行）

のように、「哉」に「占」（뎜・助詞「かな」に當る）を加點している。

(9)副詞「當」

先掲（本冊、第十章第二節第四項二六六頁）の通りである。

⑽副詞「唯」

先掲（本冊、第十章第二節第三項二六二頁）の通りである。

⑾接續副詞「乃」

平安初期の訓讀法では、「乃《イマシ》」と訓んでいる。(13)「今し」の「し」に強調の意がある。平安初期の後半期に「乃《スナハチ》」の訓法が見られるようになり、平安中期以降は次第にこの「乃《スナハチ》」の訓に替って行く。

東大寺藏新羅華嚴經にも、

云何乃「沙」(角)說「乃尹」(角)无量諸法（167行）

告功德林菩薩言「白」(角)「善哉「占」(角)佛子「弓」(角)「沙」乃能入此善思惟三昧（略）」（1042行）

汝乃「沙」(角)當「只」(角)成「乎多」(角)阿耨多羅三藐三菩提（1077行）

のように「乃」に「沙」（사）の加點がある。「沙」は讀添えの助詞としても次のように用いられ、

譬如大地「沙」(角)一隨種各生牙(芽)（183行）

この「沙」は日本語の助詞「コソ」に譯しうる強調の意に用いている。「乃」の訓の「沙」も強調に用いている。

第四節　主格助詞「イ」の借用

平安初期の訓讀法に關係助詞（格助詞・接續助詞）と添意助詞（副助詞・係助詞・終助詞・間投助詞）が、讀添語として用いられている。(14)

東大寺藏新羅華嚴經にも「伊・尹・ア」「弓」「叱」「肹」「尓」「古」等の助詞が讀添えとして用いられている。(15)

その中で、平安時代の和文や片假名交り文には全く用いられず、平安初期の漢文訓讀に主として用いられた助詞「イ」について、これが訓讀の場における新羅からの借用語であることを本書第七册、第六章第四項で説いたが、新羅華嚴經との親近性の立場からここに纒め直して再述する。

第一項　訓點資料の「イ」

Ⅰ、奈良時代の「イ」

既述のように、傳神護景雲二年御願經とされる、東大寺圖書館藏大方廣佛華嚴經卷第四十一に角筆で加點された中に、

莊嚴佛子菩薩摩訶薩「伊」(角)　住「世リ」(角)　此三昧「尓」(角)

「伊」が主格助詞として用いられ（本册、第二章第五節三六頁）、寶龜拾年（七七九）の穴太乙麻呂が願主の、石山寺藏瑜伽師地論卷第二に角筆で加點された中に、

世間有情《「尹」(角)》　壽量無限（十五折オ3行）

「尹」（「伊の省畫體）が主格助詞として用いられている（本册、第八章第二節第二項二一八頁）。

更に、「尹」の草體の「ア」の初畫の「フ」が助詞「イ」を表したことが、神護景雲二年御願經の大方廣佛華嚴經の勘經の卷第十七（京都國立博物館藏）に見られ（本册、第五章第五節一五八頁）、主格助詞に用いられている（本册、第六章第三節一八〇頁）。

Ⅱ、平安時代の「イ」

平安初期（九世紀）の訓點資料では、殆どの資料が使用數量の多寡はあるものの、この助詞「イ」を使用し、その大多數が主格に附いている。用例數は百例を越えて用いられるものが多く、一資料中に三百例を越えるものもある。[16] 平安中期（十世紀）以降は保守性の強い因明關係や南都古宗及び傳統的な古訓法を傳える資料には殘ることもあるが、天台宗・眞言宗等の平安新興佛教の世界では用いられなくなってしまう（本書第七册、第六章第二節第二項九四二頁）。

第二項　訓點資料以外の文獻の「イ」

I、奈良時代

轉寫を經ない當時の原資料としては、唐招提寺文書の家屋資財請返解案に用いられた「ア」がある（本冊、第八章第二節第三項二一九頁）。天平寶字（七五七―七六五）以降、寶龜二年（七七一）以前の書寫とされる。

原本の殘らない資料では、次の資料に「イ」が用いられている。

日本書紀の歌謡の全一二八首の中で、「頭椎《くぶつつ》い」「石椎《いしつつ》い」「若子い」の三例

古事記の歌謡の全一一二首の中で、「頭椎い」「石椎い」の各二例

萬葉集の二十巻・四千五百餘首の中で、「木の闕守い」など七例

續日本紀宣命の六十二詔の中で、「國王伊」など十七例。一詔の中に二例用いたものもあるから、「イ」を用いない宣命の方が多い。

これを併せても二十九例が知られるに過ぎない。

これらの用法を見ると、續日本紀宣命のように十七例が皆主格に附いているものもあるが、日本書紀や古事記の歌謡に用いられた「頭椎い」「石椎い」は、

みつみつし久米《くめ》の子等《ら》が頭椎い（久夫都都伊）石椎い（伊斯都都伊）持ち（母知）今撃たば宜《よら》し

（古事記巻中、神武記）

のように「ヲ持つ」の目的格（ヲ格）に附いている。「頭槌い」「石槌い」を一語と見る説もある。又、萬葉集にも、主格に附いた例の他に、

天地の神を祈りて吾が戀ふる君い（吾戀公以）必ず逢はざらめやも（巻十三・三二八七）

のように「ニ格」に附いた用法があるが、「似」に作る本文もある。

Ⅱ、平安時代

承和九年（八四二）七月の宣命に僅かに二例を見るのみで、一般の散文には用いられていない。和歌・歌謡を始め、源氏物語のような平假名文や、今昔物語集のような片假名交り文に全く使用例が見られない。

第三項　時代別・文體別の考察

右の第一項と第二項について、先ず、時代別に見ると、訓點資料では、奈良時代から平安時代（初期）へと連續して使用されている。いずれも南都僧の加點に係るからである。

これに對して、平安時代の訓點資料以外の資料では、宣命に若干例が見られるだけで、和歌・歌謡には傳わらず、一般の散文では使用が無くなっている。

次に、文體別に見ると、訓點資料の使用に對して、奈良時代の和歌・歌謡と宣命の使用は、數量が極めて少ない。その差異が何を意味するかは未詳であるが、出自を同じくするものの、漢文訓讀の場と、一般の和歌・歌謡や散文の場とで事情を異にする状況にあったのであろうか。

第四項　東大寺藏新羅華嚴經の角筆加點の「イ」

東大寺藏新羅華嚴經の角筆加點に、假名として「伊」とその省畫體の「尹」「ア」が使われて、「有」「在」の訓「尹留」「ア留」や・「說」の訓「乃尹」を表すと共に、讀添えの助詞として用いられていることは、本册第四章第四節（二一四・二一五頁）に說いた。

その讀添えの助詞として用いた例を、先掲例を含めて字形別に擧げると次のようである。

［伊］答曰「文殊《「乃」(角)》　法《「伊」(角)》　常尒（略）」（224行）

［尹］衆生聽《「尹」(角)》　者咸欣悟（462行）

彼《「尹」(角)》　以微小福德力猶能摧破大怨敵何況《「尒」(角)》　救度一切者《「尹」(角)》（526・527行）

迦葉如來《「尹」(角)》　具大悲諸吉祥中最无上（610行）

介時《「乃」(角)》　世尊《「尹」(角)》　入《「尒」(角)》　妙勝殿（632行）

［ア］諸阿脩羅《「ア」(角)》　發是念（522行）

譬如龍王《「ア」(角)》　起大雲普雨妙雨悉充洽（824行）

その用法は、いずれも主格を表している。

古代朝鮮語で主格を表す文法形態としては、新羅時代の吏讀で「是」（이）が用いられている。(17) 三國遺事所載の鄕歌の、

脚烏伊四是良羅（「處容歌」、憲康大王時代〈八七五—八八六〉）（「脚が四つあった」林英樹譯『三國遺事』）

「伊」が、小倉進平博士の「伊は이で主格を表はす助詞」と説かれる通り(18)であれば、東大寺藏新羅華嚴經に角筆加點された「伊」「ヨ」「ア」との關聯が生ずる。朝鮮語ではその後も、主格の「伊」が用いられ、地藏菩薩本願經（一七九七年刊）等の口訣資料に見られ、「童蒙先習」では、「主格語尾に伊、指定詞語幹として是を用いる(19)」資料も指摘されている。又、省畫體の「ヨ」も口訣として用いられている(20)。

日本の奈良時代の神護景雲御願經の勘經等の奈良時代の訓讀に用いられた主格の助詞「伊」「ヨ」「つ」（先掲二七八頁）の使用が、それに先行する東大寺藏新羅華嚴經の角筆加點の影響によると見ることは、梵唄譜や縱長線合符等が使用されていること（本册、第七章第四節一九六頁）に併せ考えると、その可能性がある。

第五項　助詞「イ」の素姓

抑も、日本の奈良時代の文獻に用いられた「イ」については、早く岡倉由三郎氏が「主格を示す本來の辭」とされて(21)以來、山田孝雄博士も同樣に説かれた(22)。これに對する疑問も諸氏により出された(23)。

一方、朝鮮語の主格助詞「이」と關聯づけて考えることも行われている。金澤庄三郎氏は、「朝鮮語と助詞イ」で訓民正音解例等の後世の資料に據って論じ(24)、『日韓兩國語同系論』（明治四十三年一月）を著している。

助詞イが、日本語の主格を表す本來の辭であるとすると、奈良時代の和歌・歌謠と宣命の使用例が餘りにも少なく、主格表現は助詞の附かない（無助詞）か、係助詞・副助詞等の添意助詞の附いた形であることの説明が必要である。更に平安時代の和歌・歌謠や散文において、「の」「が」「を」「に」「と」のように格助詞の機能を持った助詞が引續き用いられるのに、助詞イは全く用いられなくなることの說明がつかない。

日本語の主格表現が無助詞であるのが上代の文獻に見られる古い形であるならば、何故に奈良時代と平安初期の漢文訓讀の場において、主格助詞イが用いられたのであろうか。

このことを考えるために、平安初期の訓點資料の「イ」の用法を、西大寺本金光明最勝王經古點を例として見ることにする。「イ」の用例數が比較的に多く三百例程見られることと、「イ」の用法について春日政治博士が詳しく說いているからである。

(a)何況我等《ラ》邊鄙《の》之人《の》智慧微淺《なるい》　而能《も》解《ク》了《セむヤ》　（巻第一232行）

一切《の》衆生《のヌいは》不二能《ク》修行《セ》一所《なり》レ不《ヌ》レ能レ至《（ハ）ルこと》　（巻第二129行）

(b)彼《の》諸《の》衆生《い》　若《（モシ）》　見《ては》三如來不《すと》二般涅槃《（シ）たまはし》一　不レ生《サ》二恭《み》敬《ひ》難《しといふ》レ　遭《フこと》　之想《を》一　（巻第一170行）

菩薩摩訶薩《い》入《（リ）ヌレども》二　無心定《にて》一依《て》二前願力《の》一從《に》禪定　起《ヨリオコシて》　作《すか》二衆事《の》業《を》一　（巻第二48行）

(a)は「微淺なり」「修行せ不《ヌ》」の述語を連體形にしてそれに「イ」が附いて、上の「邊鄙之人」「衆生」の從屬句の主語を示している。(b)は「衆生い」「菩薩摩訶薩い」の主語に對する述語が複數用いられている。「イ」の用法はこの二種のような複雜な構文に見られる。

これに對して、「い」を附けないで主語を表す用法が次のようにある。

我《レ》今次第《に》說《かむ》　（巻第一255行）

佛告《（ケタマ）はク》二 妙幢菩薩及諸《の》大衆《に》一（巻第一274行）

如來昔在《シいましキ》二 修行地中《のに》一（巻第二11行）

衆生無《み》レ盡《（ク）ルを》 用亦《も》無《し》レ盡《（ク）ルこと》（巻第二85行）

有《ル》人類二欲《す》得《むと》レ金《を》（巻第二131行）

この西大寺本金光明最勝王經古點でも、主格表現は極めて多量である中において、無助詞や係助詞・副助詞を附けた形の方が多く用いられている。それに比べると、助詞「イ」を附けた例は、全十巻の中で三百例程に止まっている。しかもその用法は多く複雑な構文について、特に主語であることを強く示す箇所に見られる。

一方、目的格のヲ格を表すのも上代には助詞を附けないで表され、「を」が格助詞として確立するのは平安時代に入ってからと說かれる。[25] 西大寺本金光明最勝王經古點では、目的格に「を」が用いられることが多いが、特定の言い方には無助詞が殘っている。

見《つ》四（略）聲《の》中《に》演《べ》三說《クをも》 微妙《の》伽他《の》明《すを》二懺悔《の》法一（巻第二235行）

我《レ》於夢《の》中《に》見《つ》（略）聲《の》中《に》演《べ》三說《くといふを》 微妙《の》伽他《の》明《すを》二懺悔《の》法一（巻第二241行）

のようである。従って、經典の漢字文を訓讀する時に、上代の日本語では主格も目的格（ヲ格）も無助詞であるから、主語に訓讀するには主格を表す助詞を附けて明示する必要が生ずる。

そこで採られたのが、新羅華嚴經の角筆加點等に既に使用されていた、朝鮮語の主格助詞を、日本語の訓讀にも流用する方法である。こうして、日本の奈良時代を始め平安初期の漢文訓讀に助詞「イ」が用いられるに至ったのであろうと考えられる。

注

（1）平安初期の訓讀法は、本書第三冊『初期訓讀語體系』參照。又、平安中期と平安後期の訓讀法は、それぞれ本書第四冊『中期訓讀語體系』、本書第五冊『後期訓讀語體系』を參照。

（2）高麗時代の角筆點吐資料の用例文は、李丞宰教授外編の『角筆口訣의 解讀과 飜譯1・2・3』（太學社）の點吐を口訣字に翻譯したものにより、經本文の語順のままに翻字して、句末にある點吐を當該字に宛てて再構成したCの解讀結果に基づいたものである。現代語で翻譯した解讀文については藤本幸夫教授の教示を得た。

（3）牛島徳次『漢語文法論（古代編）』に史記の「唯上察之」を擧げて祈願を表す動詞としている。本書第三冊、第四章第一節第二項一二七頁。

（4）本書第三冊、第八章第四節第一項五五一頁。

（5）本書第四冊、第四章第四節第一項一四三頁。第七章第二節第二項二七八頁。第五冊、第五章第二節第一項三九八頁。第五章第三節第一項四一三頁。

（6）本書第三冊、第八章第二節第二項四三一頁。

（7）本書第三冊、第八章第三節第二項四九八頁。

（8）本書第三冊、第八章第三節第三項五〇二頁。

（9）本書第三冊、第八章第三節第三項五〇七頁。

(10) 本書第三册、第八章第三節第三項五四一頁。

(11) 春日政治「古點の況字をめぐって」(『國語と國文學』第十五卷第十號、昭十三年十月)。『古訓點の研究』に收錄。

(12) 本書第三册、第八章第三節第四項五四八頁。

(13) 本書第三册、第八章第四節第四項五九二頁。

(14) 本書第三册、第八章第五節第一項五九六頁。

(15) 本册、第四章第四節一一一頁。

(16) 西大寺本金光明最勝王經平安初期點には、全十卷中に三百例程の「イ」が用いられている。春日政治博士は、「名詞・代名詞について主格を表す」「用言を受けて、主格の體言に化する」等、「主格のイ」と説いている(『西大寺本金光明最勝王經古點の國語學的研究研究篇』二〇四頁。その後、平安初期の訓點資料を取扱った遠藤嘉基・中田祝夫・大坪併治・築島裕の諸博士、鈴木一男氏や他の諸氏の論考でも、この助詞イに言及すると共に、文法的機能については主格とする春日博士の説を大きく出ていない。

(17) 南豐鉉『吏讀研究』(二〇〇〇年十月)の「新羅時代吏讀의文法形態」四五二頁。

(18) 小倉進平『鄕歌及び吏讀の研究』一八四頁。

(19) 菅野裕臣「朝鮮の口訣について」(昭和53・54年度科學研究費補助金(總合研究A)研究成果報告書「李朝に於ける地方自治組織竝びに農村社會經濟語彙の研究」所收)。

(20) 이건식「口訣字의 코드계겨 定立 을 위한試論」(『口訣研究』第一輯、一九九六)。

(21) 岡倉由三郎「主格を示す本來の辭」(『帝國文學』六卷二號、一九〇〇年)。

(22) 山田孝雄『奈良朝文法史』（一九一三年）三一一頁。

(23) 石田春昭「イは主格助詞にあらず」（「國語國文」一九三七年一月）の他に、武田祐吉（接尾辭）、金田一京助（強め辭）、松尾捨次郎（間投的）の諸博士の説もある（本書第七冊、第六章第二節第一項九三八頁）。

(24) 金澤庄三郎「朝鮮語と助詞イ」（「國學院雜誌」昭和三十二年九月）。

(25) 松尾拾「客語表示の助詞「を」について」（『橋本進吉博士還暦記念國語學論集』昭和十九年）。

附章　宋版一切經に書入れられた中國の角筆點

第一節　はじめに

本册第九章において、日本のヲコト點の起源が新羅の點吐の影響にあると考えた。では、新羅の點吐の源は何處にあるのであろうか。新羅の創案であるのか、或いは隣國、特に當時高い文化を持った中國大陸の影響によるのか。

この問題を考える資料として、朝鮮半島の角筆點吐に形の酷似する符號が、日本に傳來した宋版一切經の角筆點にも使われていることが分った。宋版一切經の角筆點は、近年發見されたもので、その解讀は緒に就いたばかりであり、完全には讀み解けていないが、これが中國で加點されたものとすれば、韓國の角筆點吐との關係を考える資料となる。そればかりでなく、東アジアの漢字文化圈において、漢字の四隅や傍に點等を施して、經典を讀誦することが共通の方法として存した可能性が生ずることになる。

本章では、その宋版一切經の角筆點を、醍醐寺藏本を基にして、今日までに分った所を說くことにして、ヲコト點を始め、東アジアにおけるその交流を考える一材料として取上げることにする。

第二節　醍醐寺藏宋版一切經について

京都の古刹の醍醐寺には、宋版一切經が、六一〇二帖(1)（折本裝）傳存されている。平成二十九年に國寳に指定された。この宋版一切經の全體調査を筆者らは十年來行って來た。初めの一、二年は豫備調査で無作爲に調べた所、角筆の書入れが次々と見附かったので、本格調査を平成十九年から行い、三ヶ年で全體を調べる第一次調査を經て、平成二十二年からの第二次三ヶ年の調査を終え、目録出版のための第三次調査を行った上で、平成二十七年三月に、『醍醐寺藏宋版一切經目錄』（醍醐寺叢書目錄篇）全六册として公刊された。

醍醐寺藏の宋版一切經、六一〇二帖は、經の本文が木版刷りであり、福州（福建省）の二つの寺院で開版した二種類が主となっている。

第一種は、第一函から第六十函までに納められた「大般若波羅蜜多經」六百卷で、各函に一帖ずつ納められた「音釋」帖を含めて六五三帖ある。北宋の政和二年（一一一二）から政和八年にかけて福州の開元寺で開版した題記がある。所謂、「開元寺版」である。

第二種は、第六十一函以降に、放光般若波羅蜜經以下が納められた、所謂「東禪寺版」を主とするものである。題記によると、北宋の元豐三年（一〇八〇）から政和二年（一一一二）にかけて福州の東禪等覺院で開版したものが主となっている。その中には、乾道九年（一一七三）に咸輝が開版して東禪寺に納めたものや、紹熙二年（一一九二）の重彫等も含まれている。

これらの六一〇二帖が、一函に凡そ十帖〜十一帖ずつ計六〇四合の經函に納められている。経函は、赤漆塗印籠蓋造りで、中國製と見られていたものであり、此の度の調査において、第二百八十五函の内側面に、中國暦の「慶元四年（一一九八）」の墨書があり、中國の漆職人の名前等が書かれていることが見出されたので、中國製であることが裏附けられた。恐らく六一〇〇餘帖の宋版一切經が函ごと傳來したと考えられる。經函内側面の墨書は、「慶元四年七月初三日結褁漆匠弟子鄭昌鄭宗顯張子榮／姜万五陳成立等此將／功德傳爲供養　三界万輪」とある。從って、この慶元四年前後に日本に齎らされたことになる。[2]

第三節　宋版一切經を醍醐寺に奉納した記文

醍醐寺に、宋版一切經を奉納した古記文が三點傳わっている。そのうち、奉納した鎌倉時代初期に近い時日に記した記文が二點ある。

第一點は、重源上人の自著である。重源上人は渡唐僧と稱され、醍醐寺で密教修行し、後に東大寺の大佛の再建に盡力した大勸進である。その晩年、八十三歳の建仁三年（一二〇三）に、その生涯の作善事業を記した『南無阿彌陀佛作善集』（東京大學史料編纂所藏、重要文化財）の自著の中で、

「上醍醐經藏一宇奉納唐本一切經一部」

と記している。

第二點目は、建保六年（一二一八）三月の七條女院廳の廳宣である。

「爰造東大寺上人大和尚重源聊依二宿願一從二大唐一凌二蒼海萬里之波浪一渡二七千餘軸之經論一即建久之比於二清瀧社一以二專寺座主一爲二唱導一啒二百口碩德一擧二經名一兼卜二當山之勝地一起二立一宇之經藏一併彼經論悉以安置」

とある。重源上人が唐から萬里の波浪を凌いで我が國に齎した宋版一切經を、醍醐寺の鎭守神である清瀧社において、座主の主導の下に百口の僧を囑して供養の法會を行い、收納した一切經藏を祈願所として、毎年一切經會を行うことを定めている。

この二點の記文に對して、三點目は、時代が下った桃山時代に三寶院門跡の義演准后が編纂した寺誌『醍醐寺新要錄』に記されたものである。

「建久六年（一一九五）十一月七日春(俊)乘房聖人被レ施二入唐本一切經於當寺一」　（卷五、上諸院部、經藏篇）

義演准后が施入の年月日を何に基づいて記したのか未詳であるが、建久六年は、經函內側面墨書の「慶元四年」（一一九八）より三年前になる。因みに重源上人の『南無阿彌陀佛作善集』の成立した建仁三年（一二〇三）は「慶元四年」の五年後である。

第四節　醍醐寺藏宋版一切經の角筆點の內容

醍醐寺藏宋版一切經には、開元寺版と東禪寺版にわたって計六一〇二帖の八割近くの經典に、角筆點の書入れのあることが、この度の調査で分って來た。

この宋版一切經は、昭和三十七年（一九六二）に文化廳が調査され、重要文化財に指定されたが、角筆點の存することには氣附かなかった（當時、調査に携われた山本信吉・元奈良國立博物館長の私信による）。角筆の文字や符號は凹みであって色が着かないためであり、又、角筆文獻の第一號が日本で發見されたのが昭和三十六年（一九六一）秋だったから、その知見がまだ知られていなかったためでもある。

この宋版一切經に書入れられた角筆點は、各帖により精粗の差があり、全體としては一帖の中の部分に施されたものが多いが、その內容を整理して示すと次のようである。

(1)角筆の漢字
(2)角筆の「文法機能點」（日本のヲコト點のような符號で、單點・複點で示される）
(3)角筆の梵唄譜（偈頌などの漢字の高低や長短の旋律を譜として表した線。日本の節博士に當る）
(4)角筆の合符（漢字二字などが一單語または一概念であることを示す縱長線や弧）
(5)その他、句切線などの諸符號

第五節　宋版一切經に角筆點を書入れた國と時代

醍醐寺藏宋版一切經そのものには、重源上人との關係を證する直接史料は見出されていない。しかし、北宋から南宋にかけての十二世紀初頭に開版された開元寺版と東禪寺版が十三世紀初頭には日本に齎されたと考えられ、その角筆點の內容を檢討すると、日本に齎された後に日本において角筆點を書入れたのではなく、日本に齎されるより前に中國において讀誦され角筆點が施されたと考えられる。

ここでは、先ず、日本で書入れられたものではないことを指摘することにする。

日本では十三世紀には、新たにヲコト點を使うことは一般には行われず、片假名が用いられるのが普通である。

日本に齎された宋版一切經に日本で加點する場合にも片假名が用いられている。例えば、次の諸例のようである。

（1）慶應義塾圖書館藏大般若波羅蜜多經卷第五百十一（磧砂版）の一帖には、
　猶《ユ》豫《ヨ》怯弱《カフニヤク》　（「怯」「弱」にはそれぞれ朱書の入聲點もある）
の「ユヨカフニヤク」のような墨書の片假名が、宋版の本文の漢字に施されている。この片假名は字體から見て鎌倉後期（一三〇〇年頃）の書入れと考えられるので、この南宋磧砂版の宋版が日本に齎された時期がそれ以前であることが分ると共に、この時期に日本で訓點を施すには片假名を用いたことが知られる。(3) ヲコト點は用いていない。

（2）高山寺藏四分律刪繁補闕行事鈔卷三上（南宋刊）には、

擧以攻《「セム」(角)》之

質非《「タ、ス」(角)》一(角)

の「セム」「タ、ス」のような片假名が、これは角筆で施されている。これと同筆と見られる角筆書の「禪智房」が欄外に書入れられている。禪智房は、高山寺善財院第二代の證淵上人のことで、明恵上人の孫弟子であるから、角筆が鎌倉時代初期に京都の高山寺で書入れられたことが分る。やはりヲコト點は用いず片假名が用いられている。

（3）金澤文庫藏景德傳燈錄（開元寺版）には、

當知二只是迹讚《「チンカンナルことを」(角)》一　（卷第十八）（平假名はヲコト點）

開法後居二靈-隱《「リン ノ」(角)》　上寺《「に」(角)》一　（卷第二十五）

の「チンカンナルことを」「リン」「に」のように、角筆で片假名とヲコト點とが施されている。鎌倉時代後期（一三〇〇年頃）の書入れと見られ、これにはヲコト點（博士家點の星點）も用いているが、明らかに日本のヲコト點である。

これらと比較しても、醍醐寺藏宋版一切經に角筆で書入れた⑴漢字、⑵文法機能點、⑶梵唄譜、⑷合符、⑸

その他句切線などの諸符號は、日本で施されたものでないことが考えられる。このことを內容の上から以下に檢討することにする。

第六節　醍醐寺藏宋版一切經の角筆點の內容の檢討

(1)角筆の漢字

角筆で漢字が經本文の右傍等に書入れられている。角筆の書入れの全體から見ると、多くはない。(4)　その中から二例を示す。

（a）　一切有漏處界惣攝《「伊」(角)》一切法（第三百九十七函、順正理論卷第三、五ウ4行）

（b）　云何精進謂心堪能《「幷」(?)(角)》　勇猛（第三百六十二函、衆事分阿毗曇卷第十九、七オ3行）

（a）は、本文の「惣攝」の「惣」字の右傍に、角筆で「伊」の草書體と見られる漢字が書入れられている。本文の「惣」と角筆で書入れた「伊」との共通點を求めると、共に「ヲサム」の意味が共通する。若しこの共通點で角筆の「伊」を書入れたとすると、「惣」をスベテと解するのではなくて「惣」も「攝」と同じ意で、「惣攝」をヲサムと理解することを示したと考えられる。

（b）の「云何ナルヲカ精進トイフ、謂ハク、心堪能ニシテ勇猛ナリ」の經本文の「堪能」の右傍でやや下寄りの位置に、角筆で「幷」の草書體と見える凹み文字が書入れられている。若し、この字に間違いないとすると、「心が堪能にして幷せて勇猛である」(5)と本文を理解することを示したと考えられる。

共に、經本文の漢字に對して、義注を角筆で施したことになる。角筆の漢字は、一字の書入れが多いが、五、六字の語句を書入れたらしいものもある。

このように、經本文の漢字の意味を角筆の漢字で注記する方式は、敦煌文獻にも見られる。その中から二例を示す。


［參考］敦煌文獻に角筆で漢字の義注を書入れた例

（1）龍谷大學圖書館藏四分戒本疏卷第四　一卷　唐時代寫　（奥書）（朱書）「弘達勘了」

　第二句言若「尙」（角）比丘者可知

　他に角筆の梵唄譜。朱科段點・朱句點・朱書訂正あり。

（2）大英圖書館藏觀音經（S.5556）　一帖　戊申年令狐幸深書寫讀誦奥書

　得度「滿」（角）者卽現自在天身而（六ウ５行）

　他に角筆の漢字による音注、梵唄譜・科段點・句切點・合符等あり。

（1）は、京都の龍谷大學圖書館藏の四分戒本疏卷第四の唐寫本の一卷で、經本文の「第二句言、若比丘者可レ知」の「若」の右傍に角筆で「尙」字が書入れられている。「尙」には「モシ」の意味があるので、經本文の「若比丘者」を「若い比丘」と讀むのではなく、「若し比丘なら者《ば》、可レ知」と讀解することを示したと考えられる。

この四分戒本疏には、奥書の「弘達勘了」と同じ朱書で科段點と句點と訂正符が施されている。角筆の書入れは漢字の他に、梵唄譜も見られる。

（2）は、大英圖書館藏の觀音經（S.5556）の粘葉裝一帖で、戊申年（九四八）に令狐幸深が書寫し讀誦した奥書がある。

經本文の「得度」の右傍に角筆で「滿」字が書入れられている。「得度者」の解釋を「滿」で表したと考えられ、修行者としての條件を滿したの意であろう。

この觀音經には、このような角筆の義注が他にもある。他に角筆による音注、梵唄譜、科段點、句切點、合符等も見られる(6)。

敦煌文獻において、角筆で漢字一字を書入れて義注を示す點は、醍醐寺藏宋版一切經に、角筆で漢字一字を書入れて義注を示す所に相通ずる。

しかし、これは宋版一切經の角筆の漢字が、中國で書入れられたとする十分條件ではない。

(2)角筆の「文法機能點」（日本のヲコト點のような符號）

醍醐寺藏宋版一切經には、經本文の漢字の四隅・右傍や左傍・下邊の外側に、角筆による單點や複點が施されている。大多數の帖に認められるが、帖の一部に偏在するものが多い。

ここでは全帖にわたって、角筆の單點と複點が施されているものの中から、

『菩薩睒子經』（雜之七函、東禪寺版、元豐八年（一〇八五）題記）を取上げて、その機能を見ることにする。

『菩薩睒子經』は、釋尊の前身だった菩薩の睒の「忍辱」の物語を記したもので、日本では平安時代の佛教說話集の『三寶繪詞』にも取上げられている。

この『菩薩睒子經』に施された角筆の單點と複點との使用例を示す。初めに單點について例示し、次いで複點について例示する。折數を漢數字で示し、その表・裏をオ・ウで示し、それぞれの行數を算用數字で示す。

Ⅰ、單點

1．右下――主に文末、時に句末にも用いる

有一長者孤無兒子（四オ2）

王遙見水邊有麋鹿（七オ1）＊

三百六十節節節皆動（八ウ3）

子年十歲號曰睒（四ウ3）

2．左下――句末

便留樂世間（四ウ2）

一心定意無復憂愁（六ウ2）＊

睒言我是王國中人（七ウ1）＊

百鳥悲鳴師子熊羆走獸之輩皆號呼動一山中（七ウ4）

3．中下——句末（主に語末に用いる）

夫妻兩目皆盲（四オ2）

父母報睒言（五オ6）

睒行取水（十一ウ4）＊

汝廣爲一切人民說之（十六オ2）

4．右傍——體言

引弓射鹿（七オ1）＊

麋鹿爲皮肉故（七オ4）

爲虎狼毒•蟲所害（八オ2）

我年已老目•無所見（十三オ6）

上下•相教（十五オ5）

5．左傍——用言・助字

•□

•愍育苦人（三ウ3）

供養父母終•其（期）年壽（四オ6）

•供養卿父母如卿在時（九オ4）＊

神人持藥•來下入口（十五オ2）

•若入山中者•（四オ4）

•皆作娯樂之音（六オ6）＊

使我•疾成無上正眞之道（十五ウ4）

以下の單點は用例數が少ないために機能を特定するのを保留したものである。

6．右上隅（連體か）

今得爲佛幷度國人（十六オ1）＊

我本射鹿箭誤相中（八オ4）

7．右中

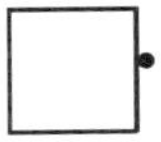

泉水湧出清而且涼（五ウ5）＊

池中蓮華五色精明（五ウ6）

8．右下隅

卽以家中所有之物皆施國中諸貧窮者（五ウ2）

與父母世世相値不相遠離（十オ4）

9．左下隅

若入山中者（四オ4）

10. 左上隅（連用か）

重受其殃（八オ5）＊

母便以舌舐瞼胷瘡（十三オ5）

11. 中下左（熟合か）

逢毒蟲所見枉害（四オ5）

これらの、單點の機能圖を示すと、次のようになる。

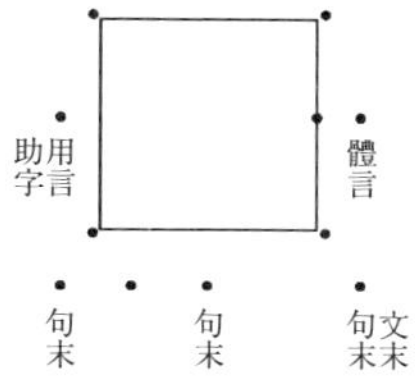

Ⅱ、複點

12．右下――文末

□

樹木豐茂香倍於常（六オ1）＊

箭誤中睒胷（七オ1）

13．左下――句末

□

風雨時節不寒不熱（六オ1）＊

誰持一毒箭射殺三道人者（七オ2）

14．中下――句末（主に語末に用いる）

□

取百種果蓏以飼父母恆有盈餘（六ウ3）

王聞人聲即便下馬往到睒前（七オ3）＊

15．右傍——體言

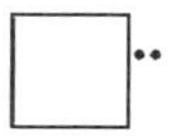

以蒲草爲父母作屋施作牀褥（五ウ3）＊

天神山神皆作人形（六ウ1）

16．左傍——用言・助字

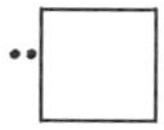

睒至山中（五ウ3）＊

飛鳥翔集奇妙異類皆作音樂之聲（六オ2）

節節皆動（八ウ3）

以下の複點は用例數が少ないために機能を特定するのを保留したものである。

17．右上隅（連體か）

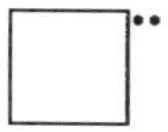

皆食噉草果（六オ5）＊

18. 右下隅

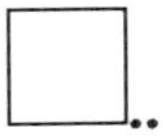

雜類之獸皆來附近與睒音聲相和（六オ6）＊

若子命終我當不復還國（九オ4）＊

19. 左上隅（連用か）

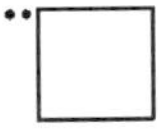

樹葉相接（六オ1）＊

隣國不相侵害不（十一オ3）

20. 中下左（熟合か）

父母時渇欲飲（六ウ4）

泉水涌出（十四オ3）＊

21. 中下右（熟合か）

獅子熊羆虎／狼毒獸皆自慈心相向（六オ4）＊

22・中央

皆食噉草果（六オ5）＊

複點を「⁚」のように縦に配した形がある。同一箇所に單點の施されたものもある。

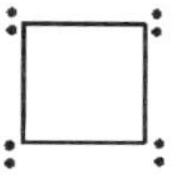
睒至山中（五ウ3）＊

無恐懼之心（六オ5）

不違本誓（五ウ1）

睒言我是王國中人（七ウ1）

又、複點のうち、「⋱」のように斜めに施したものがある。

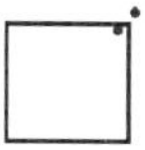
坐貪小肉重受其殃（八オ5）＊

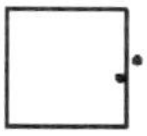
王徐徐往勿令我父母怖懐（九ウ4）

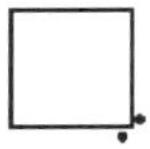

死自常分宿罪所致（十オ2）

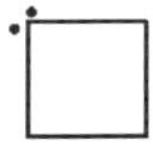

翠爲毛故（七オ4）

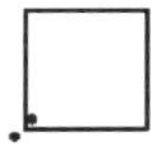

日爲重光（十四オ3）＊

これらを含めて、複點の歸納圖を示すと、次のようになる。

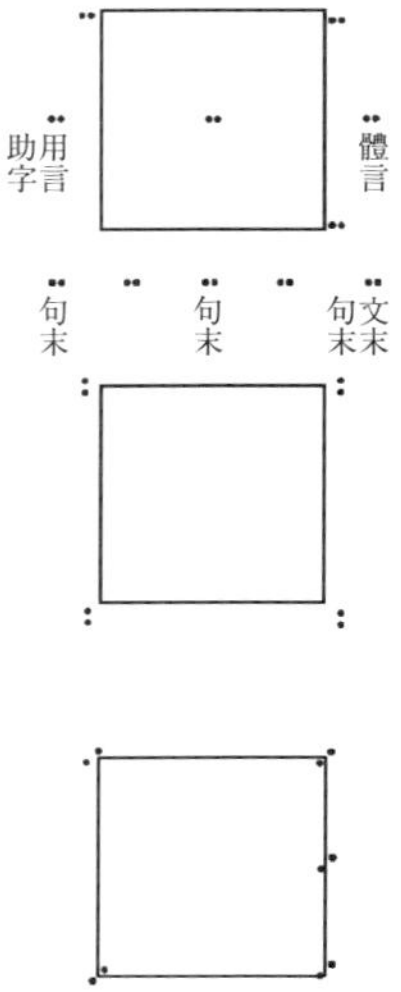

日本のヲコト點が、「テ」「ニ」「ヲ」「ハ」「ナリ」「タリ」のような助詞や助動詞を表すのに比べると、體言や用言・助字などの文法機能を表していて相違する。韓國の點吐も助詞や語尾等を表すのに用いているから、これとも異なる。そこで假に「文法機能點」と稱することにする。

この角筆の點は、凹みの大小による差があるらしく、極小點と、それよりやや大き目の點と、彫りの深い大き目の點とがあるらしいが、嚴密に區別することは現時點では困難である。極小點とそれよりやや大き目の點（こう認定した點は右掲の各例の所在を示す數字の下に＊印を附した）との間には用法の差は認められない。極小點が凡そ十丁迄に多く見られ、やや大き目の點は後半にも及んでいるのによると、用具の差かも知れず、或いは、同一字に極小點とやや大き目の點との施された所があるのによると、複數回加點した反映かも知れない。彫りの深い大き目の點は、「作屋施」（五ウ3）、「三道人＝」（六ウ2）等十例弱に過ぎず、極小點とそれよりやや大き目の點の加點の無い字に施され、補足している。

Ⅲ、單點と複點の關係

①單點と複點「：」とは、機能が相通ずるようである。何故に單點とこの複點とを用いたのか、未詳である。

②同一箇所に、單點と複點の兩方が施された所がある。

ⓐ便與父母倶共入山（五ウ2）（複點が極小點）

　睒至山中（五ウ3）

　無恐懼之心（六オ5）（複點が極小點）

ⓑ節節皆動（八ウ3）（複點が極小點）

　若子命終我當不復還國（九オ4）（單點が極小點）

この場合、單點と複點の機能は同じと見られる。

③同一字又は同一語句に單點と複點が施されているが、單點と複點の位置が異なる。

樹葉相接以障雨露（六オ1）（單點が極小點）

睒被毒箭擧身皆痛（七オ1）（單點が極小點）

王聞人聲卽便下馬往到睒前（七オ3）（單點が極小點か）

この場合、單點と複點とが機能の少差を反映させたものかどうか検討の餘地がある。

以上を通して見ると、單點と複點とは、少差もあるらしく、未解明の點もあり、文法機能點そのものが醍醐寺藏宋版一切經の他經卷に施された角筆點の精査に俟って検討される必要もあり、今後に多くの課題を殘している。

Ⅳ、梵唄譜

『菩薩睒子經』に角筆で施された梵唄譜は、その形から次の(a)(b)(c)(d)の四の型が認められる。

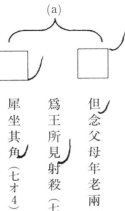

(a)

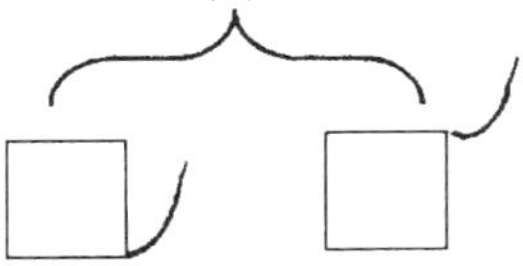

但念父母年老兩目復盲（十オ1）

爲王所見射殺（七ウ3）

犀坐其角（七オ4）　雖死不恨（九オ6）

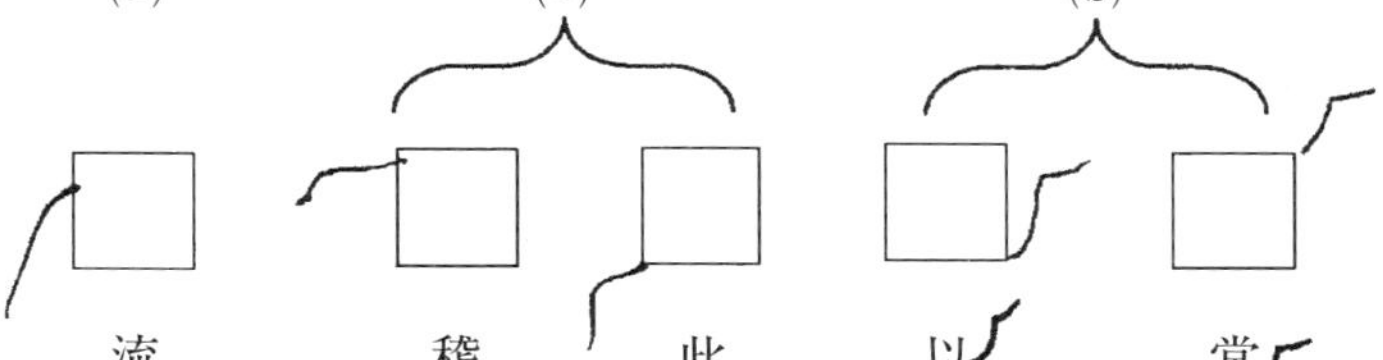

(b)

常恐地痛（十二オ4）

以障雨露（六オ1）

(c)

此是何人（十ウ5）

稽首佛足（十六オ6）

(d)

流泉爲竭（七ウ6）

樹木色榮倍於常時（十四オ4）

この型は、日本の節博士で後世云う「ソリ反」「ユリ搖」「ヲル下」「スグ」に形が通じている。(a)は「ソリ反」に通ずる形で、漢字の右肩から起筆し、上に向けてソルものと、漢字の右下から起筆して上に向けてソル

ものがある。(b)は「ユリ揺」に通ずる形で、やはり右肩から起筆するものと、右下から起筆するものとがある。(c)は「ヲル下」に通ずる形で、左下から起筆するものと左上から起筆するものとがある。(d)は「スグ」に通ずる形で、漢字の左傍に施されている。

この(a)(b)(c)(d)の四つの型は、敦煌文獻の觀音經（S.5556）にも、角筆で施されている。(7)

V、合符

『菩薩睒子經』に角筆で施された合符は、長い縦線を漢字二字（又は三字）の字面上に引くもの（中央と左寄りがある）、弧を漢字二字（又は三字）の傍ら（右傍、左傍がある）に書くものがあり、別に、短斜線を二字の間に引いたものもある。

○

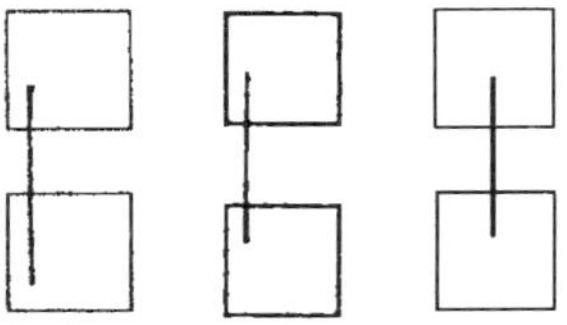

卿是何等人（七オ6）　天龍鬼神（十五ウ6）

年過十歳（五オ2）　飛鳥走獸（八ウ2）

奉事父母如人事天（四ウ6）　衆果豐茂（五ウ5）

○ 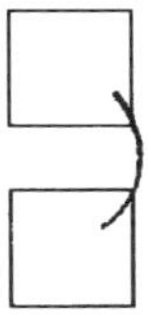 於此罪滅福生（十オ4）　提瓶行取水（六ウ5）

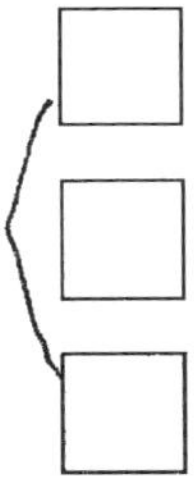 定意無復憂愁（六ウ2）　非王之過（八ウ4）

Ⅵ、その他の諸符號

宋版一切經の角筆點には、その他の諸符號も見られる。『菩薩睒子經』に角筆點で施された符號には次の形のものがある。

(i) 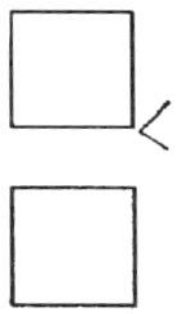 以一國珍寶庫藏之物宮殿伎女丘郭城邑（八オ6）

(ii) 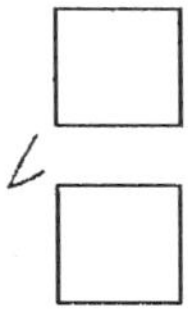 飛鳥禽獸皆作歡樂之音（十四オ2）

(iii) 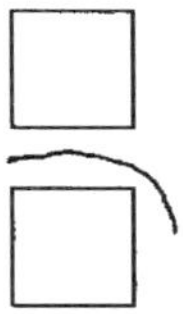 勿以爲念諸天龍神皆當證知（九オ5）

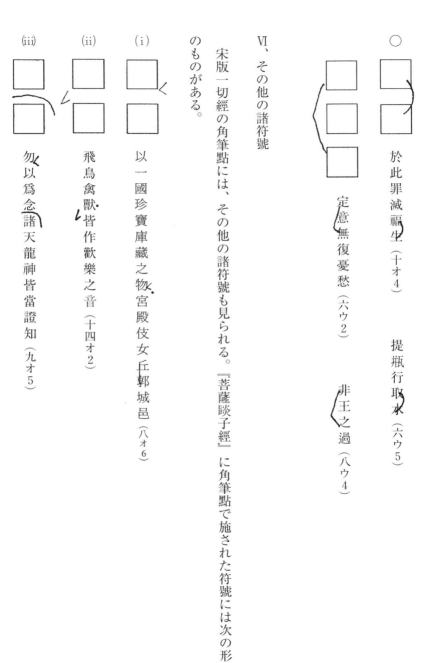

(iv)　□、□　父母驚喜見睒已死更活兩目皆開（十四オ2）

いずれの符號も、そこで意味が切れて、下の漢字に意味が直接しないことを示している。このうち(ii)「レ」は、韓國の十一世紀の初雕高麗版を始め、十二世紀・十八世紀の文獻に角筆で同形の符號が用いられ、機能も同じである[8]。

第七節　「文法機能點」を主とする宋版一切經の角筆點の性格

右に掲げた宋版一切經の角筆點が、日本で施されたのか、韓國で施されたのか、それとも宋版が木版印刷された中國で施されたのかが問題となる。

（一）　文法機能點について

この問題を、先ず文法機能點について考えることにする。宋版一切經が將來された鎌倉時代十三世紀には、日本における加點は片假名が主であり、稀にヲコト點を用いても日本のヲコト點であった。

（一）―一　日本のヲコト點

日本のヲコト點は、單點を基本として、短線點・鉤點等が主として用いられている。例えば次のようである。

(a) 眞言宗仁和寺で使用

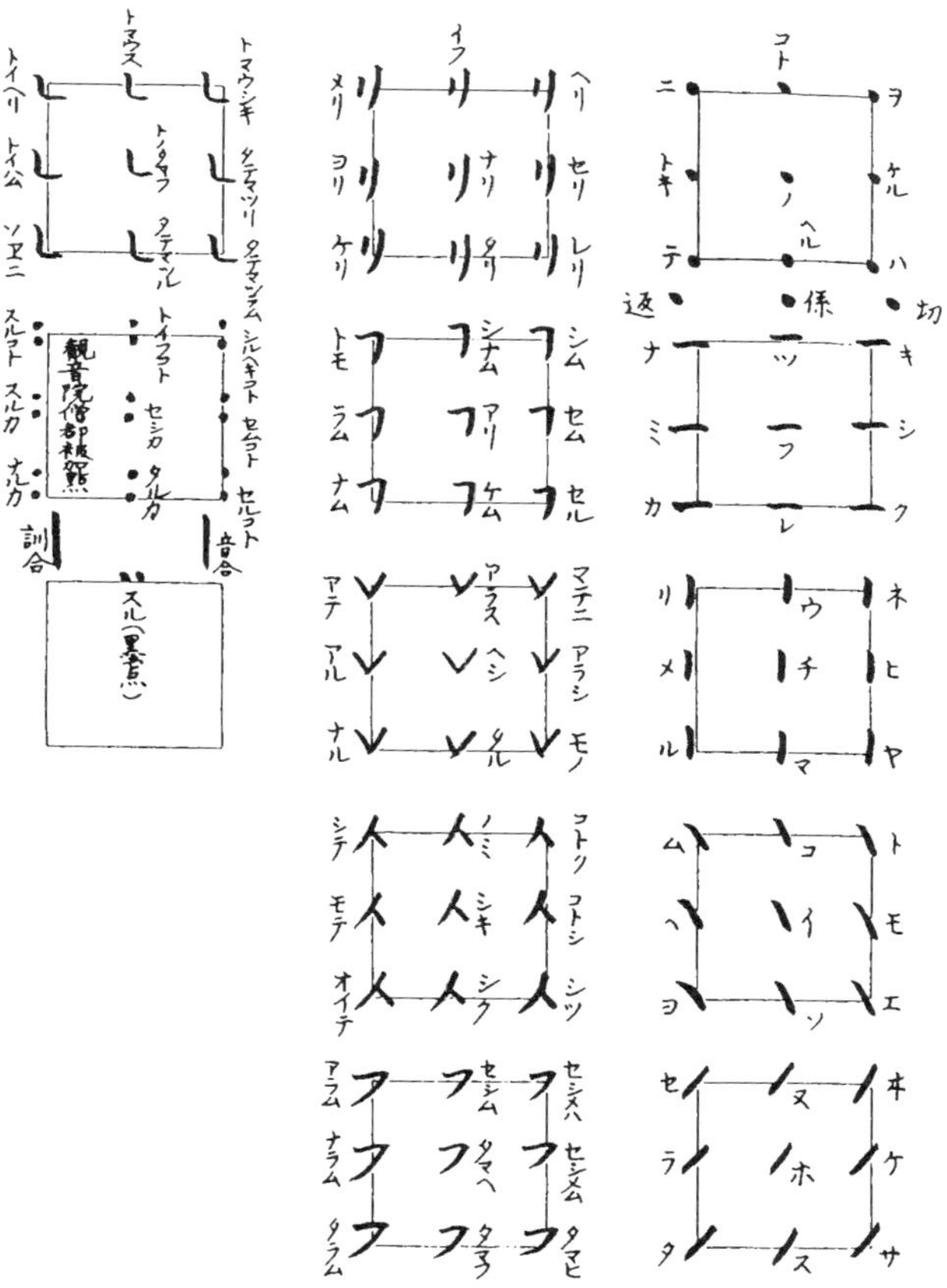

圓堂點の點圖（延應本點圖集による）

(b) 眞言宗小野流の中院僧正明算とその流が使用

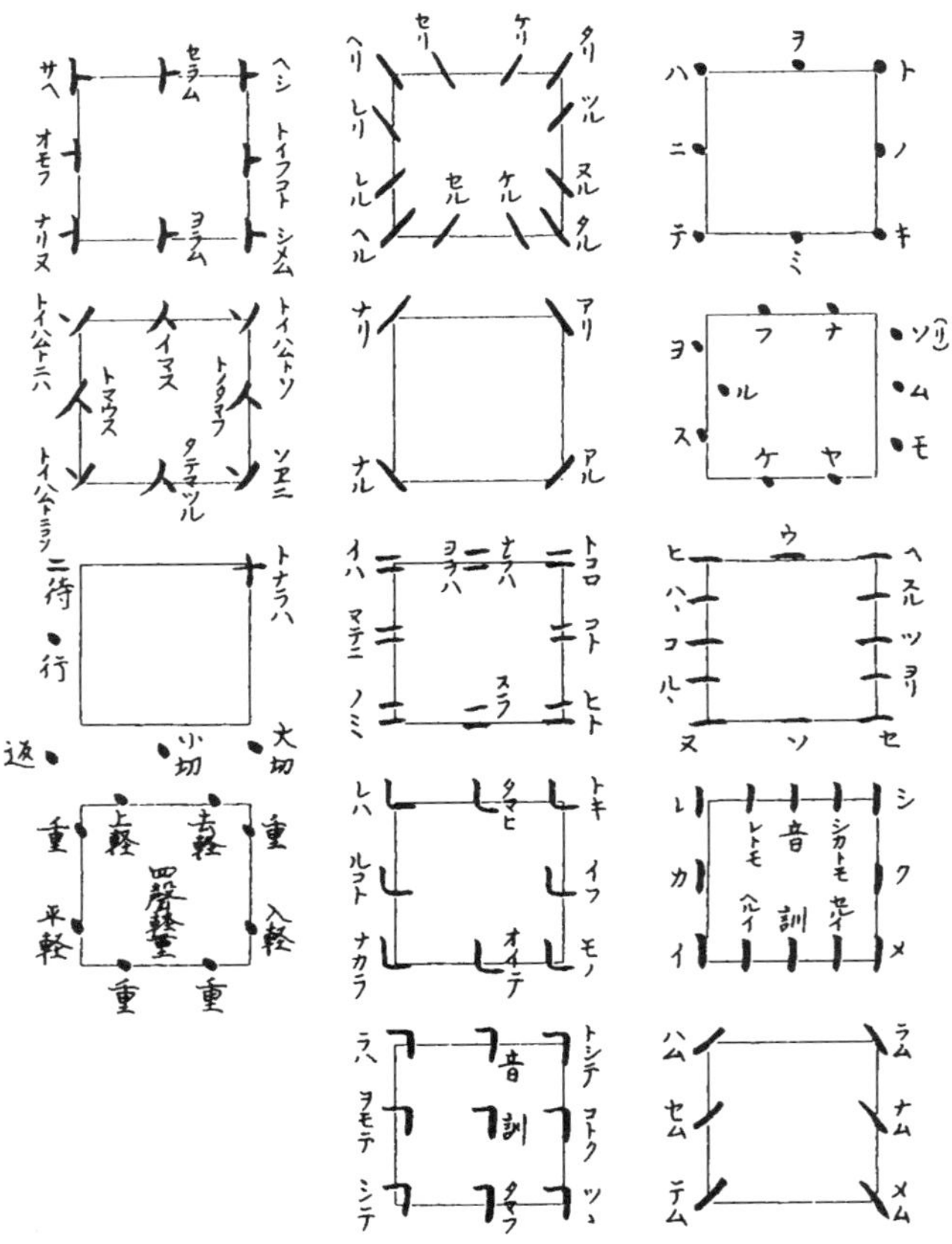

中院僧正點の點圖（延應本點圖集に基づく）

(a)のヲコト點圖は「圓堂點」と呼ばれる形式で、眞言宗の仁和寺で主に使用された。單點（星點と稱される）は、左下→左上→右上→右下の右廻りに「テ・ニ・ヲ・ハ」となり、その下の短線（－・｜・＼・／）の四壺は左下から右廻りに讀むと、「神無月《かみなづき》時雨《しぐれ》降るめり畝傍山《うねびやま》千代《ちよ》經《へ》むこともえぞいたらせぬ」の和歌を踏まえて配されている。人爲的に作られたことが分る。

(b)のヲコト點圖は「中院僧正點」と呼ばれる形式で、眞言宗小野流で高野山の中院僧正明算とその弟子達の間で使用された。單點（星點）は、左下から右廻りに「テ・ニ・ハ・ヲ・ト・ノ・キ」となり、單點の次には短線が配置され、それぞれ助詞・助動詞等を表している。

このように日本のヲコト點は一種類ではなく、それを集めた「點圖集」によると二十六種程が數えられ、それ以外の形式のものも少なくはない(9)。

日本のヲコト點を、宋版一切經の角筆の文法機能點と比べると、單點は一致するが、日本のヲコト點がテニヲハを表すのに對して、宋版一切經の角筆點は文法機能を表していて相違する。

（二）―二　韓國の〝ヲコト點〟（點吐）

韓國でも、漢字の四周邊や內側に點を施して、主に韓國の助詞や語尾等を表すことの行われたことが、二〇〇〇年七月の誠庵古書博物館の初雕高麗版（十一世紀）の角筆點の發見で分った(10)。その中の、周本『大方廣佛華嚴經卷第三十六』の單點圖は次のようである(11)。

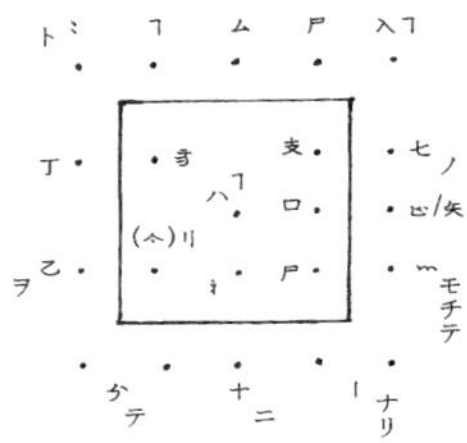

この單點を基本として、複點・短線點・點と線の組合せが續き、次頁のような點圖が歸納されている。(12)

韓國の點吐も一種類ではなく、誠庵古書博物館の初雕高麗版『瑜伽師地論巻第五、巻第八』の點吐は周本『華嚴經』とは異なっている。(13) しかし符號の形そのものは、單點・複點・短線・點と線の組合せであって、共通している。

これらの韓國の點吐を、宋版一切經の角筆の文法機能點と比べると、單點と複點とが一致する。しかし、他の短線・點と線の組合せは、宋版一切經では文法機能點として用いた形跡が見られない。これは、韓國語のような助詞や語尾等を表す必要の無い言語に用いられたことを考えさせる。宋版一切經の角筆點には返點の符號も全く見られない。

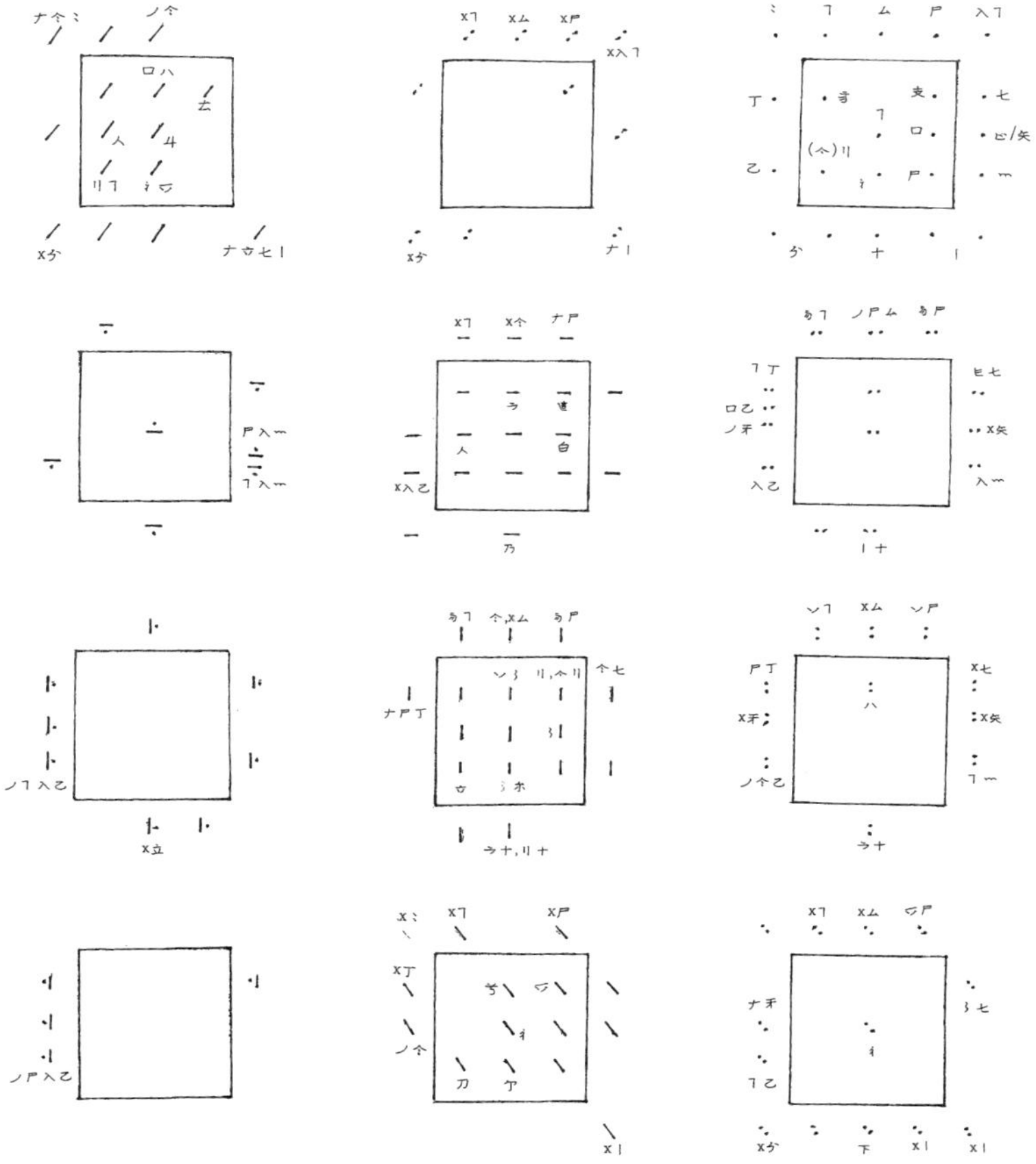

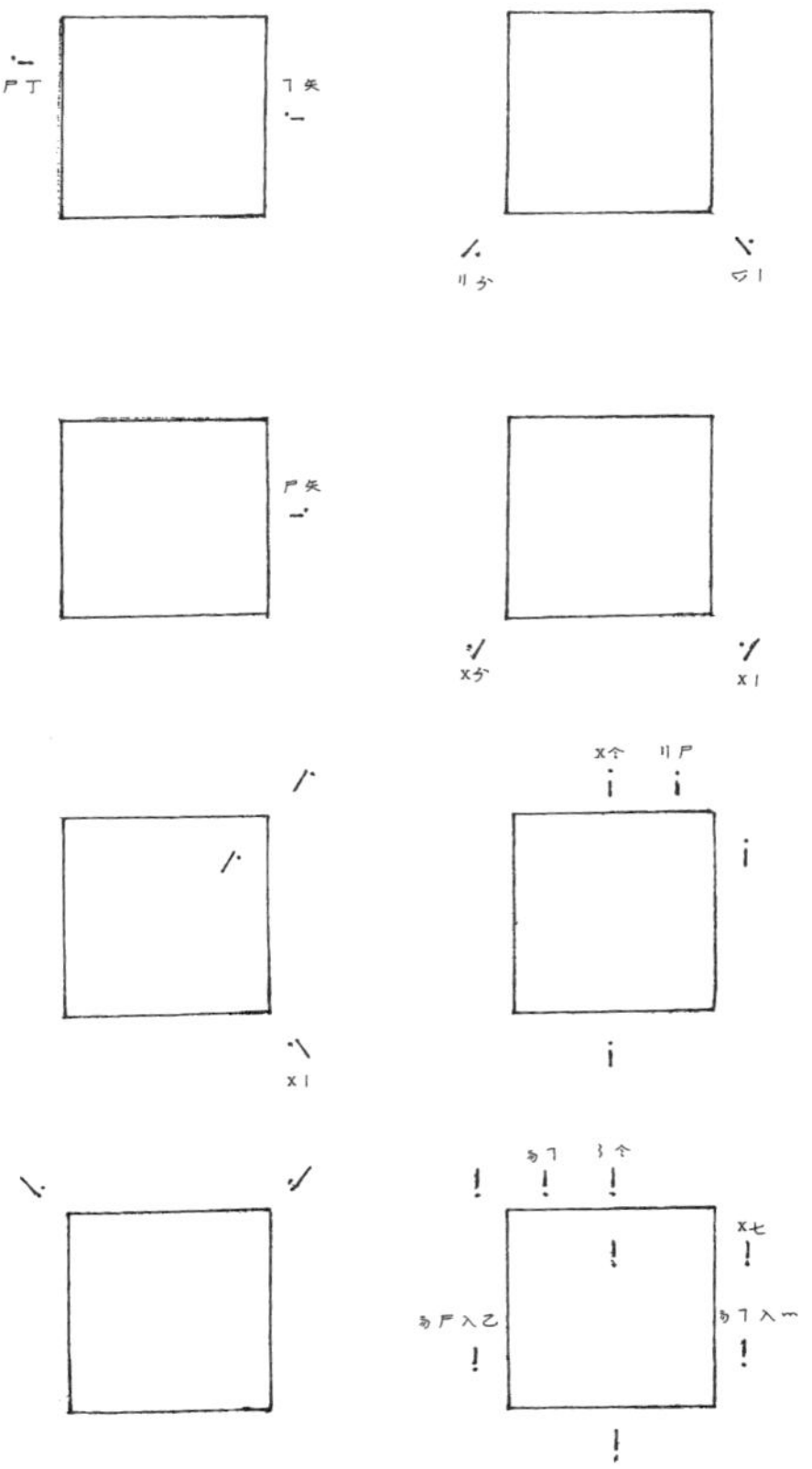

(二)　梵唄譜について

宋版一切經に角筆で施された梵唄譜は、(a)(b)(c)(d)の四つの型が日本の十世紀以降天台宗僧の使った節博士に通ずる。しかし日本の節博士は、鎌倉時代になると形が複雑になる。

韓國においても、十一世紀の初雕高麗版に角筆で書入れた梵唄譜に同じ四つの型が認められる。(14) しかも再雕高麗版や十八世紀の順讀口訣資料にも角筆の梵唄譜が用いられ、時代の降った資料では複雑な形に變形している。(15) しかし、宋版一切經の角筆の梵唄譜は複雑な形になる前の状態を示している。

凡そ、角筆で梵唄譜を施すことは、溯って新羅寫經の大谷大學藏判比量論や東大寺圖書館藏大方廣佛華嚴經自巻第十二至巻第二十に認められ、八世紀の奈良寫經にも見られる(16)。

宋版一切經に角筆で書入れた梵唄譜と同じ型のものが韓國でも新羅經から見られ、日本でも奈良寫經の角筆點に見られるのは注目される。

(三) 合符について

宋版一切經に角筆で施された合符は、漢字二字（又は三字以上）にわたる長い縦線や弧で示され、同じ形の合符が、韓國の十一世紀の初雕高麗版の角筆點にも、溯って八世紀の新羅寫經の判比量論や大方廣佛華嚴經自巻第十二至巻第二十にも認められ、又、日本の奈良寫經にも見られる(17)。これに對して、日本の平安時代の訓點に朱書や墨書で施した合符は、短い縦線を漢字と漢字との間に書入れるもので、形が異なっている。

角筆の合符において、宋版一切經と新羅寫經・初雕高麗版と日本の奈良寫經とが共通するのも注目される。

以上、宋版一切經の角筆による、單點と梵唄譜と合符とが八世紀の古代朝鮮語にも日本の古訓點にも用いられて、共通の加點法であったことが知られたが、角筆の文法機能點は朝鮮半島の點吐とも日本のヲコト點とも異なっている。

醍醐寺藏宋版一切經が日本に齎された狀況から考えると、將來前に、中國において經本文を讀解し、その迹を角筆を以て書入れたものと考えるのが穩當であろう。

第八節　日本の他寺院等が所藏する宋版一切經の角筆點

北宋から南宋にかけて中國各地の寺院等で開版し刊行された宋版一切經は、中國の新しい文化として佛教傳來に伴い、多くが日本に傳來し、その遺品が日本の諸寺に所藏されている。その開版した寺院等と版は、東禪寺版、開元寺版の他に、湖州（浙江省）の王永従一族が發願した思溪版、及び江蘇省の磧砂版である。これらが日本の寺院に所藏されている状況を山本信吉博士の資料[18]を基に掲げると、次のようである。（◎印は國寶、○印は重要文化財指定）

〔東禪寺版〕
◎1醍醐寺（京都）　六〇九六帖[19]（このうち大般若經の六五三帖は開元寺版）
○2教王護國寺（京都）　六〇八七帖（開元寺版五五七帖を交える）
○3金剛峯寺（和歌山）　三七五〇帖（思溪版四四三帖他を交える）
4稱名寺（神奈川）　三二三六帖（開元寺版と合せた帖數）
〔開元寺版〕（東禪寺版の中に交ったものは右掲の通り）
○5知恩院（京都）　五九六九帖（東禪寺版九七八帖を交える）

6中尊寺（岩手）　約二一〇帖（一部東禪寺版・思溪版を交える）
〔思溪版〕（開元寺版の中に交ったものは右掲の通り）
◯7長谷寺（奈良）　二二二二帖
8菅山寺（滋賀）　數帖
◯9長瀧寺（岐阜）　三七五二帖
◯10岩屋寺（愛知）　五一五七帖
◯11增上寺（東京）　五三五六帖
◯12喜多院（埼玉）　四六八七帖（一部磧砂版・元の普寧寺版を交える）
13最勝王寺（茨城）　一藏（一部東禪寺版・開元寺版を交える）
〔磧砂版と思溪版と混合〕
◯14興福寺（奈良）　四三五四帖
◯15唐招提寺（奈良）　四四五六帖
〔東禪寺版・開元寺版・普寧寺版と高麗版の混合〕
◯16南禪寺（京都）　五八二二帖

右の他にも、東禪寺版・思溪版を交えた高山寺藏五百數十帖や、思溪版の大般若經六〇〇帖だけを傳えた佐賀縣岩藏寺舊藏（燒失）等、又、右掲の寺院等から流出した若干帖を所藏するもの（例えば、慶應義塾圖書館藏の東禪寺版一帖・磧砂版一帖、及び愛媛大學圖書館の東禪寺版二帖）などが存する。

右のうち、今日までに、左の藏本から角筆點の書入れを確認した。

1．稱名寺藏本（金澤文庫保管）（三、四八六帖の內）

［第一函］大般若波羅蜜多經卷第二以下、十帖（東禪寺版）

［第一二八函］經律異相卷第二十三以下、五帖（開元寺版）

［第一四三函］宗鏡錄卷第一以下、五帖（開元寺版）

［第一四四函］宗鏡錄卷第六以下、十八帖（開元寺版）

［第一四五函］宗鏡錄卷第五十一以下、十三帖（開元寺版）

右の各帖に、精粗の差はあるが、角筆による文法機能點、梵唄譜、合符等が認められる。

2．稱名寺舊藏・愛媛大學圖書館藏本

宗鏡錄卷第二十二（開元寺版）　一帖

全卷にわたって角筆の文法機能點、梵唄譜、合符等が散在する。

3．京都三聖寺舊藏・愛媛大學圖書館藏本

中阿含經卷第五十六（東禪寺版）　一帖

福州東禪寺で紹聖三年（北宋、一〇九六）五月に開版した題記がある。全卷にわたって角筆の文法機能點、梵唄譜、合符等が散在する。

4・慶應義塾圖書館藏本
大般若波羅蜜多經卷第五百十一（南宋、磧砂版）　一帖
全卷にわたって角筆の文法機能點、梵唄譜、合符等が散在する。
右の他に、書陵部藏六四〇〇帖にも、書陵部の中村一紀氏の直話によると、角筆の書入れがある由である。
又、教王護國寺藏本にも瞥見で角筆點が認められた。

第九節　宋版一切經の角筆點の發見に伴う課題と發見の意義

最後に、醍醐寺藏宋版一切經の角筆點の發見に伴う課題と、發見の意義について述べる。

（一）課題について

第一に、角筆の文法機能點は、『菩薩睒子經』だけでなく、他の醍醐寺藏宋版一切經にも多々見られる。加點の精粗の差はあるが、加點の多い帖について『菩薩睒子經』で行ったと同じような用例を歸納して點圖を作る必要がある。

このような他の帖の角筆點と比較することによって、文法機能點が一種類なのか、日本や韓國のように異なった二種類以上が存するのか調べる必要がある（本節末尾の「附説」參照）。

第二に、唐寫經の『大安般守意經』（東大寺藏）にも角筆による單點・複點が施されている。中國における唐

代から宋代への文法機能點の變遷を考察する資料となる。

第三に、他寺院所藏の宋版一切經について角筆點の有無を含めた綜合調査が望まれる。

第四に、宋版一切經の單點・複點は韓國の初雕高麗版の角筆點吐の單點・複點と同形である。日本では複點は新羅の影響か十世紀以降の天台宗で用いるが、他は原則として用いない。その影響關係を考える必要がある。

(二)　發見の意義

(1)　中國大陸で角筆點を用いることは、敦煌文獻で既に知られている。宋版一切經の角筆點が中國宋代の加點だとすると、敦煌以外でも角筆點を用い、しかもヲコト點のような符號まで用いていたことが初めて知られたことになる。

(2)　その角筆點によって、中國で經典の本文をどのように讀解したか具體的に知る資料が出現したことになる。

(3)　ヲコト點は、曾ては日本固有のものと説かれたが、韓國の初雕高麗版から角筆點吐（ヲコト點）が發見されて、日本固有説が崩れた。そのヲコト點のような符號が、中國でも唐寫經や宋版一切經に角筆によって用いられていることが知られ、漢字の四隅や傍に點等を施す方法が東アジアの漢字文化圏における經典の漢字文を讀解する共通の方法であったと考えられる。

（4）従ってその交流と影響關係を考える具體的な資料が、角筆點の發見によって得られることになった。

附説　宋版一切經の文法機能點の二系統

宋版一切經の角筆による文法機能點の調査は、先ずは全巻にわたって比較的に多く施されている帖を對象に手掛けることとし、緒に就いたばかりであるが、今までの所、二系統の形式の存したことが分って來た。それは、助字であることを示す點の加點位置の差異によっている。それぞれの點圖は、次のように歸納される。

文法機能點甲類

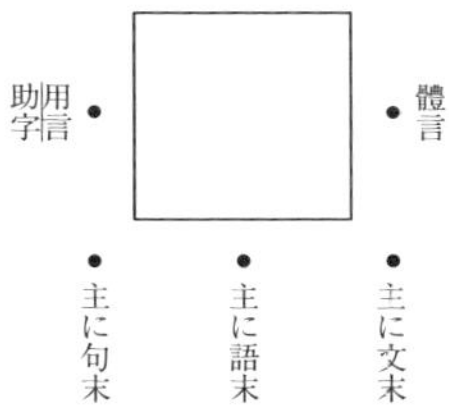

文法機能點乙類

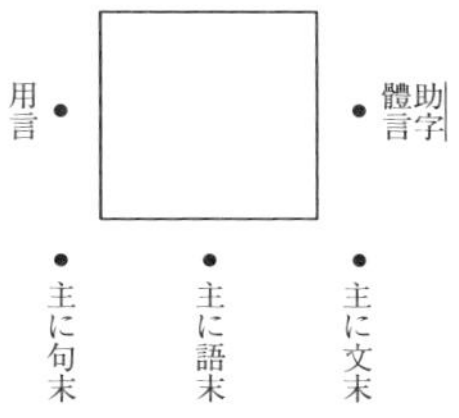

文法機能點甲類は、助字であることを示す點が本文の漢字の左傍に施されているものである。これに對して、文法機能點乙類は、助字であることを示す點が本文の漢字の右傍に施されているものである。文末・語末・句末の點や、體言（右傍）と用言（左傍）を示す點は、甲類も乙類も變らないので、助字であることを示す點は、甲類では用言を示す點と兼用し、乙類では體言を示す點と兼用されている。

助字であることを示す點の認定は、清の劉淇著『助字辨略』（一七一一年序）所收語とその用法の一致を目安とした。

一、文法機能點甲類の加點例（助字を示す點を左傍に施す）

〇大寶積經卷第四、卷第五（第七十三函）

盡故滅故及變易故（卷四、五紙）　［助字辨略］及、連及之辭也

如是諸法異名（卷四、五紙）　［助字辨略］諸、統括之辭也

若虛妄句卽猒離（卷四、十二紙）　［助字辨略］若、假設之辭也

此是陀羅尼（卷四、十三紙）　［助字辨略］是、語助也

卽知其數來在一切演若干（卷九、二紙）　［助字辨略］卽、此卽字猶便也

乃往過去久遠也（卷九、二紙）　［助字辨略］乃、猶云然後

乃知限節人命甚短（卷九、九紙）

知有幾枚（巻九、二紙）　［助字辨略］幾、疑辭也

而爲説經法斯等之伴侶得聞安住法（巻九、六紙）　［助字辨略］爲、猶因也

三千大千世界爲吾現瑞六返震動（巻九、十二紙）　［助字辨略］爲、猶與也

皆從因縁起（巻九、十一紙）　［助字辨略］從、自也

○法華文句巻第四（第五百七十四Ａ函）

種智所知卽是理（十四紙）　［助字辨略］所、借爲語助

卽釋云是人雖生滅度之想（紙背）　［助字辨略］卽、此卽字猶便也

○菩薩睒子經（雜之七函）

若入山中者（四オ4行）　［助字辨略］若、假設之辭也

皆作娯樂之音（六オ6行）　［助字辨略］皆、倶辭也

使我疾成無上正眞之道（十五ウ4行）　［助字辨略］疾、急也

二、文法機能點乙類の加點例（助字を示す點を右傍に施す）

○金光明最勝王經巻第三（第百三十六函）

入於甚深微妙靜慮（一紙）　［助字辨略］甚、猶極也

天帝釋言甚多（七紙）

十方世界諸大菩薩修菩提行（二紙）　[助字辨略] 諸、統括之辭也

善男子若人成就四法能除業障（三紙）　[助字辨略] 若、假設之辭也

一一獨覺各施七寶如須彌山（七紙）　[助字辨略] 各、異詞也

○般若燈論卷第九（第二百三十八函）

若汝父母審如是者云何有汝（一紙）　[助字辨略] 云何、如何也

論者言於眞實中無分別（一紙）　[助字辨略] 於、猶云在也

復次有人不解（二紙）　[助字辨略] 復、又也更也再也重也

作如是言幻呪藥力泥草木等（二紙）　[助字辨略] 是、若是猶如此也

彼象馬等形像顯現（二紙）　[助字辨略] 彼、對此之稱

以是義故汝譬喩中無成立法論（二紙）　[助字辨略] 以、用也

又是差別言說觀故如幻（二紙）　[助字辨略] 又、復也更也

彼內入等皆有自體（二紙）　[助字辨略] 皆、俱辭也

若人見自他及有體無體此義・云何（三紙）　[助字辨略] 若、假設之辭也

若斷者則無染淨及苦樂等（五紙）

此中爲遮諸法自性令人信解（六紙）

爲寂滅涅槃故名安立（十三紙）　[助字辨略] 爲、猶因也

○諸經要集卷第八（第四百四十七函）

同一子機無細而不臨（一紙）　［助字辨略］不、弗也莫也

良由如來長我法身（一紙）　［助字辨略］良、信也果也誠也

重恩豈不永沉菩海是故婦人鴆毒（一紙）　［助字辨略］是、承上生下之辭

彼王問言汝是何人何處得馬（四紙）　［助字辨略］何、設問之辭也

今復若能殺彼師子（五紙）　［助字辨略］若、假設之辭也

遠人驚怖卽便上樹（五紙）　［助字辨略］卽、猶云當時立時竝急辭也

以甘果美水供給此人（五紙）　［助字辨略］以、用也

無復走地便往趣王（六紙）　［助字辨略］便、卽也

然佛恆生大慈（七紙）　［助字辨略］恆、常也

功德無量不可稱計（二十一紙）　［助字辨略］可、不可不勉辭也

右掲例のように、助字であることを示すために、本文の漢字の左傍又は右傍に點を施しているが、左傍に施す（文法機能點甲類）か右傍に施す（文法機能點乙類）かは、勘經に携わった僧の相違によるらしい。右掲の諸經のうち、卷末に列銜の存するものについて見るに、文法機能點甲類では、大寶積經卷第四と卷第九について、黃端と謝伯虎が勘經を行っている。これに對して、文法機能點乙類では、諸經要集について、卷八には列銜が無いが、同經の別の卷によると、正衡（卷九）、元興（卷十）、宗會（卷十二）が勘經を行っている。他の經卷に

ついて確かめる必要がある。

注

（1）文化廳の舊調査では六〇九六帖とするが、六一〇二帖が數えられる。總本山醍醐寺編『醍醐寺藏宋版一切經目錄』第一冊～第五冊・別冊影印篇（平成二十七年三月刊）。

（2）文化廳の舊調査では六〇六合とするが、途中に缺函等があり、現存の實數は六〇四合である。

（3）この磧砂版には、角筆による梵唄譜や文法機能點が全巻にわたって見られるが、後述のように内容から見てこれは中國で施されたものと考えられる。

（4）角筆の漢字は、現段階で十六箇所から見附かっているが、角筆の凹みが薄くて解讀できない所もある。注意してその目で調査すれば更に見出される可能性がある。

（5）「心、能く勇猛に堪ふ」と解するとすると、「能」の位置が不審となる。

（6）拙著『角筆文獻研究導論　上巻　東アジア篇』第一章第三節第三項（四六頁以下）。

（7）注（6）文獻五〇頁。

（8）注（6）文獻一四九頁。

（9）築島裕『平安時代訓點本論考 ヲコト點圖 假名字體表』（一九八六年）。同『平安時代訓點本論考 研究篇』（一九九六年）。

（10）注（6）文獻一一四頁。

（11）朴鎭浩「周本『華嚴經』巻第36點吐口訣의解讀――字吐口訣과의對應을中心으로」（『角筆口訣의解讀과翻譯2

——周本『華嚴經』巻第三十六』)。

尚、點吐には、「ヒ」が日本語の助詞「ノ」に當る用法と、日本語には存しない末音添記の用法とを持つように、二つ以上の機能を持ったものがあるが、この圖では日本語のテニヲハに當る用法を片假名で示した。

(12) 注(11)文獻による。但し各符號の圖の配列の順序は筆者の考えによった。

(13) 張景俊著『『瑜伽師地論』點吐釋讀口訣의解讀方法研究』(國語學叢書58)。

(14) 注(6)文獻一五六頁。

(15) 注(6)文獻一六〇頁。

(16) 本冊、第七章第四節一九六頁。

(17) 本冊、第七章第四節一九八頁。

(18) 山本信吉『古典籍が語る——書物の文化史』(八木書店、二〇〇四年)。

(19) 注(1)參照。

本册の内容の基となった既發表論文等

第一章　緒　　説

「日本の訓點の一源流」（古典研究會編「汲古」第49號、平成十八年六月）の一部を基に新たに加筆。

第二章　奈良時代の角筆訓點から觀た華嚴經の講説

「奈良時代の角筆訓點から觀た華嚴經の講說」（「論集東大寺創建前後ザ・グレイトブッダ・シンポジウム論集第二號」二〇〇四年（平成十六年）十二月）。

第三章　日本の初期訓點と新羅經加點との關係

「日本の訓點・訓讀の源と古代韓國語との關係」（藤本幸夫編『日韓漢文訓讀研究』勉誠出版、二〇一四年（平成二十六年）十一月）。

第四章　角筆加點の新羅華嚴經

「角筆による新羅語加點の華嚴經」（「南都佛教」第九十一號、平成二十年十二月）に、その後の調査で解讀した用例を加筆。

第五章　日本語訓點表記としての白點・朱點の始原

「日本語訓點表記としての白點・朱點の始原」（古典研究會編「汲古」第53號、平成二十年六月）。

第六章　勘經の訓讀法——奈良時代の訓讀
「日本の經典訓讀の一源流——助詞イを手掛りに——」（古典研究會編「汲古」第55號、平成二十一年六月）。
第七章　日本所在の八・九世紀の華嚴經とその注釋書の加點
「日本所在の八・九世紀の『華嚴經』とその注釋書の加點（再考）」（藤本幸夫編『日韓漢文訓讀研究』勉誠出版、二〇一四年（平成二十六年）十一月）。
第八章　平安初期の東大寺關係僧の所用假名と新羅經の角筆假名との關係
「訓點における片假名の始源とひらがなの使用場面」（「日本語學」第三十二巻第十一號、平成二十五年九月）。
第九章　日本のヲコト點の起源と古代朝鮮語の點吐との關係
「日本のヲコト點の起源と古代韓國語の點吐との關係」（古典研究會編「汲古」第57號、平成二十二年六月）。
第十章　日本平安初期の訓讀法と新羅華嚴經の訓讀法との親近性
「日本平安初期の訓讀法と新羅華嚴經の訓讀法との親近性——副詞の呼應による——」（『新村出記念財團設立三十五周年記念論文集』臨川書店、二〇一六年（平成二十八年）五月）。
附章　宋版一切經に書入れられた中國の角筆點
「宋版一切經に書入れられた中國の角筆點——醍醐寺藏本を基に東アジア經典讀誦法を探る——」（藤本幸夫編『日韓漢文訓讀研究』勉誠出版、二〇一四年（平成二十六年）十一月）。

著者略歴

1929年　山梨縣甲府市生

1952年　東京文理科大學文學科國語學國文學專攻卒業

1992年　德島文理大學教授　廣島大學名譽教授

文學博士

主要著書

平安鎌倉時代に於ける漢籍訓讀の國語史的研究（昭和42年、東京大學出版會）

中世片假名文の國語史的研究（昭和46年、廣島大學文學部紀要として單刊）

高山寺本古往來（昭和47年、『高山寺資料叢書 第二册』の內、東京大學出版會）

法華百座聞書抄總索引（昭和50年、武藏野書院）

中山法華經寺藏本三教指歸注總索引及び研究（昭和55年、共編、武藏野書院）

古事記（日本思想大系 第一卷）（昭和57年、共著、岩波書店）

神田本白氏文集の研究（昭和57年、共著、勉誠社）

角筆文獻の國語學的研究　全２册（昭和62年、汲古書院）

角筆のみちびく世界（平成元年、中公新書・中央公論社）

梁塵祕抄　閑吟集　狂言歌謠（新日本古典文學大系 第五十六卷）（平成５年、共著、岩波書店）

圖說　日本の漢字（平成10年、大修館書店）

角筆文獻研究導論　全４卷（平成16年、汲古書院）

角筆のひらく文化史（平成26年、岩波書店）

平安時代の佛書に基づく漢文訓讀史の研究Ⅱ　訓點の起源

平成二十九年十二月十五日　發行

著　者　小林芳規

發行者　三井久人

整　版　富士リプロ㈱

發行所　汲古書院

〒102-0072　東京都千代田區飯田橋二―五―四

電　話〇三（三二六五）九七六四

ＦＡＸ〇三（三二二二）一八四五

第七回配本

ISBN978－4－7629－3592－3　C3381

KYUKO-SHOIN, CO.,LTD.　TOKYO.